U0624505

国家出版基金项目
NATIONAL PUBLICATION FOUNDATION

馆窥
我的图书馆之旅

公共编

韦力 ◎ 著

国家图书馆出版社

自序

按照业界看法,中国图书馆的发展可以分为三个阶段:第一代图书馆指的是古代藏书楼,其特点是重藏轻用;第二代图书馆指的是受西方观念影响而形成的近代图书馆,其特点是藏以致用;第三代图书馆被称为现代图书馆,其特点是资源共享。

文字的出现是人类进入文明时代的重要标志,而文字需要载体,广义的载体就是各种材质的书,随着图书数量的增多,就需要有专门储藏书的房屋或殿堂,这些建筑物就是广义的图书馆。1900 年,美国考古学家约翰·彼得斯等人在伊拉克尼普尔的一个寺庙废墟中发现了一批泥版文书,其年代距今大约 4000 多年,这些泥版文书被视为流传至今最早的书之一。但寺庙藏书不能等同于后世所说的图书馆,如今考证出最早的图书馆是公元前 7 世纪亚述帝国在尼尼微开办的亚述巴尼拔图书馆,这座皇宫图书馆大致收藏了 25000 块泥版文书,包括宗教铭文、文学作品、天文记录以及数学、化学等科学方面的著作。

古埃及用莎草纸书写的《死者书》大约在 3000 年前,古印度的《贝叶经》流传至今者,有的也超过了 2500 年,古希腊、古罗马也都建有一定规模的图书馆,但这些主要都是服务于皇室。古罗马的恺撒想要建造一座规模宏大的图书馆,这个愿望在他去世后由其部下波利奥实现了,公元前 30 年代,罗马城内有了第一个公共图书馆。

中国最古老的文献被称为"三坟五典"。殷墟出土的商周甲骨文已然是成熟文字,故殷墟也被视为留存至今中国最古老的图书馆。秦始皇在都城咸阳的阿房宫设有专门的藏书机构,还专门安排"柱下史"负责管理藏书。汉高祖刘邦命萧何接管秦朝遗留的图书，为此专门修建了宫廷藏书楼，《汉宫殿疏》中称："天禄、麒麟阁，萧何造，以藏秘书，处贤才也。"自此之后，中国历代几乎都有官、私所办的藏书楼，同时还出现了一些具有集体性质的藏书机构，比如书院藏书，其介于公藏与私藏之间。

很多人认为现代图书馆是西方舶来品，无论办馆理念还是管理方法，均与中国古代藏书楼有着本质区别。这种说法有其道理在，但若仔细予以鉴别，也有不符事实之处。

中国很早就有与人分享的理念。春秋末年，孔子的弟子子路明确地说"愿车马，衣轻裘，与朋友共"，惜其所分享之物中，没有提及藏书。魏晋时期，将私家藏书与人分享的观念已然产生，《晋书·儒林传》载："（范平）家世好学，有书七千余卷，远近来读者恒有百余人。"《南齐书·文学传》称："（崔慰祖）聚书至万卷，邻里年少好事者来从假借，日数十帙。慰祖亲自取与，未尝为辞。"北宋时期，苏轼的朋友李公择曾在庐山五老峰下建藏书室，藏书量近万卷，离开时把这些藏书留在了原处，与人分享，为此苏轼在《李氏山房藏书记》中夸赞这种行为："而书固自如也，未尝少损。将以遗来者，供其无穷之求，而各足其才分之所当得。是以不藏于家，而藏于其故所居之僧舍。此仁者之心也！"

到了明末，多位藏书家都谈到愿意将自己的藏书与天下人分享。钱谦益在《跋〈草莽私乘〉》中谈到李如一的藏书观："天下好书，当与天下读书人共之！古人以匹夫怀璧为有罪，况书之为宝，尤重于尺璧，敢怀之以贾罪乎？"明末清初的曹溶更是反对把藏书封闭起来，为此特意撰写《流通古书约》，提出了一整套互通有无、流通古书、为古书续命的具体方法。

清代中期，山东藏书家周永年提出了"儒藏说"。虽然这种说法早在明末时藏书家曹学佺就已经提出，但曹学佺当时的观念是指整理历代儒家经典及相应解说并汇为一处，与佛藏、道藏相媲美，曹学佺的"儒藏说"中并没有提到书籍的流通问题。周永年的观念则是倡导藏书公开，他认为只有公开才能更好地保存和流传书籍，同时提出"惟藏之有法，故历久不替"，他所说的保存之法，则是"天下万世共读之"。周永年还建起了藉书园，以实现他的共读理念，而"藉"者，借也。

虽然藉书园的藏书最终也失散了，但是周永年的"儒藏说"理念却通过《四库全书》得以实施。周永年不仅参加过《四库全书》的纂修和《四库全书总目》的编写,还从《永乐大典》中辑出不少失传的文献。当年的四库七阁,其中有三阁处在南方,乾隆皇帝规定南三阁可以对学人开放,免费入内读书和抄录,等等,已然具备了公共图书馆的功能,因此司马朝军先生主编的《〈四库全书〉与中国文化》中称:"一部《四库全书》实即一部《儒藏》。"

晚清民国时期的不少藏书家都有将藏书公开的意识,比如玉海楼主人孙衣言称:"乡里后生,有读书之才、读书之志,而能无谬我约,皆可以就我庐,读我书。天下之宝,我固不欲为一家之储也。"清光绪二年(1876),国英所建共读楼被称为北京最早的私人图书馆,当时他特意在宗祠旁边建楼五楹,认为自己的藏书"子孙未必能读,即便能读,亦何妨与人共读",故而把自己的藏书楼命名为"共读楼"。

尽管有些传统藏书家不吝于将所藏与人分享,但多数藏书还是秘不示人,这既与藏书家本人的性格相关,同时也是因为缺乏完善的社会制度,借出之书往往难以索回,所以他们宁愿深锁琅嬛饱蠹鱼。在封建社会,个人藏书属于私有财产,而儒家文化使得许多藏书家都希望子孙能世代守护自己辛苦积攒的文化成果,以便培养出更多的读书人。比如明代范钦所创的天一阁,严格规定不能将书携带出阁,违者不许参加祭祖大典。明代藏书家叶盛在《书橱铭》中写道:"读必谨,锁必牢,收必审,阁必高。子孙子,惟学斅,借非其人亦不孝。"清代藏书家万言的一方藏书章印文为:"吾存宁可食吾肉,吾亡宁可发吾椁,子子孙孙永勿鬻,熟此直可供饘粥。"清代藏书家王昶在藏书印中告诫子孙:"如不材,敢卖弃。是非人,犬豕类。屏出族,加鞭棰。"这类藏书印还有许多,他们通过藏书印发出如此严厉的警示,一是说明古代藏书搜集十分艰难,能够收集到这么多的善本确非易事,二是侧面说明了在那样的时代积难散易。

图书的失散不仅仅是因为子孙不能守祖业,还有很多外在原因,尤其是社会动荡,对公私藏书都会构成巨大威胁。比如近代的太平天国运动,他们用拜上帝教来否定封建传统、儒家思想,在《诏书盖玺颁行论》中称:"凡一切孔孟诸子百家妖书邪说者尽行焚除,皆不准买卖藏读也,否则问罪也。"太平天国运动使得南三阁《四库全书》仅余半套,晚清四大藏书楼之一的海源阁损失过半。而那时的战争中心与藏书中心都在江南,致使很多藏书楼被毁。

战争结束后，一些有识之士看到了私家藏书的力量薄弱，再加上那段时间西方公共图书馆的理念渐渐为更多人所接受，有些人意识到，藏之于私不如藏之于公，密藏于家不如与人分享。随着社会的开放和观念的改变，越来越多的藏书家愿意与人分享自己的所藏，仅从藏书分享角度来说，这已经与现代图书馆的理念基本相同，只是在藏书楼的管理方式及分享方式上，尚未形成完善而持久的制度体系，致使很多与人分享的藏书楼一世而斩。然而，正是因为这些带有分享性质的藏书楼存在过，就不能说公共图书馆观念全部来自西方。

私人开放的藏书楼因为各种原因难以长久，于是有些人开始思考外国的一些图书馆为什么能够长久保存，并且有着更高的开放度。

就物权而言，中国古代藏书楼大部分属于私人所有，并没有在国家政府层面对外开放的藏书楼。有些学者把传统藏书之处称为藏书楼，把新式观念的开放式书楼称为图书馆。对于中国近代图书馆的起源，吴晞在《从藏书楼到图书馆》一书中认为："第一批超越了旧式藏书楼窠臼的新型图书馆，却是西方传教士们所创办的基督教图书馆。"该书中提到明代中晚期耶稣会传教士利玛窦以及后来的继承者汤若望、南怀仁等，他们带来了西方的书籍，同时也带来了公共图书馆理念，比如1623年艾儒略在《职方外纪》中介绍了欧洲的图书馆状况。西方人在中国建的最早的西式图书馆应该是17世纪金尼阁所建的教廷图书馆，他在《利玛窦中国札记》中写道"在中国成立了名副其实的教廷图书馆"。此后北京又陆续建成了南堂、东堂、北堂、西堂"四堂"图书馆。

之后又有了徐家汇藏书楼、文华公书林等，这些教会藏书楼的所藏，后来大多汇入了当今的公共图书馆，如果溯源各地公共图书馆的藏书，有不少都能找到教会藏书的身影。因此可以说，西方人在中国所建的教会图书馆，可以视为中国公共图书馆的前身之一。

总体来说，那时创建的一些西式图书馆在中国并没有产生重大影响，此后因为禁教之故，这些图书馆处于封闭状态。直到1840年后外国侵略者用坚船利炮打破了中国与世隔绝的状态，西方传教士再次来到中国，又建起了一些图书馆，比如1847年耶稣会传教士在上海创办的徐家汇天主堂藏书楼，以及1871年伟烈亚力创办的亚洲文会北中国支会图书馆。胡道静在1935年出版的《上海图书馆史》中转引了他人对亚洲文会北中国支会图书馆的评价之语：“在中国境内最好的东方学图书馆。”

这个时期，中国早期维新派开始痛定思痛地思索为什么貌似强大的帝国却败给了西方，想要了解西方强势的原因。林则徐主持翻译了英国慕瑞在 1836 年出版的《世界地理大全》，其中文译名为《四洲志》，书中谈到了西方近代图书馆状况。魏源在《海国图志》的序言中谈到了编纂此书的动机和目的：“是书何以作？曰：为以夷攻夷而作，……为师夷长技以制夷而作。”洋人除了枪炮还有哪些长技呢？魏源在书中谈到了西方的学校、报馆以及图书馆等，后者与前者有着必然的关联。此后徐继畬在《瀛环志略》中也谈到了西方图书馆。

1867 年，王韬在朋友资助下前往欧洲游历，他参观了英法图书馆，在《漫游随录》中写道：“法国最重读书，收藏之富殆所未有。计凡藏书大库三十五所，名帙奇编不可胜数，皆泰西文字也。”谈到大英博物馆时，王韬说：“其地袤广数百亩。构屋千楹，高敞巩固，铁作间架，铅代陶瓦，砖石为壁，皆以防火患也。院中藏书最富，所有五大洲舆图、古今历代书籍，不下五十二万部。”

王韬注意到，这些图书馆除了藏书数量巨大，还可以任人翻阅：“其前为广堂，排列几椅，可坐数百人。几上笔墨俱备，四面环以铁阑。男女观书者，日有百数十人，晨入暮归，书任检读，惟不令携去。”因此，王韬可谓是近代人物中第一次系统考察西方图书馆并撰写介绍文章的人。

接受一种新事物，首先要接受其观念，图书馆也是如此。以开放观念论，如前所说，中国古已有之，比如阮元所建的书藏，这种开放观念在社会上造成广泛影响，后来多地都出现了仿阮元而建的各种书藏。但是能读到藏书的人毕竟是少数，因此一些有识之士在接受了西方理念后，呼吁创建开放式图书馆。比如郑观应在《盛世危言》中，先介绍了清代官私藏书之盛：“我朝稽古右文，尊贤礼士，车书一统，文轨大同，海内藏书之家，指不胜屈。”接着谈到了私藏的弊端：“然子孙未必能读，戚友无由借观，或鼠啮蠹蚀，厄于水火，则私而不公也。”即使官藏也非一般人能任意翻阅：“乾隆时特开四库，建文宗、文汇、文澜三阁，准海内稽古之士就近观览，淹通博洽，蔚为有用之才，作人养士之心，至为优厚。而所在官吏奉行不善，宫墙美富，深秘藏庋，寒士末由窥见。”最终这些费了很大气力抄写而成之书，被战火所毁，“及寇乱洊经，付之一炬”。

对于西方图书馆的优点及状况，郑观应写道："泰西各国均有藏书院、博物院，而英国之书籍尤多，自汉、唐以来，无书不备，凡本国有新刊之书，例以二分送院收贮。如有益于国计民生者，必膺朝廷重赏，并给予独刊之权若干年。咸丰四年间，于院中筑一大厦，名曰读书堂，可容三百人，中设几案笔墨。有志读书者，先向本地绅士领有凭单，开列姓名住址，持送院中，董事换给执照，准其入院观书，限六阅月更换一次。如欲看某书、某册，则以片纸注明书目，交值堂者检出付阅。阅毕缴还，不许携带出门，及损坏涂抹，倘有损失，责令赔偿。"

在郑观应看来，如果中国也建这样的图书馆，就能使国家迅速强盛起来："若合天下之才智聪明，以穷中外古今之变故，标新领异，日就月将，我中国四万万之华民，必有复出于九州万国之上者。"可见那时的有识之士介绍西方图书馆，目的仍然是"师夷长技以制夷"，但客观上，他们让更多世人了解到西方强盛与图书馆之间的必然联系，这为中国建造近代新式图书馆起到了理论铺垫作用。

1894 年爆发了中日甲午战争，转年清政府签订了丧权辱国的《马关条约》，更加激起了一些有识之士救亡图存的斗志。1895 年康有为等人在北京、上海等地创办了强学会，章程中写明强学会要做四件事：翻译西方典籍、发行报纸、开大书藏、建博物馆，其中"大书藏"指的就是图书馆。1898 年"戊戌政变"使得一些开办的图书馆被查封。1901 年清政府决定实行新政，新政之一就是要开办近代新式图书馆。1903 年，清政府颁布的《奏定大学堂章程》中提到"大学堂当附属图书馆一所，广罗中外古今各种图书，以资考证"，于是各地新建起的大学堂纷纷开设了图书馆。

1904 年 3 月，梁焕奎、龙绂瑞等在《湖南官报》上发表募捐启，倡议创设湖南图书馆兼教育博物馆，后经湖南巡抚批准将长沙定王台改作图书馆。有些学者认为，湖南图书馆是中国第一所省立公共图书馆。此后，全国各省纷纷成立省立图书馆，一些市县也成立了公共图书馆，与此同时，还有一些私人及团体也开办了开放式的图书馆，由此使得公共图书馆在中国得以迅速普及，同时呈现出属性的多样化。

然而那时中国还没有与西式图书馆恰当对译的名词，例如 1807 年英国传教士马礼逊父子合著的《外国史略》中介绍到荷兰图书馆时，将其翻译为"书院"，王韬则称之为"藏书大库"，郑观应称之为"藏书院"，等等。对于这个新生事物,那时还没有统一的定名,一些呼吁者把图书馆也称为藏书楼,例如刘师培写过《论中国宜建藏书楼》一文,文中感慨封建社会不以学术为公器:"嗟乎!三代以降,苛政日增,不知以学术导其民,并不以学术公之于世。"为此他提出:"今宜参用其法,于名都大邑设藏书楼一区,以藏古今之异籍。"刘师培所说的"藏书楼"其实就是现代公共图书馆。清光绪二十二年(1896)孙家鼐谈到西方教育时称"泰西教育人材之道,计有三事:曰学校,曰新闻馆,曰书籍馆",其所说的新闻馆乃是指报社,书籍馆实指公共图书馆。

对于"图书馆"一词的使用,吴晞在其专著《从藏书楼到图书馆》中说:"中国'图书馆'一词的直接来源出自日文'図書館',最初是由梁启超引进到中国来的。1896 年 9 月在梁启超主编的《时务报》上,首次出现了图书馆一词。"可见"图书馆"一词确实是舶来品。中国早期人文启蒙者大多是从日本间接地接受西方观念。程焕文在其专著《晚清图书馆学术思想史》中提及,日本古代和中世纪所建的藏书处称为文库,明治五年(1872),在维新派的推动下,日本政府创办了东京书籍馆,明治十三年(1880),该馆改名为"东京図書館",程焕文说:"是为日本使用'図書館'一词的开始。"

可见,日本的公共图书馆概念来源于西方,他们最初使用的是"书籍馆",后来有了"图书馆"一词。中国借鉴此词,在初期乃是将藏书楼与书籍馆、图书馆等词并行,后来才定于一尊,公共藏书处一律称为"图书馆",这种用法沿用至今。只是有一度将"图书馆"三个字合为一个字——圕,这是一个新造的象形字:将书放在一个大房子内。"圕"字是民国十五年(1926)由著名图书馆学家杜定友发明的,因为他在撰写图书馆学著述时,感觉文中不断地重复出现"图书馆"三个字太过麻烦,所以他发明了"圕"字来代替。1929 年后,杜定友在中华图书馆协会第一次年会上提出《采用"圕"新字案》,获得通过,于是有些书上就出现了这个新字。

总体来说,现代图书馆概念来自西方和日本,因此吴晞认为:"中国的图书馆是西方思想文化传入中国的产物,中国图书馆的历史是从接受西方的图书馆思想及管理方法之后才开始的。"

随着图书馆的增多,相关的协会也随之诞生,中国最早的地方性图书馆协会是 1918 年成立的北京图书馆协会,自此之后,各地图书馆协会纷纷成立，1925 年又成立了全国性的图书馆团体——中华图书馆协会。该会的成立促进了中国图书馆事业的发展，他们制定章程，培养人员，联络国际图书馆，等等，在许多方面都有开创性的贡献。1920 年，经韦棣华女士的努力，她与沈祖荣等人在武昌文华大学开设了文华图书科，后独立为文华图书馆学专科学校，这是我国第一所独立的图书馆学校，该校培养出来的图书馆学人才在日后成为中国第一代图书馆学专家，他们为此的付出必将为历史所铭记。

但是，天下大多事物都具有萌芽期、成长期和衰败期，如果说公共图书馆的核心观念乃是"共享"二字，那么传统的藏书家早已具有这种观念，只是其管理制度与开放理念不如西式图书馆健全。故而我认为，西方图书馆的传入，丰富和完善了图书分享理念，出于这种认识，我认为讲述中国图书馆的故事，就要从中国古代藏书楼中找出具有开放理念者，予以论述。

如果以具体藏书论，现代中国的公共图书馆均很重视古籍善本的收藏，很多馆都将收藏善本量的多少，作为该馆收藏水准的衡量标准之一，而这些善本原本大多来自古代的私家藏书楼。这也侧面说明了传统藏书楼与现代图书馆的递承关系。

因为我喜欢藏书之故，这些年来为了核对善本去过一些国内公共图书馆的善本书库，为此陆续写了一些图书馆参观记。在新冠疫情期间，出门受到限制，故而坐在书桌边将这些走访图书馆之文分类梳理。在梳理书稿之时，我还是觉得讲述中国公共图书馆要从传统的、具有开放意识的藏书楼说起，比如阮元的灵隐书藏等，于是我将这部分内容补入文稿中，视之为中国公共图书馆的肇始，或者称之为萌芽期。走访各家省、市、县级图书馆及学校图书馆是本书的正章，我将相关之文分类汇为公共编与学校编。也有一些其他性质的图书馆，比如家族性质的关族图书馆和司徒氏通俗图书馆，这些馆不能称之为公共图书馆的前身，但它们的开放理念也属本书收录的范围，故而我将其放在辅翼编，我觉得它们恰好能够表现中国开放式图书馆的多样性。这种分法虽然不能涵盖中国图书馆类型的全部，但大致可以看出开放式图书馆的延续和脉络。

按照原计划，还有一些历史悠久的公共图书馆应该前去探访，但因疫情之故，这个想法难以实施。疫情的间隙我在北京市内寻访一些老图书馆，然外地的一些老馆却没有办法前往补充。事实上,藏有古籍的中国公共图书馆数量远比我想象的要多,这本小书不可能有这么大的涵盖面,因此未访到的图书馆只能期待将来出续集,以便更完整、更全面地展示中国公共图书馆的方方面面。

需要说明的是,由于我的视角主要在古籍方面,因此没有全面地讲述各家图书馆的丰富馆藏,比如平装书、洋装书、外文书及报纸杂志等,文中记述的主要是参观善本库和观赏善本时的感受,但是我的狭隘和偏见并不能掩盖各家图书馆馆藏的丰富,读者可以走访各家图书馆,亲自去领略一番。

于我而言,参观现代化的图书馆,却专门去看其中的古籍,这有如流行歌曲中的"洋装虽然穿在身,我心依然是中国心",似乎用这句歌词来形容中国公共图书馆也很贴切。虽然我所谈的仅是一私之偏,却也是爱书人大多感兴趣的角落,对于公共图书馆的全面论述,则只能留待方家了。

这些年来的图书馆寻访,我得到了很多师友的帮助,得以进入一些重要图书馆的书库,目睹那些如雷贯耳般名典的真容,在此我向那些为我提供过帮助的师友表示郑重谢意。在图书馆之旅中,我既看到了老的馆舍,也看到了新的设施,惊叹于图书馆的壮美。天堂是不是图书馆的模样,我没去过天堂,不敢下断语,但我可以确定地说,图书馆一定是知识的天堂,也是爱书人心中的天堂。

时至今日,社会在巨变中,网络数字化越发普及,数字图书馆也不断涌现,今后纸本书是否真会成为陈列用的古董,我于此不敢断言,但我觉得书籍是人类社会共同的文化遗产,无论图书变成什么形式,曾经的历史都不能忘却,我以自己的眼界所及,记录下所看所想,这就是我写本书的初衷。

韦力

2022 年 5 月 28 日

目录

首都图书馆

三花聚首，馆藏奇特

首都图书馆所编《一个世纪的开放历程——首都图书馆建馆一百周年》（下文简称《开放历程》）中称："首都图书馆的前身是分别创建于1913年6月的京师图书分馆、1913年10月的京师通俗图书馆和1917年8月的中央公园图书阅览所。"由此可见，首都图书馆乃是由京师图书馆分馆、京师通俗图书馆和中央公园图书阅览所三处衍化而来，可谓"三花聚首"。关于开设京师图书馆分馆的缘由，1912年8月26日，京师图书馆馆长江瀚在给教育部的呈文中称：

> 窃京师图书馆创始于前清学部，已阅两载，糜费二万余金，迄未开馆。兹经接办三月，粗将前后搜集之图书清理就绪，即于八月二十七日开馆售券，以供公众之观览。惟此馆系用广化寺之屋，不惟地址太偏，往来非便，且房室过少，布置不敷，兼之潮湿甚重，于藏书尤不相宜。虽暂时因陋就简而立基础，盖终非别谋建筑无以称名实而臻完备也。第当此财政艰难，大部亦岂能空言建设，然不可不预为规划以待扩张。抑更有请者，现设之京师图书馆，实属研究图书馆之范围，只足学问之便益，拟先于正阳、宣武二门适中之地设一分馆，略仿欧美通俗图书馆之制。除将馆内学者必须浏览之书分别择置外，再行添购各项杂志及新出图籍，既以引起国民读书之爱感，并藉副　大部振兴社会教育之至意。所以一切开办事宜，容更详请　钧核，合将京师图书馆开馆日期先行咨呈　大部备案可也。须至咨呈者　右咨部

京师图书馆第一处馆舍位于广化寺，这里地理位置较偏，馆舍面积也很小，再加上广化寺处在湖边，使得书籍潮湿过重。对于该馆的藏书情况，江瀚认为这些书主要是传统古籍，比较适合搞传统文化研究的人，对于普通大众则缺乏吸引力，所以他提议在正阳门和宣武门一带开设分馆，分馆的开办方式乃是效仿欧美通俗图书馆，希望吸引更多的普通读者到图书馆来读书。这个提议得到了教育部的批准。

京师图书馆于是派人到城中心寻找适合场所，以便开办京师图书馆分馆，最终他们在琉璃厂西门外前青厂租妥民房一所："今于琉璃厂西门外前青厂地方租妥民房一所，地势最为相宜，虽房间略少，然规划一切尚属敷用，现在筹备开馆事宜，并请发开办经费。"（《北京图书馆馆史资料汇

编》)

为此,教育部于 1913 年 2 月 19 日以上海中国图书有限公司股票利息 2290 元作为分馆开办经费,教育部派佥事关维震为分馆筹办负责人,之后从京师图书馆、教育部图书室以及国子监南学中挑选复本,另外购置了部分新书,合计两千余种,作为分馆的初期馆藏。为了节约费用,分馆的部分职员均是从总馆借调,只做兼职不开工资。

关于分馆当时的借阅情况,《开放历程》一书转引前文称:"阅览者入门需购阅览券,每张铜钱两枚。先至接待室,凡馆内所藏图书目录,均录于玻璃框中,分悬四壁,存书不过两千种。藏书间与阅览室相接,洞其壁以为借书还书之入口,办事员设案于洞之里面,布置尚简。"

可见分馆也是需要购券阅览,虽然分馆处在闹市,但读者仍然不多。1914 年 1 月,教育部指派关维震为分馆主任。

京师图书馆分馆开办不久,其总馆暂时停办,需要另觅馆舍,1913 年 10 月 29 日,教育部训令社会教育司:

> 查北京图书馆创自前清,曾经学部奏定地址,嗣因鼎革,未及开办。民国肇造,日不暇给,因京城图书馆系举国观听,姑就旧藏书处暂行开馆。今国家粗定,不能不谋所以进行。仰社会教育司,转饬北京图书本馆,暂行停止阅书。并派本部佥事周树人、沈彭年、齐宗颐,主事胡朝梁、戴克让前往,会同该馆馆员王懋镕、乔曾劬、秦锡纯、雷渝、孙邈、王惠醇、杨承煦,迅将所有收藏图书按照目录检查,装箱封锁。其存款帐册,亦应逐一清理,悉交周树人等接收报部。该馆人员务宜交代清楚,以便迁移,听候改组。该部员等,务宜设法进行,勿得疏忽贻误。是为至要。此令。

处在广化寺的京师图书馆为此暂时封装清点,而后移往他处,于是教育部将京师图书馆一切馆务全部移至分馆。直到 1917 年 1 月,总馆在方家胡同建造的新馆对外开放,分馆的代管工作方结束。其实在此阶段,分馆也几次搬迁,这是因为分馆乃是租民房为馆舍,此馆在前青厂租民房一年后,在 1914 年 6 月迁至永光寺街 1 号,又在 1916 年 3 月迁至香炉营四条西口,此处有一洋楼共 22 间房,合计 330 平方米。馆舍的面积比以往略有扩大,故在此处增设了新的阅览室和杂志阅览室。

之后的分馆仍然经费缺乏,到 1924 年时,因为拖欠房租过多,无力支付,房主决定回收住房,使得分馆在 1924 年 7 月迁至京师通俗图书馆院内。两馆同在一处,但是却分别办公和阅览。即使如此,搬迁后的分馆仍然经费困难,到 1926 年 10 月,分馆已经欠费达两年之久 :"本年从春至秋仅领得一个月以上的经费,薪水减成发给,办公撙节开支,再难周转,现值隆冬,将购置煤炭,装置暖炉等项,需款 290 余元,恳总长批发维持费 300元。"

这个阶段虽然处境艰难,但分馆仍然维持开馆,并制定了一些规章制度,比如有"京师图书分馆新闻杂志阅览规则",其中包括 :

第一条 京师图书分馆附设新闻杂志阅览室,捐募并购备国内外新闻杂志供索阅览 ;

第二条 新闻杂志阅览室征收阅览费,每人每回铜元一枚 ;

第三条 取阅杂志应填写取阅证书,如取阅图书例 ;

第四条 已购券入馆阅览图书后,复欲入室阅览新闻杂志者,免征本室阅览费 ;

第五条 已购券入室阅览新闻杂志后,复欲入馆阅览图书者,免征阅览图书之半费 ;

第六条 学生概不收费,但以有徽章或制服制帽者为限 ;

第七条 新闻杂志阅览室中应遵守条款,悉依本分馆图书阅览规则之限定 ;

第八条 本规则自民国四年八月十五日施行。

当时民众到分馆翻阅杂志需要交费,但是学生穿制服或戴有校徽前往可以免费,同时规定如果购买了图书阅览券,那么阅读杂志也可以免费,因此还是有一些优惠的政策。到 1921 年时,分馆将阅览券进一步细化为甲乙丙丁四种:"甲种 :阅览图书、新闻杂志,铜元 2 枚 ;乙种 :专门阅览新闻杂志,铜元 1 枚 ;丙种 :限学生阅览图书、新闻杂志,铜元 1 枚 ;丁种 :限学生阅览新闻杂志,免收阅览费。特别定期赠阅览券一种,发交各学校,周年缴换,备学生轮流来馆阅览。凡捐赠书籍者,酌参价格填送定期阅览券若干,籍作酬报。"

为了增加图书量，分馆想了不少的办法，比如在阅览规则中写道给本馆捐书者可赠送阅览券，具体写明了赠书的价值与赠券之间的关系："捐书价值在一元以上者赠券一张。捐书价值在十元以上者赠券五张。捐书价值在五十元以上者赠券十张。"另外总馆和分馆间制定了《交换阅览图书简则》，其第二和第三条分别是：

> 本馆及"分馆"之书，除善本、四库及其他认为珍贵不便携取者不得借出外，其余均得应阅览人之请求，互相借取。
>
> 互借之书，不得逾两星期，如有特别情形，得临时酌定。

当时教育部在建立京师图书馆分馆的同时，也一并在筹划通俗图书馆。鲁迅为通俗图书馆的主要筹办人，当时他在社会教育司第二科（后改为第一科）任科长。1913 年 8 月，教育部拨款 2400 元作为通俗图书馆的开办费，而后在宣武门内大街租下一所民房作为馆舍。此院落有 21 间房，在这年的 10 月 21 日举办了开馆典礼。转年又在该馆的后院租到一所民房，计有 12 间，此民房院落较大，于是通俗图书馆在此增设了儿童阅览室和体育场。

关于该馆书籍的来由，1944 年 4 月 9 日《小实报》刊发了一组北京市立图书馆十五周年纪念特刊，其中有朱英所撰《市立图书馆内容一斑》，该文在"图书"一节中写道：

> 本馆藏书多为前京师图书馆所移送者，故学部旧藏、南学典籍，所在皆是，通俗图书馆旧本小说多至三千余种，可称为本市收藏小说之冠。其次如通俗读物，为数亦多，十数年来，历有增加，迄今约计中文六万八千余册，英日文三千余册，总计为七万余册。中日文杂志三百余种，新旧新闻志五十余种，其中文学约占百分之四十，社会科学约占百分之三十，应用自然科学约占百分之十五，其他约占百分之十五。

通俗图书馆最初的馆藏是由学部、国子监拨付而来，另外又购买了一些。

1916 年 9 月 21 日，教育部决定在中央公园内开办通俗图书馆及教育

■ 首都图书馆外观（摄影:王玥琳）

博物馆，《咨内务部拟就中央公园附设通俗图书馆及教育博物馆请转知该园董事会接洽文》中写道："查公园之设，一以为公共娱乐之地，一以为陶冶国民之所，故各国通例，恒于公园中附设图书馆、教育博物馆等，使一般国民于藏修息游之际，无形自然之中，得增进其常识，涵养其性情，所谓不召而来，无言而化之国民教育公园有焉。"

教育部首先说在公园内设图书馆乃是外国通例，以此让市民在娱乐之余来学得知识，故此他们提出："京师中央公园自开办以来，其间设备点缀颇臻完美，惟关于上述各项，尚付阙如。本部有鉴于此，拟就园中社稷坛大殿二重附设通俗图书馆及教育博物馆，购置通俗图书，并陈设教育上简易物品，专备游人观览，庶公园添有益之娱乐，而社会蒙无形之福利。"

此后经鲁迅与内务部、中央公园等处多次商洽，确定将中央公园社稷坛大殿后的二重殿 5 大间和 7 间平房作为馆舍。教育部派京师通俗图书馆主任王丕谟来中央公园馆任主任，同时调拨京师图书馆、京师图书分馆、京师通俗图书馆及教育部图书馆等处所藏的复本四千五百余种作为新馆馆藏。该馆暂定名为"中央公园图书阅览所"。

对于该馆的价值，石桂芳在《民国北京政府时期的公园教育化——以北京公园为例》一文中说："民国北京大部分主要的公共图书馆都与公园共存。如'中央公园图书阅览所'，不仅是中国最早的公立图书馆之一，而且也是一个最早在公园里开设的近代新式的图书馆。"关于如何到阅览所去读书阅报，该所在 1922 年 11 月公布：

凡欲外借阅览者，于 11 月 15 日上午 10 时至下午 5 时来所面商，但须按照原书定价交纳保证金，还书时将款如数退回。同时印有外借图书规则随时可取，函索即寄，并函各报社，登报宣传。阅览人须先领阅览券，至书目台换领取书证，逐项填写交发书处领书，一次一本，欲更换须先交回原借书。杂志报纸阅览亦须领券入室，每次取阅只限一份，阅毕仍置架上再行更换；借书章程：借书者须在号簿内按照格式填注姓名地址后，照章纳保证金。借书以两星期为限，续借须来馆声明，无预者可续借一星期，逾期不还，备函催缴，过 5 日不还者，即以保证金购书。

对于此三馆营运的情况,金沛霖在《口述》中说:"1913年建分馆,跟着建通俗图书馆,后来又建中山阅览室。当时能够比较好的运转的,主要是通俗图书馆,各种原因,比方说那个分馆它的书好多还是古籍什么的,读者不是很多。而中山图书馆在中山公园里,没有公园的门票你进不去。再加上当时经费各方面不充分。后来经过协商就把这三个馆并起来。"(转引自《开放历程》)

金沛霖所说的中山阅览室就是中央公园图书阅览所,中山公园原为辽、金时期的兴国寺,明永乐十九年(1421)改建为社稷坛。1914年,北洋政府内务总长朱启钤将社稷坛改为公园并对外开放,同时改名称为中央公园。1925年,孙中山逝世后,在园内拜殿停放灵柩举行公祭,故在1928年,时任北平特别市市长的何其巩将中央公园改名为中山公园。1937年日本占领北平后,改名为北平公园,10月后又改成中央公园。1945年抗战胜利后,恢复中山公园的名称,沿用至今。

1926年10月,教育部将京师图书分馆改名为京师第一普通图书馆,将京师通俗图书馆改名为京师第二普通图书馆,将中央公园图书阅览所改名为京师第三普通图书馆。为了节约费用,教育部又将京师第一、第二普通图书馆进行合并,改名为京师第一普通图书馆,于是原京师第三普通图书馆改名为京师第二普通图书馆。

这三座图书馆都与鲁迅有重要关系,所以北京市文化局和首都图书馆合编的《首都图书馆馆史》一书称:"以上三馆均是在鲁迅先生亲自主持和筹划下建立的,鲁迅是三个馆的总创始人。"鲁迅不但创办了这些图书馆,他还经常使用这些馆的馆藏来进行写作,比如他在1926年6月编成了《小说旧闻钞》,1935年他在此书的再版序言中写道:"《小说旧闻钞》者,实十余年前在北京大学讲《中国小说史》时,所集史料之一部。时方困瘁,无力买书,则假之中央图书馆,通俗图书馆,教育部图书室等,废寝辍食,锐意穷搜,时或得之,瞿然则喜,故凡所采掇,虽无异书,然以得之之难也,颇亦珍惜。"

对于此三馆的不同侧重,《首都图书馆馆史》写道:"这三个馆不同于以研究为目的的京师图书馆,也不同于教育部在各省建立的省级图书馆。此三馆的共同特点是以普及文化知识为宗旨的通俗图书馆,但又各有特色。原图书分馆以经史子集的线装旧籍为主,并备有英文杂志;原京师通俗图书馆以民俗文学、戏曲小说为主，并购置大量新平装书和儿童读物；原中央公园图书阅览所多为线装平装的普及读物，以供游览人所需。"

北伐革命胜利后，国民政府将京师改为北平特别市，北平战地政务委员会于1928年6月30日派员接收京师第一普通图书馆，7月18日大学院特派员办公处又派员前来接收。当时要求该馆仍照常给民众提供阅览服务，后因经费欠发太多，京师第一普通图书馆主任王丕谟辞职。该馆仅留5人予以维持，大学院办公处仅发50元维持费，此费不足5人工资的半数。

1928年11月，大学院公函称："前属教育部管辖的京师第一、二普通图书馆移交北平特别市政府管辖。前京师第一普通图书馆更名为北平特别市市立第一普通图书馆，前京师第二普通图书馆更名为北平特别市革命图书馆。"

此后不久，市政府又下令将北平特别市革命图书馆改名为北平特别市中山图书馆。1930年6月，北平特别市改隶河北省政府管辖，改名为北平市。为此，这两馆馆名均去掉"特别"二字，改为北平市市立第一普通图书馆和北平市中山图书馆。

1937年，卢沟桥事变，8月北平沦陷，日伪在1938年1月成立伪北京特别市公署，故北平市立第一普通图书馆改名为北京特别市公署第一普通图书馆，原北平市中山图书馆改名为北京特别市公署通俗图书馆。

1945年8月抗战胜利后，伪北京特别市恢复市名北平市，11月北平市教育局派社会教育科科长姜文锦等人接管图书馆，奉令把原北京特别市公署第一普通图书馆改名为"北平市立图书馆"，姜文锦为馆长。原北京特别市公署通俗图书馆恢复馆名为"北平市中山图书馆"。1946年2月进行机构调整，撤销北平市中山图书馆建置，并入北平市立图书馆，称为"北平市立图书馆分馆"。

按照《首都图书馆馆史》中的所言，这三家馆经过多次演变，"到1948年合并为北平市立图书馆一个馆了（含其所属的分馆和儿童图书馆）"。1949年8月，北京市人民政府教育局接管北平市立图书馆，此后该馆更名为北京市立图书馆。1950年10月14日，奉令将北京市立图书馆改名为北京市图书馆。

但是，那时的北京已经有了一个北京图书馆，也就是后来的国家图书馆,刘德元在《口述》中说:"当时咱们市图书馆的名字就叫做北京市图书馆,而北京市又有一个国家图书馆,叫做北京图书馆,国家图书馆和市图书馆只有一字,一'市'之差,对内对外经常混淆。"(转引自《开放历程》)

两个极其相似的名称很容易混淆,刘德元又讲到了他受到首都电影院的启发,于是将北京市图书馆改名为首都图书馆:"也不是我猛发奇想,而是受到启发,当时北京市文化局在西长安街,对面就有一个首都电影院,都是文化单位,我就改叫一个首都,它叫首都电影院,那我就把图书馆改名为首都图书馆是否适合呢? 这个想法得到大家的认可,于是我们就写了报告,经过市里边批准,那么首都图书馆这个名字就正式成立了。"

对于改名的时间,馆史中写道:"于 1956 年 10 月竣工,遵照市政府的指示,市图书馆由西华门大街 35 号迁入,将原西单分馆和天坛参考阅览室并进,奉令更名为首都图书馆。"《开放历程》一书亦称:"1956 年,市图书馆正式迁入国子监,馆舍面积扩充到 7700 平方米,职工增为 70 人。这年 10 月,北京市人民委员会批示:北京市立图书馆改名为首都图书馆,1957 年 3 月 17 日正式开馆,郭沫若先生为新馆名亲笔题字。"

从总体来看,该馆早期藏书量增加较为缓慢,1949 年后,该馆藏书量飞速增加。其藏书来源是多方面的,比如冯秉文在《口述》中说:"法文图书馆是法国人在北京开的书店。名字叫图书馆,实际上是个商店、书店。一方面进口外文书籍,一方面又搜集国内的古籍出口,积累了相当大量的图书,为什么要给首都图书馆呢? 当时(1950 年)发生了炮轰天安门事件(未遂),这是震动全国的,就是在法文图书馆楼上,架起迫击炮,在国庆节的时候要瞄准天安门。这个事情被破获了,把书店的经理法国人魏智逮捕了。通过法院审判,判定了间谍罪,就把他的图书馆没收了,转给首都图书馆接管。"(转引自《开放历程》)

法国人魏智的这家书店原本开在北京饭店内,抗日战争爆发后迁至东交民巷,这个书店当年颇有名气,冯友兰、季羡林在文章中都提到过它,比如摄影师莫理循在其文中写道:"我怀念 Henri Vetch,对他特有好感。他是北京饭店的法国书店老板。他的店是一个北京研究所,那里有一批华美的有关中国的图书。"

后来因为魏智被认定为"炮击天安门"的主犯之一,被判处有期徒刑

■ 古籍阅览室 ■ 古籍书库

十年,于 1954 年被驱逐出境。法文图书馆内的书籍依法被没收,其数量总计 17 万册,其中中文古籍 8 万余册,魏智给每部书都写有中英文说明。这批书后来都成了首都图书馆的馆藏。

1954 年,该馆还奉市政府之令,接收了孔德学校图书馆的藏书,这批书有 47000 余册,其中最珍贵者乃是《清车王府藏曲本》。王季思在《〈清蒙古车王府藏曲本〉序》中给出极高评价:"它所包括的文献价值可与全唐诗、全宋词媲美;它的发现,可与安阳甲骨、敦煌文书并提。"

除此之外,该馆在 1953 年还从中苏友好协会接收赠送图书 42886 册,这一年先后四次接收财政局实物库文物组移送图书 35263 册。此后的几十年,馆藏继续增加。到 2001 年,可供读者借阅的图书已经超过了 100 余万册。

2014 年 11 月 20 日,我再次来到首都图书馆,蒙馆长同意,我前去参观该馆的古籍库。这是我第三次进入此库,此前为了写一篇有关成都严谷孙的文章,我曾来这里拍摄了许多渭南严氏的相关资料。古籍库仍然在老馆的地下一层,古籍特藏部刘乃英主任告诉我,因为没有电梯,读者走到善本阅览室查书有些不方便,馆里已决定一段时间后将书库搬到此楼的一层。但就我的感觉而言,书放在这里,安全性可能更高,当然这种想法也没什么道理,我只是觉得走入这令人敬畏的地库时,因为四周无窗,再加上一层层坚固厚重的钢板水泥门,无形中让人更放心了。

阅览室的入口是中式装修,典雅而凝重,楼梯转角处的装饰画尤其特别,乃是巧妙地将木活字字钉嵌入镜框内的绘画人物手中,这种虚与实的结合,有着强烈的视觉冲击力。我特别想把这幅画拍下来,可惜我的摄影技术一直停留在菜鸟水平,试着拍了多次,都无法按下快门,刘主任说,可能是因为光线不够。

阅览室内也是中式装修风格,我尤其喜欢那顶部的灯光,明亮度足够,又完全没有刺眼的感觉,似乎有着手术台上无影灯的效果。看书的桌椅也同样是红木家具,在正前方陈列的是精装本的《四库全书》,与它相对的一侧摆着传统的书目卡片柜。这种书柜是以前图书馆内的标准配置,在电子网络的冲击下,大多数馆已弃之不用,但首图的这个卡片柜却是用红木做成,有着漂亮的装饰效果。

与善本阅览室相对的一间房内,专门盛放着《中华再造善本》,刘主

≡ 旧书橱　≡ 古籍善本专库

任说这是国家赠送的。按照相关规定，《中华再造善本》赠给了国内一百家图书馆，眼前这部是其中的百分之一，而这些仅仅还是《中华再造善本》中的宋元部分。刘主任说，明清部分还没有全部印出来，也有可能会得到那一部分。我看到这三四十平方米的屋子，仅宋元部分就已经堆满，明清部分再来了，会放到什么地方去呢？我又想到自己无缘得这百分之一，只能零星地购买所需的部分，其实陆陆续续也买了一百多个零种，而公共的图书馆，不用花钱就能得到全套，于是越发感慨私人藏书的不易。

沿着阅览室的外墙继续前行，穿过三道巨大的防盗门，就进入了普通古籍库。我觉得自己可能有轻微的幽闭症，每当进入这种封闭的空间，就会产生极矛盾的心理：一边觉得很安全，一边又不断地担心这个门会突然关上，把自己封在里面，再也推不开了。每道防盗门的系统都很严密，刘主任让管库的工作人员打开每一道门，都要既按指纹，又按密码。

虽然以前来过此地，但仍然为里面的一排排集成书架所震撼。这些书架都用导轨密密地排在一起，工作人员摇开了几排让我拍照，架上的书每一部都有详尽的侧签，看来从中调取古书应该很便利。刘主任告诉我，普通线装库和善本书库的灯光都很特别，是专门定制的一种无紫外线光源，这样可以尽量避免对书的伤害。

穿过普通线装库，到地下书库的最里侧就是善本书库。善本书库占地面积约在几百平方米以上，里面有呼呼的风声。刘主任说，善本书库始终保持着恒温恒湿，以便为古书营造最好的储存条件。书库的进门位置是一长溜展柜，里面放的是善本库中的精善之本。刘主任让工作人员掀开玻璃柜，以便我拍照，但我拍了几张之后，就不好意思再麻烦他们。我沿着一排排的书柜穿梭，想尽量多拍一些照片。我看到了乾隆年间印刷的乾隆版大藏经，数量的确很大，竟占用了三排书柜。

在其中一排书柜中，我看到上面贴着标签，写着"绥中吴氏赠书"。刘主任解释说，这是吴晓铃的旧藏。大概在 1997 年，吴晓铃的藏书有一部分出现在了海王村拍卖行，主要是旧平装，这些书品相上佳，引起了买家的哄抢，我也从中分得了一杯羹。然其旧藏的主体收归了首都图书馆，十几年后终于得见总体风貌，有种说不出的感慨。

另外还有几排书架，写着其他的名称，名称是另外的单位而非个人，我很好奇。刘主任告诉我，这是北京市其他图书馆所藏善本，因为对方馆的设备情况没有这里好，于是那些馆就将善本寄存到了这里，这倒是一种巧妙的保护方式。

从善本库出来，刘主任送了我两本书，一本是《首都图书馆藏国家珍贵古籍图录》，收录了该馆最珍罕的藏品，另一本是吴晓铃的赠书目录。刘主任说，因为我在书库中没有将一些善本拍下来，所以把馆藏图录给我，最好的书基本都在这本图录里面，她的体贴真让人感动。

天津图书馆

拥有活字本最多的大馆

天津图书馆是由直隶图书馆、天津市市立图书馆和原天津图书馆三馆合并而成。清光绪末年，学部侍郎严修捐出图书 1342 部，放在天津教育品陈列馆北楼供人阅读，他为此室题匾曰"图书室"，这就是天津公共图书馆的发端。

清光绪三十二年（1906），卢靖出任直隶提学使，他感到天津地处南北交通要津，乃是人文荟萃之地，却没有一所正式的图书馆，于是他在转年十月委派学务公所张秀儒、储毓轩二人开始筹建图书馆。光绪三十四年（1908）五月十一日，该馆正式开馆，定名为直隶图书馆。

卢靖号木斋，本身就是一位藏书家，他的知止楼藏书量达十万余卷。卢靖治学主张致用，提倡新学，先后创办有卢氏蒙养园、卢氏小学、木斋中学等学堂，以及南开大学木斋图书馆、北京木斋图书馆等六所图书馆。他出任直隶提学使时，极力提倡在天津建公共图书馆，为了创建此馆，他多方筹资，在筹资困难之时，个人捐资白银 5000 余两，可见直隶图书馆乃是他一手创建的。

关于直隶图书馆创建之初藏书的来源，《天津市图书馆志》中简述说："初建馆时，藏书以严范孙先生所捐献陈列的图书、直隶督署下发的 1 万余卷图书和提学使司请款专购的 12 万卷图书为基础。继之，严范孙先生又捐赠图书 1200 余部，又有两江总督端午桥、两广总督张坚白、云贵总督锡清弼、浙江巡抚增子固、山东巡抚袁海观、吉林巡抚陈简侯等均曾捐赠图书。开馆初期藏书近 20 万卷（册）。"

严范孙即严修先生，他当年捐献给天津教育品陈列馆的那批书也转入了直隶图书馆。直隶图书馆建成之后，严修又捐出家中藏书 1200 余部 5 万余卷。1919 年南开大学图书馆创办之初，严修捐献开办经费 2000 美元用于购书，同时捐献中文图书数百册。

直隶图书馆成立之初，馆舍附设在河北区大经路直隶学务公所内，1913 年迁至中山公园北部的一幢二层砖木结构楼房内，此楼共有 56 间房，除书库外，分设男女阅览室。该馆每周开馆六天，当时读者较少，每天来看书者仅十几人，为了便于读者借阅，该馆在 1914 年 9 月于东马路附设"通俗图书馆"。

1918 年 9 月，直隶图书馆更名为"直隶省立第一图书馆"，由严侗任专职主任。严侗乃严修的堂弟，是北京高等师范学校第一届图书馆讲习

会会员，可能因为这个资历，他被聘为专职主任，其实就是图书馆馆长。严侗在此任上做到 1933 年 8 月，因年老体病辞职。他在任职期间，按照严修之意，努力向社会募捐书籍，使得读者数量有所增加。1924 年，奉系军阀司令部强占河北中山公园内的图书馆馆舍，馆藏图书受到损失，严侗据理力争，终于使得大部分图书得以保存。之后经严侗多方呼吁，直至 1927 年驻军才全部撤出。

1928 年，直隶省改为河北省，图书馆也相应更名为"河北省立第一图书馆"。1937 年"七七事变"后，日军进驻中山公园强占馆舍，禁止工作人员入内。1938 年，该馆改名为"天津特别市立第二图书馆"。到 1939 年初，日军限图书馆在三天内迁出。当时馆内工作人员在仓促间只好把藏书暂时迁到西关外联兴里一处破旧民宅内，因此房低洼潮湿，之后又迁到鼓楼大街的民宅内。

对于此事的相关细节，刘鸿志、唐石父所撰《天津图书馆的变迁》一文中描绘说：

> 然限于经费，仅发员工薪资，以维持生活，无力开展业务，再加馆址及全部藏书，仍为日军所控制，不能进行工作，实际已陷入停顿状态，虽曾由伪市公署出面，与日军当局进行交涉，冀能启封，但竟遭日军拒绝。时日既久，本馆职工发现馆中图书、什物多有丢失，经调查，系从楼后破窗而入，于是据实报告杨馆长，决定与中山公园董事会磋商，暂借公园票房，作员工轮流值班之处，以监视被日军所扣图书。中华民国二十七年（1938 年）冬，在长期努力的基础上，通过教育局第三科科长陈葆光和教育局日本顾问饭野二人与日军关说，才得允许，将全部图书迁出，另觅地存放，但限期仅仅三天。由于时间紧迫，仓促租得西关外联兴里二百三十号民房一所，暂存抢救出的馆藏图书。及期，由饭野和杨馆长率领全体职工，到中山公园，启封后，所有员工激于义愤，无不齐心协力，在日军荷枪监视下，奋勇抢救藏书，终于在三天限期内，全部搬出。

1935 年，河北省政府迁至保定，同年十一月该馆馆长李琴湘升任教育厅厅长，于是改派杨鸿绶继任馆长。杨在任职期间，该馆编辑出版了《河北省立第一图书馆书目·语文部·别集类》四册。当年经省政府教育厅批准,杨组织人在旧馆址及馆后坟地上创建新馆,同时在新馆内专门建立范孙书库,铸严修铜像,以此纪念这位为天津图书馆建设做出重要贡献的先贤。

抗战胜利后,1945 年 9 月,河北省教育厅委派井守文为馆长,接管天津特别市第二图书馆,同时将该馆更名为"河北省立天津图书馆"。1949 年 1 月 15 日天津解放,经华北人民政府教育部决定,原河北省立天津图书馆划归天津市领导,同年 3 月该馆与原天津图书馆合并,定名为"天津市第二图书馆"。

天津市市立图书馆创办于 1929 年春,是由天津特别市教育局开办的,当年 9 月设图书馆筹备处,委任督学姚金绅为筹备处主任。1931 年 6 月 20 日,举行开馆典礼,姚被任命为馆长,馆舍位于南开杨家花园。此馆开办之初较为兴旺,平均每天接待读者达 300 人次。"七七事变"后,该馆更名为"天津特别市市立第一图书馆"。抗战胜利后,恢复市立图书馆原名,天津解放后,1949 年 3 月,改名为"天津市第一图书馆"。同年 10 月,市教育局任命邓庆澜为馆长。

原天津图书馆乃是抗战胜利后,天津士绅倡议建立的一所规模宏大的图书馆,该倡议得到了当时天津市市长杜建时的支持,于 1947 年 5 月成立"天津图书馆筹备委员会",同年 11 月成立了董事会和监事会,杜建时任董事长。此馆在筹备期间,接收了日本侵华期间在天津建立的"日本图书馆"的藏书。

天津解放后,1949 年 3 月,原天津图书馆与河北省立天津图书馆合并,改称"天津市第二图书馆"。1952 年 1 月,经天津市人民政府决定,将天津市第一图书馆与第二图书馆合并,名为"天津市人民图书馆",由时任文化局副局长的李霁野兼任馆长。1982 年 6 月,在庆祝建馆 75 周年之际,经天津市人民政府批准,该馆更名为"天津图书馆",此名沿用至今。

我跟天津图书馆的交往,源于一部泥活字本。大约 20 年前,我买到了一批徽州的田亩册,俗称"鱼鳞册",这类账册在安徽其实有大量的留存,以前的价格也极其便宜。我没有专收这类的田亩册,只是因为买下了一批书,其中有近百册这类的古代文书。从外观看,鱼鳞册最大的特点,一是正方形,这跟普通的线装书呈长方形不同;二是册书极厚,平均每部鱼鳞册

的厚度是普通线装书的四五倍；三是最为明显的，虽然难成特点，那就是鱼鳞册从外观看又脏又破。不知道为什么，我见到的鱼鳞册都是一个模样。我想人们对这类文书关注较少，一是内容无足观，二是因为品相太差吧。

但既然已经搭售在手，脏兮兮地堆放在那里，总是看着不舒服，于是我请修书者将其修补装池，几个月后才拿回来，果真看上去俊俏了许多，这也让我有了翻阅的欲望。在翻看过程中，偶然发现其中有十余册竟然是活字本。寻常所见的鱼鳞册，基本上是印刷表格加手填手绘，这种形式占了鱼鳞册的99%，偶尔能见到有木版刷印者，已属极其罕见，而用活字来排印者，我仅见过自己的这些藏品。这个发现让我有些兴奋，细细地研究一番，从边框到行气以及页面上的倒字等，活字本的特征全都出现在了这些鱼鳞册里，因此，这是活字本，确定无疑。

接下来我想研究清楚，这是用什么材质的活字所印。一般而言，今日能够见到的明清以来活字本，绝大多数是木活字本，其次是铜活字本，偶尔能见到锡活字本，其他的活字本就属珍罕之品了。可是这些鱼鳞册上的活字，从刷印出的页面来看，上述提到的这几种都不是，因为每个字的边缘全部磨成了圆弧状，木活字和金属活字都不会出现这种情况，于是我猜测，这可能是泥活字印本。而泥活字所印之书，在传统古籍中极其稀见，若果真如我所猜测，这不但给中国现存活字本增添了品种，更为重要的是，流传至今的几种泥活字本均为清中后期所印，而我的这些鱼鳞册，全都是明万历到天启的年款儿，如果能证实这些鱼鳞册是泥活字所印，这其中最早的一部就成为中国已知的首部明代泥活字本。

到哪里去证实这个猜测呢？我想到了天津图书馆。因为天津图书馆所藏古籍有几大特色，其中之一就是活字本专藏。20世纪50年代到60年代期间，大藏书家周叔弢先生用了10年时间致力于收藏各类活字本，1973年，他把自己的这项专藏全部捐献给了天津图书馆。周叔弢所捐活字本有400多种，天津图书馆从自己的所藏中挑选了300多种，将这两项活字本汇为一个专藏，并且在1982年出版《天津图书馆藏古籍活字本目录》。这本目录是蜡版誊印本，当年只出了200册，此书也成了藏书爱好者追求之物，我所得的一册是多年前由天津图书馆古籍部李国庆主任所赠。可能是因为这个活字本目录的出版，使得天津图书馆所藏活字本在图书馆界人人皆知。想到活字本问题，我马上想到了天津图书馆，在跟李主任联系后，就带着几册活字本的鱼鳞册前往天津图书馆进行核对。

李主任给我介绍了善本部的白莉蓉老师。白老师对活字本很有研究，她看了我带来的活字本鱼鳞册，说以活字本印的鱼鳞册她还是第一次见到，不能断定是不是泥活字本。于是我留下复印件，等她慢慢地研究。虽然在此之前，我来过天津图书馆多次，也早已认识李国庆主任，但真正跟天津图书馆打交道，这应当算是首次。

在此之前，我就受周叔弢的启发，也将活字本作为一个专题来收藏，陆续收藏了20余年，总算有一点小成绩，但我也知道自己的这种快乐不过是鸵鸟式的自我安慰。因为当年周叔弢藏活字本的前情，是捐出了自己所藏的珍罕之本，另外起一个小专题进行玩赏；再者从质量上讲，我的所藏远远比不上周叔弢当年的捐赠之物。但如果事事都这么冷静，就会让自己失去藏下去的动力，因此总要找一些逃避式的小快乐，以此算作在自己藏书史上的自我奖励。更何况，没有周叔弢收藏活字本的启迪、没有天津图书馆的专藏系列，我还想不到要把活字本作为专题来收藏呢。

李国庆主任在天津图书馆工作多年，虽然他整日埋首图书馆，但并不死板，我印象最深的是他曾编著了一部《弢翁藏书年谱》。给名人做年谱，是中国人的一种文化传统，但是将藏书与年谱作为一个切入点，李主任的这部大作应当是前无古人，当时我就很佩服他的这种独创思路，于是将他的大作一次性地买了20本来分赠书友。

再后来，来新夏先生用了几十年时间汇校《书目答问》，我和李主任都参与其中。这件事的起因乃是某次来先生找我，讲到从多年前他就把看到的前人校《书目答问》之文字过录在一起，近年来汇编为一书。他邀我校对此稿。我告诉老先生，自己也在做这件事，虽然没有他做得那么长久，但也有十几年。来先生问我，可否将我的所做跟他的汇为一书，我说当然可以，于是将做完的书稿全部给了来先生。他收到后大为高兴，给我打电话说，没想到我已经做出了47万字，是一部完整的书稿，说他不愿意掠人之美，不好意思再把我的书稿汇入他的书中。我告诉来先生，自己确实不介意这件事，只要能够对他有用，汇入书中也是我的荣幸。

来先生很感动，将这件事专门写在了序言中，把我狠狠地表扬了一番。但那个时候，来先生年事已高，没有精力把我的书稿逐条分拆，于是他把这件事情委托给了李国庆主任。李主任为此下了很大的功夫,才将两部不同的稿子清晰完整地整理在了一起。后来这部书稿交给了中华书局,中华书局专门为此召开了研讨会,最终,这部 120 万字的大书于 2011 年出版。看到三人共同努力的成果,真的让我倍感欣慰。而今来老已归道山,想到我们三人唯一的合著之书,我更加感念李主任当年所付出的辛劳。

其实天津图书馆的特藏不仅是活字本,另外一个名气较大的特藏则是地方志,而天津图书馆的地方志特藏跟活字本一样,也是由一位大藏家的专藏作为基础而形成的,那就是任凤苞的天春园旧藏。任凤苞当年就是以藏地方志最为有名,这批方志后来全部收归天津图书馆,再加上天津图书馆的所藏,由此形成了他们的第二大专藏,并且在全国的公共图书馆界也颇有影响。

天津图书馆还有一大专藏,即古代小说,这一部分专藏是以周绍良旧藏为基础的。周绍良先生当年有多个专题收藏,其中之一就是古代小说。其中有一部《廿一史通俗衍义》,是万历年间吕抚所印,从外观看,这是一部匠体字刻本,然而该书后面附了几页纸,吕抚在这几页纸中详细地讲述了如何制作出此书。原来他是将木活字摁在泥版上,再把泥版烧制之后用来印刷,这是一部独特的活字泥版。中国古代之书,至今仅知这一部书是用此种印刷方式制作而成的,而这部书的特殊印刷方式也是到了天津图书馆后才被发现。虽然此后该书在市场上也出现过几次,但天津图书馆的首次发现之功,当然不能埋没。十几年前,嘉德公司征集到了这样一部书,我在看书时,把这个发现告诉了拓晓堂先生,他说该书终于找到了卖点,连问我如何知道有此说法。我当然不敢冒认这个发明权,直言告诉他,天津图书馆早已发现这部书的特殊印刷方式,只是您没有留意到这篇文章而已。

此次前往天津图书馆,大费了一番周折。这个周折跟天津图书馆没关系,因为李主任早已答应了我的要求,并且告诉我已经做好了准备。天津图书馆又盖起了新馆舍,我不能确定善本部所处的位置,于是事先给李主任打电话,他说自己不开车,难以告诉我路线的走法,但他听别人讲,走新修的京津高速比较方便。于是,我在网上查证了几条高速路的换法,2015年 5 月 26 日一早就驱车前往。换了两条高速路后,就发现自己迷了路,我一向对自己的方向感十分自信,这种情况很少发生在我的头上,这次迷路的原因，是因为所换的四条高速路，其中三条都改了路名，改来改去，让人有限的记忆变得混乱，正因为如此，我觉得自己的车越开越远，后来停到某个收费口一问，已经奔向了保定方向。一气之下，我打电话告诉李主任这种情况，感谢他的等候，同时告诉他，今日已经没有了前往的心情。

隔了一星期，我又耐不住性子，再次给李主任打电话，这次改变了行进方式，乘高铁仅半小时，即到达了天津站，书界老友陈景林先生已经在出站口等候。出门靠朋友，我到天津一日游，给这句话做了很好的注解。这一天下来，连办了四件事，其中之一就是到天津图书馆去看善本书。好在李主任知道我行色匆匆，已经把我想拍照之书提前让工作人员找了出来。我要看的第一部书当然就是天津图书馆的镇馆之宝——《棠湖诗稿》，此书为宋代岳珂所撰，刊刻于南宋临安府陈宅书籍铺，该书名气极大，为标准的宋代浙刻本。

此书宋岳珂所撰，当年四库馆臣为该书撰写提要时，怀疑此书乃是好事者以厉鹗等所辑《北宋杂事诗》嫁名于岳珂，此后余嘉锡在《四库提要辨证》中反驳此说，但当时余先生并没有看到过原本，直到 1963 年，天津图书馆从天津古籍书店购得此本，方使得疑案大白于天下。这部书成为天津图书馆最受人瞩目的一部宋版书，当仁不让地成了该馆的镇馆之宝。

这样一部重要的版本，当然要郑重地观赏。李主任让我戴上洁白的手套再翻看该书，这样做可以将对书的影响减小到最低，但也有一个弊端，就是无法触摸到纸张的质感。但来到此地，只能按照这里的规定办事。

细细翻看这部宋版书，能够明显地感到，不管是近代的珂罗版，还是现代的精密照相技术，无论怎样的方式都不能原汁原味地表现出该书的神采，所以做鉴定，仅看影印本肯定会有很多的误判。天津图书馆是国内的十大古籍藏馆之一，但并不以藏宋元版著名，其宋版书仅存 6 部，元刻本则有 28 部，但我觉得他们能有这样精彩的一部宋版书，已经足以让爱书人瞩目。

接下来所看之书变得有趣起来，李主任可能为了让我对周叔弢有整体的了解，他拿出多部周叔弢印本，这些印本书名相同，却是用不同的印刷方式，或者用不同的纸张来制作，这才是一个藏书家的玩法。前些年，我也请人刻版，同时为了增加趣味性，找了不同的纸张来刷印同一份版片，而今看到周叔弢所印的这些书，那真是自叹弗如，因为他能找到很多特殊的

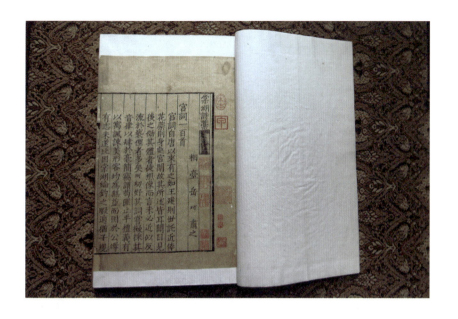

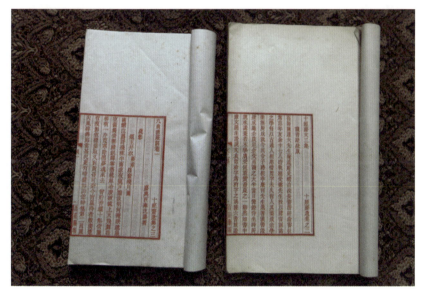

=　镇馆之宝——（宋）岳珂撰《棠湖诗稿》一卷，宋刻本
=　（清）沈涛撰《十经斋遗集》，周叔弢刻，朱印本

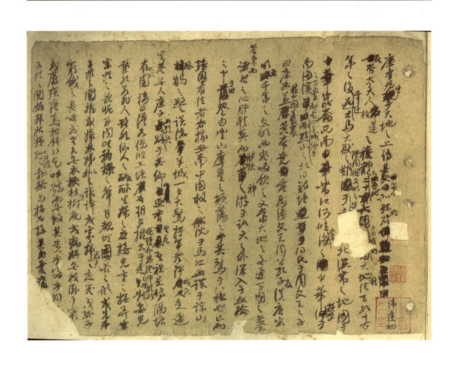

（南朝陈）释真谛译《摄大乘论释》十五卷，北宋东禅寺大藏经本

康有为撰《南海先生大同书稿》不分卷，稿本

纸张,比如乾隆时期的高丽皮纸,这都是今天我所做不到的。

李主任说,周叔弢确确实实是一位爱书之人,这里所说的"爱书",不仅是藏宋元珍本,他对普通之书也很是爱重。说话间,李主任拿出了一部清光绪十年(1884)上海同文书局石印本的《康熙字典》,这种书开本很小,在市面上的价格可能不到1000元。李主任告诉我,这部书也是周叔弢旧藏,并且周先生使用此书竟然长达50余年。而今打开这部书,竟然新若未触手,书内还夹有周景良的一页跋语,跋语中详细叙述了周先生是如何爱护书籍的。

周叔弢乃是近现代一流的藏书大家,他在1914年移居天津,负责管理家族企业,被誉为民族实业家,还曾任天津市副市长、全国政协副主席等职,1979年当选为天津市图书馆协会名誉理事长。周先生有着十分达观的收藏理念,他的所藏大多捐给了公共图书馆,比如1952年他所藏的宋、元、明珍本715种2672册捐赠给了北京图书馆,1950年和1954年先后两次把家族孝友堂藏书7万余册捐给南开大学,1955年又捐赠给天津图书馆3100余种2.2万余册古籍。可以这样说,天津图书馆所藏善本中有不少都是周先生捐赠之物,故李主任在聊到周先生名字时,始终语含敬重。

我曾为了写徐世章的藏书事迹,在网上搜到了天津图书馆白莉蓉老师的一篇文章,此文章专谈徐世章捐赠古籍善本,提到了徐世章曾经捐赠一部明姚绶手抄本《斗南老人诗集》。此书为孤本,又经明代大收藏家项子京所藏,是极其难得的珍本。这次我也请李主任将此书调出来拍照,看到这样的珍善之本,确实有着惊艳之感。

徐世章乃是文物鉴赏家,毕业于北京同文馆,尝赴比利时学习财政、考察商业,曾任交通部次长、交通银行副总裁等,1947年被推为天津图书馆筹备委员、副董事长。徐世章也有藏书之好,后来他的所藏大多也捐给了天津图书馆。除了这部姚绶手抄本外,他所捐善本还有清初抄本《月泉吟社》等。其实相比于他的藏书,徐世章藏砚台更有名,其所藏之砚在他去世后,家属遵其遗嘱,捐献给了天津艺术博物馆,这批砚台成了该馆的镇馆之宝。

李主任在工作期间带领天津图书馆善本部的工作人员影印出版了大量古籍,这些影印本都是用天津图书馆所藏的珍善之本作为底本,如此做法,方便了许多研究者的使用。2014 年,我收到了李主任寄来的新版《明代刊工姓名全录》,几百万字的大著,真让我叹为观止。他的精力如此充沛,在工作之余,竟然能做出这么多有价值的工具书,看来一个人要想完成一件事,坚持、有耐性是重要的先决条件。想想我自己,车已经开到了天津城界,因为走错路就一赌气开回去,导致一上午的时间都在高速路上荒废了,这种性格真是需要改一改了。

上海图书馆

多馆合并成巨擘

若仅以名称论，上海图书馆在清末就已有之。宣统元年（1909），盛宣怀"慨然于上海为全国第一大埠，无一图书馆建设，殊为缺点。乃即就住宅东偏，度地鸠工，经营半载，幸获观成"。（《愚斋图书馆藏书目录·序》）盛宣怀感慨于上海是第一大都市，城中却没有公共图书馆，于是在自己的庭院东边建造了一座图书馆，该馆占地十余亩。这年的十二月十九日，他在给缪荃孙的信中写道："愚斋所立上海图书馆现已开工，地十余亩，拟小作丘壑。尊处所拟图样，乞速抄示（南洋有东西洋书籍否？上海需兼而有之），以便摹仿。此间已三易稿，尚觉未完备。"（《艺风堂友朋书札》）

可见盛宣怀在宣统元年（1909）所创的图书馆，原本名叫上海图书馆，之后又改名为愚斋图书馆。近几十年来，市场上偶尔能够得见同时钤盖有"上海图书馆"和"愚斋图书馆"之书，侧面证明了馆名的变迁。

此外，1932年6月25日，由王云五、史量才、杜定友、马寅初、高梦旦、陆费逵、叶景葵、潘景郑、蔡元培等130余人共同发起《筹建上海图书馆公启》，此文同样感慨上海缺乏公共图书馆之事："敬启者，上海为东方一大市场，物质之奢靡，建筑之巍峨，交通之便利，学校之林立，商旅之辐辏，市场之繁荣，以观世界各大都市，其相去盖亦极仅，独于文化则瞠乎人后，文盲载道，而关于文化之建设尤不为人所注意。举例而言，以如此繁盛，市民多至三百余万之通商大埠，竟无一大规模之图书馆，以供市民之阅览，而歌台舞榭，栉比林立，唯此深关民智之文化设备，则付阙如，此诚为上海市民之大耻，亦即我国家之大耻也。"

其实在此之前，商务印书馆已经在上海建起了东方图书馆，令人气愤的是被日本人炸毁了，《筹建上海图书馆公启》中写道："曩者商务印书馆于清末建立涵芬楼于闸北，蜕化而成东方图书馆。二十余年来苦心经营，藏书逾五十万册，其在上海，尤为硕果晨星，弥足珍贵。惜自'一·二八'祸变突发，此一大文化机关及江湾、吴淞一带公私立大学及私家所藏图籍，竟全部牺牲，其可悲可痛，诚无以言宣。"

为此，这130余位有识之士决定创建上海图书馆，他们共同呼吁，希望集合社会各方力量，建成一所规模宏大的图书馆："同人等认恢复上海文化机关，实为目前急务，而创设一规模较大之图书馆，尤为首要。顾以力量绵薄，莫克促其实现，抑且兹事体大，非群策群力，决难望其成功。爰敢征求发起，尚恳社会各方共促其成。涓滴之水，可成江河，尘埃之粒，可成泰岳。果能共起进行,则他日黄浦江头,崇楼高耸,琅玕罗列,汗牛充栋,要自可期,是则不仅为上海市民之福利,实即我国家之荣光也。"

遗憾的是该馆未能办成。1939 年,叶景葵等人开始筹办合众图书馆,该馆于 1941 年建成,此后合众图书馆并入了新成立的上海图书馆。

当今人们所熟知的上海图书馆早已是国家图书馆之外的中国第二大馆,但该馆成立的时间与它的地位不相符,因为它不是一座历史悠久的老馆,而是成立于 20 世纪 50 年代。对于其成立之初的状况,上海图书馆、上海科学技术情报研究所编的《海纳百川 知识导航 上海图书馆成立 60 周年纪念文集》(以下简称《纪念文集》)中有详细记载,文中谈到了新中国上海市第一任市长陈毅同志对该馆的建成起到主导作用:"在他的直接关怀下,上海解放初期就成立了上海市文物管理委员会,由著名历史学家李亚农任文管会主任,毕生从事文物、图书收集、保护工作的徐森玉为副主任。1950 年文管会下设图书整理处和文物整理处,李芳馥被任命为图书整理处主任。上海图书馆就是在图书整理处的基础上组建发展起来的。以后,陈毅市长还亲笔为上海图书馆题写馆名。1951 年初,文管会决定成立图书馆筹备委员会,聘请徐森玉、顾颉刚、顾廷龙、李芳馥、王育伊、刘汝醴为委员。"

上海图书馆筹备期间,得到了各方的支持:"图书整理处在不到一年的时间里,就已收集到 20 多万册图书,其中有不少是爱国的社会知名人士的捐赠。如柳亚子、姚石子、高吹万诸先生的后人热情支持上海图书馆建馆而纷纷捐献图书,其中不少属于善本。"

私人捐赠虽然踊跃,但毕竟有限,而上海图书馆在筹建之时就接收了一些馆藏,《纪念文集》中提到"馆藏文献沿革及数量"时称:"1950 年 7 月,上海市文物管理委员会(简称文管会)成立图书整理处,并着手筹建上海图书馆。当时不少社会知名人士或其后人将其私人藏书捐献给国家,由文管会接收。经过 2 年筹备,上海图书馆主要接收了原旧上海市立图书馆中西文图书近 12 万册、中西文合订期刊 2 千余册、少量古籍善本特藏,以及原旧上海东方经济研究所图书馆一批珍贵古籍善本,并征集、收购和接收知名人士捐赠的图书共计 70 万余册,于 1952 年 7 月 22 日在南京西路 325 号建成开馆。"

可见今日人们所说的上海图书馆,其建成时间是 1952 年,这比其他历史悠久的老馆晚了半个世纪，但因为上海是国际大都市，这里曾经创建过许多图书馆，包括一些教会图书馆，此后这些藏书陆续都并入了上海图书馆："1955年2月，市文化局指令上海图书馆接管亚洲文会图书馆，并规定'亚洲文会的图书不作分散调拨，必须集中完整地保留'。上海图书馆除接收亚洲文会的7万余册图书外，还接收了其他机构寄存于亚洲文会的图书，计尚贤堂近18000册，工程学会、古钱学会等6000余册。接收后的图书均藏于上海图书馆徐家汇藏书楼。1956年11月，市文化局根据军管会命令，接管徐家汇耶稣会神学院藏书楼（亦称徐家汇天主堂藏书楼），经过整理充实（包括工部局图书馆藏书约20万册、尚贤堂藏书、海光图书馆藏书和亚洲文会图书馆藏书），成为上海图书馆的组成部分——徐家汇藏书楼，于1957年1月开放。"

除了宗教图书馆外，上海图书馆陆续合并了其他一些图书馆："1958年10月，市文化局对公共图书馆事业的工作方针和体制进行研究后，经市委宣传部同意，决定将上海图书馆、上海市科学技术图书馆、上海市报刊图书馆、上海市历史文献图书馆四馆合并。此时全馆藏书已达320万册（除上海图书馆藏书外，计人民图书馆调拨图书近30万册、上海科技图书馆藏书11万余册、上海报刊图书馆的藏书50余万册、上海历史文献图书馆藏书约10万种50余万册）。"

上海市科学技术图书馆的前身是中国科学社明复图书馆，该馆成立于1920年8月15日，最初创建于南京，1931年在上海开馆，该馆藏有六万多册书刊资料。1956年，明复图书馆改名为上海市科学技术图书馆，由任鸿隽任馆长，此后该馆的藏书继续增加，到1958年时已达11万多册，其藏书特色主要是以生物、化学、化工类为主。

上海市历史文献图书馆实乃前面提到的合众图书馆，合众馆在1953年捐献给了上海市人民政府，1955年2月25日，经市政府批准，该馆改名为上海市历史文献图书馆。转年8月，任命顾廷龙为馆长。该馆的藏书以传统典籍和碑帖为主。

上海市报刊图书馆的前身是鸿英图书馆和上海新闻图书馆。前者成立于1933年6月，以藏杂志和报纸著称于图书界。上海新闻图书馆成立于1949年12月15日，由解放日报社、新闻时报礼社和全国新闻工作者协会上海分会共同发起。该馆专藏报纸，总计有500多种，包括保存完好的

《申报》。1955 年 1 月,鸿英图书馆和上海新闻图书馆合并为上海市报刊图书馆。

四馆合并之初,各馆的机构和藏书一并归上海图书馆,但四馆名称暂时保留。到 1962 年 11 月 12 日,市人民政府任命顾廷龙为上海图书馆馆长,以上四馆名称取消。合并之后的藏书量达到了 400 多万册,到 20 世纪 90 年代时,上海图书馆馆藏已近 1000 万册。

对于该馆所藏善本的数量,《纪念文集》中简述说:"线装古籍非常丰富,总计有古籍 160 余万册,其中善本 29636 种、178025 册;地方志 5400 余种、90000 余册,其特点是覆盖面广,连续性强,精品多;家谱 20000 种,20 万余册;朱卷 8000 余种。上海图书馆是除国家图书馆外,无论是古籍数量还是善本数量品种都最多的省市级图书馆。"

原本上海在晚清民国间就已经是中国的出版中心,这里有着丰富的书报刊资源,经过这样的合并,使得上海图书馆在这方面的藏量稳居全国第一:"中文报刊 22883 种,其中报纸 4207 种,期刊 18676 种 75014 册,许多在全国有影响的报刊都有收藏,且比较齐全。其中上海地方出版的有 3000 种,占这一时期已知文献总量的 70%,藏量居全国第一。"

除报刊外,上海图书馆的另一大特色收藏是家谱,1995 至 2000 年间,王鹤鸣任上海图书馆党委书记,他在《典藏家谱》一文中说:"今天上海图书馆收藏的家谱,已经达到 3 万种,20 多万册,是全世界收藏中国家谱最多的收藏单位。我馆收藏的家谱占了全世界存世家谱的近二分之一。"

上海图书馆哪里来这么多的家谱呢?王鹤鸣接着说道:"首先要感谢我们图书馆的老馆长顾廷龙先生,他在 20 世纪 50 年代担任上海图书馆领导的时候,就很重视家谱文献的收藏,当时他提出一个方针'人弃我取',人家丢掉的,不要的,我去拿过来。所以在土地改革的时候,在'大跃进'的时候,在'文化大革命'的时候,当时有一些书籍和资料,要送到造纸厂送到废品收购站,当顾老知道了这个情况,就经过上海文化局的同意,带了上海图书馆一些职工,及时赶到废品收购站,甚至赶到造纸厂,把这些珍贵的文献资料,包括家谱,其他的手稿文献、碑帖等等及时抢救回来。"

而后王鹤鸣总结说:"所以到 1995 年 10 月的时候,上海图书馆的家谱已经有 1 万种。在全国省市图书馆中,占到第一位。当时收藏家谱比较多的是国家图书馆，他们有 3 千多种。这就为我馆进一步开发整理家谱打下了一个重要的基础。"

上海图书馆的另一大收藏则是碑帖，其藏量号称全国第一。2024 年 6 月，我向上海图书馆碑帖专家仲威先生确认馆藏碑帖数量，他告诉我最新统计数据是 25 万。看来上海图书馆藏碑帖数量还在增加中。该馆所藏的碑帖不仅数量大，更为重要的是里面有很多孤本。比如《化度寺邕禅师舍利塔铭》，此为宋拓孤本，原碑刻于唐贞观五年（631），由欧阳询书丹，此碑在唐末五代时就受到广泛重视，该碑原存于南山佛寺，北宋时期，一些僧人误认为碑石中有宝，于是将该碑敲碎。因此该塔铭拓本流传极稀，后世所见大多为翻刻本。此宋拓本在嘉庆年间为成亲王所得，流散出来后被潘祖荫得到，其侄女潘静淑出嫁时，他将此作为陪嫁送给了潘静淑，而潘静淑嫁给了吴湖帆，吴湖帆将此拓本与自己所藏的宋拓《九成宫醴泉铭》《虞恭公温彦博碑》《皇甫诞碑》精心装裱后装在一木匣内，名曰"四欧宝笈"。20 世纪 50 年代，吴湖帆将此捐献给上海图书馆。

因为上海图书馆是多个公私藏馆合并而来，故其所藏线装书有不少是复本，为此，他们在"文革"时期曾挑选出复本调拨给其他的馆。《社会文化工作跃进经验选辑》中有署名上海图书馆撰写的《上海图书馆是怎样处理 50 万册线装旧书的》一文，该文称："上海图书馆藏有 80 余万册线装旧书，其中约有一半是复本，复本图书也曾初步加过一次工，制有卡片目录，这批复本图书，来自各方面有文管会接收后移交的，有私人藏书捐献的，也有法院没收后交来的。"

文中提到："市面上早已绝迹如清代盛氏木活字刊印的'资治通鉴补'每部 80 册在上海图书馆却有 99 部复本等。"如此大的复本量，使上海图书馆想到了与其他图书馆进行交换，但因各种原因，交换难以做到等价和等值，故无法换成，于是该馆就把多余的复本直接调拨给原藏古籍较少的图书馆："通过这次再一次的整理，不但清算出上海图书馆实际可以调拨出去多少书，这次结算可马上调拨出去的复本书是 364528 册，目前已有近 300000 册调拨到了图书资料较少的新疆、陕西、吉林、黑龙江、内蒙古等图书馆，同时也进一步补充了本馆的馆藏，经这次查对又从复本图书中提出了以前没有或版本不同的图书 5000 余种 50000 余册。不仅如此，也配全了一些大部头丛书，如配全了三部'四部丛刊续编'，一部'三编'（市面早已绝迹）的书等等。"

除此之外，在特殊历史时期，上海图书馆藏书的数量迅速得以增加，《纪念文集》一文中写道："1966 年开始的'文化大革命'，使上海地区的私家藏书遭受了一次毁灭性的打击。1967 年 4 月，为处理查抄图书，当时的'市革会政宣组'决定成立上海市文物清理小组。在 2 年时间里收到上交的非法查抄图书 547 万册，其中 420 多万册图书移交上海图书馆整理保存。"然而这些藏书又随着落实政策退还出去大半："党的十一届三中全会后，自 1979 年 3 月起开始大规模落实政策，退还查抄的图书，经核实除少量珍贵图书找到户主外，98% 的图书仅能凭查抄对象的回忆填写申报单，再核查发还。至 1989 年末整整 10 年中，总计退还图书 2361996 册，其中珍贵图书 101109 册，占接收珍本图书的 90% 以上；经济补偿 260 多万元，落实政策总户数 40091 户，涉及 3486 个单位，直到清退工作基本结束。"

虽然历经变迁，但无论是藏书的质量还是数量，上海图书馆都称得上是中国江南地区最大的馆。我跟这个馆打交道二十多年了，在馆里也有多位朋友，然而正因为太过熟悉，反而从来没有给这个馆拍过照片。大概六七年前，陈先行先生邀请我到图书馆讲座，来了之后才知道上海图书馆的这种公益讲座已经持续了三十余年，形成了品牌，名叫"上海图书馆讲座"。那次讲座的主题是目录版本学，这个板块总共有四讲，除了陈先行先生，还有李致忠先生、杨成凯先生以及我。其实论起来，我跟他们三人完全不能够并列，他们三位都是目录版本学界的大专家，而我不过是个业余的爱书人。

2014 年 12 月 9 日，我再次来到上海图书馆，这次我认真地观察了该楼的整体外观。从楼体的外立面看，上海图书馆的建筑风格更像一座堡垒，十余年前，有几家拍卖公司每年春秋两季的古籍大拍都在这里举办，想来是为了沾染这里的书香之气吧，但后来不知什么原因没有公司在这里拍卖了。我除了看书外，来这里的次数反而减少了，因为上海图书馆的人常来北京开会，我和他们的见面大多是在北京。

我此次来拍照，给上海图书馆历史文献中心主任黄显功先生打过电话，已征得他的同意。上海图书馆大楼的有趣之处，除了外形上的奇特，还有它的馆名"上海图书馆"这几个字是模模糊糊地印在入口处的顶端，为

≡ 上海图书馆外景　≡ 馆内的小花园

了能够拍清它们,我转换了好几种角度。

进到大堂,已经是上到了馆里的二楼,这个区域有一个小花园,虽是室内,但隔着玻璃跟后面的大花园从视觉上连为了一体,由此体现着江南特色,也许是因为深冬,我看到这里的绿色时,心里顿时感到了舒畅。左手边是古籍阅览区,在这个区域的侧边有一个三十多岁的男子席地而坐,大声地念着手里的一本书,他那旁若无人的姿势像是在准备一场朗诵会。我找到黄主任,他请工作人员安排我到书库去拍照,于是我就先在古籍区的展厅拍摄这里的景色。

展厅里摆着十余个展柜,里面展览的都是上海图书馆所藏的珍宝,细看之下大多数都是复制品,其中有最著名的《金石录》,此书也是宋版中的名物,三十卷本仅存十卷,然而先后得到这十卷的藏家大多都会郑重的刻一方"金石录十卷人家"的藏印钤在书上。大家都认为这部书天壤间就仅存了这么十卷,没想到后来竟然在南京又发现了三十卷整部。古人说地不爱宝,我也不知道怎么解读这句话,但我知道即使有了那三十卷全本,这部十卷本的《金石录》也依然有资格成为上海图书馆的镇馆宝物之一。

如前所言,上海图书馆是国内公共图书馆中收藏家谱最多的一家,在传统的藏书家中,很少有人把家谱列为收藏的品种之一。几十年前,上海图书馆的原馆长顾廷龙先生却没有这种固陋的观念,他致力于从各种渠道大量收藏家谱,这种人弃我取的藏书观念,反而造就了今天上海图书馆的特色馆藏之一。而在上海图书馆的善本库中,我又看到了专门的家谱阅览室,这个阅览室内放着一些展柜,上面写着"名人家谱展示",里面陈列着一些新旧不一的家谱,而另一个展柜里面还摆着几本精装的家谱,旁边放着一块铭牌写着"欢迎捐赠",并且写着联系电话。

我最感兴趣的当然还是线装书库,我在书库的入口处看到了上面贴着的警示牌,上面有"本区为气体灭火区"的字样。工作人员打开铁门,里面一排排的书架有种望不到头的感觉,每每看见这种情形我总是特别兴奋,这里的书架全部是金属制成,没有柜门,架子上的书也大多没有函套。然而在另一个区域所看到的书,却全部盛放在蓝色的纸盒之内,我没有明白这之间的区别。没有函套的书,每部书都有侧签,工作人员告诉我这些侧签很多都是潘景郑和瞿凤起两位前辈所写,一时,我顿觉这些小小的侧签也有了很大的价值。

≡ 古籍阅览室 ≡ 无套的线装书

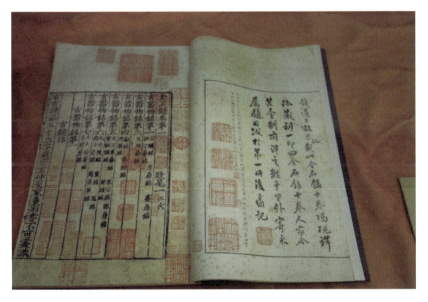

我觉得多看公共图书馆的书库有个很大的好处，就是让自己觉醒。自己藏书三十年，对个人来说，是一段较长的经历，但在藏书史上，这三十年什么都算不上，因为已经过了藏书的黄金期，真正的善本基本上已尘埃落定，都归入了各大图书馆，而公共图书馆的藏书不可能再参与市场的流通，因此自己在市面上见到的所谓好书，也不过就是公藏的余唾而已，如果不清醒过来，将会使得自己的眼界和判断力一直停留在很低的层面。

从线装书库出来，前往黄显功先生的办公室，向他表达我的谢意。黄主任喜欢收藏藏书票，并且在这方面很有研究。近几年，我在报纸上时常看到他所写的这方面研究文章，因此，我提出希望能够拍一些他的珍藏，他却告诉我这些藏品都放在家里。

梁颖先生送我出馆时，我们又看到了那位孜孜不倦大声读书的年轻人，梁兄告诉我这个人已经在这里读了几个月，读的什么内容大家完全不知道，他为什么天天在这里读，也没有人能弄明白，也许是神经有些问题。但我觉得这个人在神经上没有出问题之前，一定是个爱读书的人，否则，他精神出了问题之后，不会把读书当成了人生的唯一目标。转念思之，我的这种行为是否也跟那个高声诵读者一样，同样是出了精神上的问题呢，还真的不好说。

甘肃省图书馆

西北重镇，百年老馆

在省城创建图书馆的设想,始于甘肃提学使陈曾佑,他在宣统二年（1910）提出在兰州创建图书馆,但未曾实施,就转往他处任职了。继任者俞明震实施了上一任的设想,在宣统三年（1911）拨专款派人到上海购买图书,买书人带着这批书返回甘肃时途经陕西,遇到陕西民军起义,所购之书全部散失。

1914年,甘肃督军张广建把前清学务公所藏书及其他学校所藏的前兰山书院、求古书院、五泉书院的藏书汇在一起,作为馆藏基础。1916年,省长公署拨经费银一万两用于筹备图书馆,筹备人为甘肃省议会议长阎士璘及乡绅刘尔炘、张继祖等,筹备地点在五泉书院。

1916年,甘肃省署批准把提学使署的学务公所图书楼辟为馆址,于此成立甘肃省公立图书馆。该馆原隶属于省长公署,而后改隶教育厅,首任馆长即阎士璘。该馆创建之初有藏书楼五间,分为总务、阅览两部,所藏之书基本为书院遗留下的线装书。对此,1924年颁布的《甘肃公立图书馆章程》第一节简述说：

> 本馆就前清学务公所所存图书暨军务厅所存陆军学校书籍,并省立师范学校第一中学校、皋兰兴文社、立高等小学校所存原兰山、求古、五泉三书院书籍,移置其中。以为基础,并随时增收一切有用图书储藏之,定名曰甘肃省公立图书馆。

为了增加馆藏数量,该章程中提出由"省长转咨各行省,调取官印书籍每种一份,或以本省所出图书彼此交易,以为补助"。另外,该馆还收藏本省刊刻的各种图书版片,将这些版片印行发售以广流传,同时接受各界捐款。对于本馆所得之书,《章程》中规定要一一加盖图章,并且点明钤盖图章的位置,这些都说明该馆建馆之初就制定了严密的管理制度。同时,他们还编纂了《甘肃省公立图书馆书目初编》六卷,从此目可了解到当时该馆藏书有2000余种4万余册,另外存有《甘肃新通志》版片近4500块。

1928年底,水怀智任该馆馆长,到任后努力改善图书馆办公环境。水怀智曾留学于日本明治大学,思想较为开明,他认为馆藏多为传统文献,少有当代书籍,于是从商务印书馆定购了部头很大的《万有文库》,又从扫叶山房、千顷堂、中华书局购买了一些新学思想的书籍,使得该馆藏书总量超过了5万册。

1932年5月,甘肃省公立图书馆更名为甘肃省立图书馆,此后国民政府考试院院长戴季陶捐赠《古今图书集成》一部,1936年该馆扩设参考室一处,添购《四部丛刊》等书。

1939年2月,日机轰炸兰州,甘肃省立图书馆被炸毁房屋七间,焚毁图书8000余册,损毁书版200余块。此后,该馆书籍被疏散到市郊两地,馆内仅开放期刊阅览室。对于此后的情况,岳庆艳、陈军等编著的《百年记忆:甘肃省图书馆100年》(以下简称《百年记忆》)一书中简述称:"1942年,甘肃省立图书馆更名为甘肃省立兰州图书馆。1944年刘子亚接任李英为省立兰州图书馆馆长,刘子亚到任后,拆除年久失修的前楼,改建成6间平房,将此前防空疏散的大批珍贵图书,全部搬迁回馆,重新整理,开始定期开放。1946年1月,李端撰继任馆长,修复被日机炸塌的后楼。1947年李占春出任馆长,增设研究室和特藏室,举办了《馆藏方志展览》,并呈请省政府拨银圆150块购得本省乡贤周老先生珍藏的明肃王写卷一幅。因抗战烽火,采补新书极为有限。"

1948年3月,省立兰州图书馆交由兰州市政府接办,改名为兰州市立图书馆,同年7月又收归省办,仍用甘肃省立兰州图书馆之名。到1949年8月,兰州解放时,该馆藏书量有6.7万余册,职员6人。

在抗战时期,兰州成立了一家国立西北图书馆,1937年"七七事变"后,东北、华北多地沦陷,沦陷区的各种文化机构由东向西迁移,甘肃成了战略大后方,于是国民政府提出了开发大西北的号召,但由于西北各省文化水平较为落后,于是:"1942年9月,国民政府第三届国民参议会通过了创建第三个国家图书馆——国立西北图书馆的议案。国民政府教育部聘请刘季洪、蒋复璁、袁同礼、陈训慈、陈东原、岳良木、郑通和、蔡孟坚、冯国瑞、刘国钧等国内文化界知名人士及西北教育行政当局人士组成筹备委员会,正值中年却已卓有建树的刘国钧被聘任为筹备委员会主任。1943年3月,筹备委员会在重庆教育部礼堂召开会议,决定馆址设在西北的中心——兰州。"(《百年记忆》)

1944年春,国立西北图书馆筹办于兰州皋兰书院,当年7月7日正式对外开放,以此纪念抗战七周年。当时由刘国钧任馆长,该馆下设总务、采访、编目、阅览四组，共有职员 28 人，藏书一万余册。

对于此馆的定位，刘国钧在《国立西北图书馆筹备计划书》中写道："国立西北图书馆为国家而兼具地方性之图书馆，其工作之目的为保存文献，提高文化，促进学术，以增进人民之知识而协助国家政策之推行。"

可见国立西北图书馆具有国家馆的性质，同时又兼具地方特色，为此，刘国钧提出了五条馆藏特色："配合开发西北之方针，搜集有关资料以供学者及从事人员之研究，一也。访求西北各省之文献古物，加以整理，保存与展览，以引起公众对于西北文化之认识与爱好，二也。采购各国最近科学名著，搜集各种杂志，以互借及寄存方法，便利各学校员生之使用，而供学者之参考，三也。采集境内如蒙藏回等各民族之著作，加以研究与翻译，以增进各民族间之认识，而沟通各民族之感情，四也。辅导各地方图书馆及其他社教机关，或指导其方法，或供给其图书，以图推进图书教育而提高民众程度，五也。具此五种目的，而其工作之对象为西北五省。"

为此，该馆内设立了西北文物研究室，编制了《西北问题论文索引》《西北书目提要》等，相关文献的搜集奠定了甘肃省图书馆西北地方文献特色馆藏的基础。1945 年 4 月，在刘国钧的倡导下，国立西北图书馆与甘肃省立兰州图书馆等五馆联合成立了兰州市图书馆协会。协会有 7 名理事，由刘国钧任理事长。

当年的国立西北图书馆是国民政府教育部设立的三大国立图书馆之一，开馆之初藏书不多，此后购买了《丛书集成》《四部丛刊》等大部头书籍，同时教育部又两次调拨图书数万册，但到 1945 年 8 月时，因为经费困难，教育部命该馆暂行停办，此馆图书器具封存于甘肃省立兰州图书馆和国立西北师范学院图书馆内。转年 9 月，教育部下令恢复国立西北图书馆，仍任命刘国钧为馆长，该馆暂借甘肃省立兰州图书馆后楼办公。

1947 年 2 月，国立西北图书馆和省立兰州图书馆联合开放，同时国立西北图书馆更名为国立兰州图书馆，5 月，该馆接收教育部调拨来的南京、上海日伪图书 8 万册，此次调拨使得该馆藏书的质与量都有了很大提高。当时编纂的《国立兰州图书馆特藏书目初编》收录元明刻本 200 种 209 部，稿抄校本 224 种 226 部，朝鲜刻本 156 种 162 部。到 1949 年 8 月，兰州解放时，该馆有藏书近 10 万册，职工 45 人。

兰州解放时，军管会接管省立兰州图书馆和国立兰州图书馆，同年 10

月将两馆合并,更名为兰州人民图书馆。1951 年 1 月,改名为西北人民图书馆。1953 年 1 月,甘肃省文教厅从西北军政委员会文化部接管了西北人民图书馆,同年 10 月,更名为甘肃省图书馆,此名称沿用至今。

正因为西北馆曾属国立馆,故其合并后的甘肃省图书馆兼具有国家第二版本书库的地位,《百年记忆》一书中写道:"1958 年 2 月,上海市文化局调拨给甘肃省图书馆中外文图书 50000 余册。5 月,根据文化部指示,在甘肃省图书馆建立'国家第二版本书库'(1961 年改称'文化部出版事业管理局第二版本书库',1975 年第二版本书库搬迁到湖北丹江口市,由湖北省图书馆代管),原缴送中国科学院图书馆的一份样本,改送甘肃省图书馆,由此接收中国科学院图书馆移交出版物样本 57636 册。同年根据文化部中苏文化合作协定,甘肃省图书馆与苏联乌兹别克共和国图书馆建立图书交换关系。与此同时,在省内广泛征集出版物,接收地方人士李铭汉后人李鼎文捐赠图书 7435 册,慕文云、韩定山捐赠图书 11000 册,充实馆藏地方文献。"

2017 年 3 月 6 日,我去参观甘肃省图书馆,此前,我给该馆馆长郭向东先生发了微信,很不巧,我到达兰州的那天他将前往国家图书馆开会。郭馆劝我不要担心,因为他事先已做了安排,他让我到达兰州后直接跟甘肃省古籍保护中心的宋焱主任联系。郭馆把宋主任的微信推送给我,我加微信后,宋主任很热情地说她将到机场接我。然而我知道兰州机场距市区有 70 多公里之遥,我不好意思给对方添太多麻烦,于是打车到达兰州后,才给宋主任发了微信。

我此次的兰州之行,得到了《甘肃日报》社记者王家安先生的大力协助。在我到达的转天一早,王兄就带着我来到了甘肃省图书馆,前往此馆之路乃是兰州老城北侧沿着黄河前行的一条大道,这条大道的名称叫"读者大道"。我本能地以为这条路名是因为图书馆在此而起,因为有太多的读者来来回回地行走在这条路上,然而王兄却笑着告诉我,这条路的名称来源于一本全国闻名的杂志《读者》。因为一份杂志而给一条路命名,这样的奇迹似乎只发生在兰州。

我年轻时也对这本杂志青睐有加,印象中这份杂志初名《读者文摘》,后来因为跟美国的一家著名杂志同名,遭到美国《读者文摘》的投诉。这件事搞得沸沸扬扬,中国的《读者》杂志还发了一份告示,征求读

甘肃省图书馆外观

者们的意见，看看改成怎样的名称最能为大家接受。我看到这个告示后，也兴冲冲地苦思冥想了一番，写出了几个名称特意投给了该杂志社，此时我才留意到这家杂志社处在兰州，这应该是我对兰州的最初认识。因为一本杂志，而对一座城市有了好感。当然，我想出的名字没有得到杂志社的认可，但这不影响我对这本杂志和兰州的好感。后来，这份杂志就正式改名为《读者》。

时隔 30 年，我竟然来到了该杂志社的门口。王兄说，这本杂志所创造的利润超过了甘肃省其他所有出版社的总和，故而这里已经变成了一家出版集团，而甘肃省的许多出版社都成了该集团的下属公司。如此说来，这条路以该杂志命名自有其道理。

甘肃省图书馆也处在这条大道的边上，站在门口望过去，其气势不在《读者》集团大厦之下。

在甘肃省图书馆珍藏的善本中，我最熟悉的是文溯阁《四库全书》。乾隆年间，弘历命众多名臣编纂《四库全书》，该书因部头太大无法刊刻，故仅抄有七部写本，而当初为了能抄写出这七部书，竟然动员了 3800 多人，如此庞大的文化工程，绝对是空前的，是否能够绝后我不好说，但至少从那时起到今天，还没有哪部书能够超过它。为了储藏这七部书，清廷在全国分建了七座藏书楼，其中南方三阁、北方四阁，而文溯阁就处在满人的发迹地沈阳。

然而，文溯阁藏的这部《四库全书》却是命途多舛。清光绪二十六年（1900），八国联军入侵中国，沈阳故宫被俄军占领，文溯阁的院落成了马厩和炮兵的营房，俄军在这里驻扎了两年之久，致使文溯阁之本有了缺失。1914 年，为了祝贺袁世凯称帝，这部大书被调运进京，成了陈列展品。展览完毕后，当局并没有将它运回沈阳，而是存放在了故宫内的保和殿，在这里一放又是许多年。

此结果让沈阳的民众十分忧心，他们通过各种关系进行活动，直到 1925 年 8 月这部文溯阁抄本《四库全书》才被运回了沈阳。1950 年，朝鲜战争爆发，相关部门为了保护文溯阁《四库全书》，在当年的 10 月将其秘密运往黑龙江讷河县的一所小学，然而到了 1951 年，当地发生洪水，这部《四库全书》又被转移到了黑龙江的北安县。1954 年 1 月朝鲜战争结束后，文溯阁《四库全书》才被运回了沈阳。

1965年，国际形势紧张，辽宁省文化厅为了确保这部《四库全书》的安全，向文化部提出，把该书拨交给内地图书馆保存。文化部经过商议，同意了这个请求。1966年3月，文化部办公厅给辽宁省文化厅下发了文件，命他们将该书转运到甘肃省兰州市。经过一系列紧张的搬运，这部书来到了甘肃。

对于此事，舒云在《文溯阁〈四库全书〉迁徙兰州记》中写道："经周恩来批示，时任中央军委副主席的林彪特别下令，由军队押运文溯阁《四库全书》秘密西迁兰州。1966年10月7日，沈阳铁路局安排三个专列车皮，辽宁省图书馆两人与甘肃省图书馆五人共同押运，途经五省市，近3000公里。专列多停靠在远离城市的货站或小站，甚至连吃喝都很困难。10月13日，终于安全抵达兰州土门墩货场。10月14日，兰州军区派出27辆军用卡车，直接开上站台装卸，将文溯阁《四库全书》安全运到永登县连城鲁土司衙门的妙因寺庙。"

而后甘肃省图书馆又将该书在其他地方存放了近40年，直到2001年底，甘肃省图书馆在市北九州台山上建造起了一座新的文溯阁，使得这部文溯阁《四库全书》得到了完好的保护。

虽然新建的文溯阁也是我的寻访目标之一，但今日来到甘肃省图书馆，我还是更想看看该馆珍藏的其他善本。

进入甘肃省图书馆，里面静悄悄的，没有多少读者，这让我有些意外。王兄提醒我今天是星期一，是国内公共馆惯常的闭馆日。这句话提醒了我，我开始担心今天不能大饱眼福。幸而在地下大厅遇到了宋主任，由她带我二人来到了古籍修复中心。

修复中心面积不小，虽然这天是周一，但这里的工作人员仍然在认真地工作。宋主任介绍我认识了古籍修复科科长何谋忠先生，何科长为人持重，他为我详细讲解了这里的修复方式，而后带我去参观了他们的修复纸库。这个纸库的面积虽然不大，但里面摆放着的手工纸却品种丰富，我在这里还看到了一些老纸，这是我最为关心的实物。

我自己的古书一直请北京和天津的几位先生修复，一度请南京的顾正坤也修过一些，但由于路途遥远，往来携带不便，故多数还是委托北京的朋友。其实这里面除了距离上的方便，还有一个重要的原因，那就是北京这位修书的朋友，他用几十年的时间积累下了一些古纸，故他在修书之时，

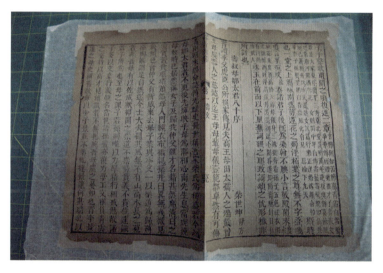

托裱　先补后托　揭取

纸名分类　　　　裁掉多余的纸边　　　　加压

能够较容易地配上与原书纸性相同以及颜色近似的纸。

虽然现代科技做到这一点也并不难,无论是纸张成分分析,还是染纸颜色,均能达到与古纸相类似的外形,然而我觉得,古书修复是近十几年才火起来的一个行业,在这个过程中,应用上了许多新科技,但是这些新科技究竟对古书有没有影响,其实还没有经过历史的考验,也许再过几十年甚至上百年,才能彻底了解用这种高科技修复的书究竟会不会出问题,至少我不愿意用自己心爱之书来做这样的实验。

我也知道自己的想法有些偏颇,因为公共图书馆内待修的古籍数量巨大,若一味强调用古纸修古书,那么很多书将无法操作。然而何科长却拿出了一些他们花高价购买的古纸给我看,甘肃省图书馆的这个举措反而从另一个侧面印证了我的担忧:如果新纸跟古纸一样有着完全可靠的纸性,那何必要花高价去买古纸呢?当然,我在何科长面前没好意思说出自己的这个谬论。

修复中心里还有个较大的房间,像个长长的画廊。何科长介绍说,这是他们的讲座中心,曾经在这里培养过不少修复人员。而让我尤其好奇的是这里的展板,一般而言,修复中心也有装裱功能,按照传统的装裱方式,须将裱贴之物贴在板上阴干,但这里的展板却与他处不同。何科长给我做了具体的演示,原来,这里的展板有两种使用功能:一面用作裱贴,另一面则是铁板,可以用小的吸铁石固定住单篇未裱贴之物。这也是一些画廊里通常的做法。为了能够让这种展板快速地转换功能,这个大房间内已经预设了导轨,而后何科长向我演示了具体的操作办法。看来,任何事情只要用心,就能创造出别人想不到的妙招。

参观完修复中心,来到宋主任的办公室,我再次提出希望能参观该馆的善本库,而宋主任告诉我,甘肃文溯阁四库馆建成之后,因为保护条件良好,所以他们把馆藏善本也都藏到了那里,而恰巧今天又是星期一,管库的工作人员未上班,因此该馆的善本只能明天再看了。可惜我已经定好了第二天前往青海的动车票,并且与那里的朋友已经有了约定,这次只好留下遗憾了。而我在兰州期间,王家安让我见到了多位朋友,我从那些朋友处也了解到了许多的信息,看来,甘肃一地必须静下心来,才能够探访到更多的历史遗迹。

我从一些资料了解到,甘肃省图书馆藏有一些敦煌写经,曾雪梅在《甘肃省图书馆藏敦煌藏文文献叙录》一文中简述说："民国九年（1920）甘肃省教育厅会同敦煌县政府，对 1910 年敦煌文献劫余部分运往北京后所剩的藏文写经进行了清理，当时从莫高窟第 17 窟内清理出藏文经卷 19 捆，带夹板经书 11 打，后将其中一部分，即卷式写经 1 捆 4 斤，梵箧式写经 1 打 66 斤，移交甘肃省公立图书馆（今甘肃省图书馆）保存。'一捆，四斤'就是如今甘肃省图书馆保存的钤有'敦煌县政府印'的卷式藏文经甘图 008、029、030。"

相比较而言，李芬林、曾雪梅合撰的《甘肃省图书馆藏敦煌文献述评》一文，对于该馆所藏相关文献的来由讲述得更为详尽："莫高窟藏经洞发现以后，敦煌遗书屡被盗卖，为了保护这批具有文物价值的遗书，宣统二年（1910），敦煌县奉学部谕，将所剩遗书悉数解京，但藏经洞内仍留有一些被认为不太重要的藏文写经。民国九年（1920）六月，甘肃省教育厅派员会同敦煌知县、乡绅，清点所存藏文写经，从莫高窟第 17 窟内清理出藏文经卷 94 捆，重 440 余斤；带夹板经书 11 打，重 1744 斤。后将其中一部分，即卷式写经一捆 4 斤（约 10 卷左右）、梵夹式写经一打 66 斤（1000 多页），移交甘肃省图书馆的前身甘肃省公立图书馆保存。剩余的藏文经卷由莫高窟寺院和敦煌民众教育馆保存，1950 年移交敦煌县文化馆（今敦煌市博物馆）保存，这些写经钤有'敦煌县政府印'。'一打 66 斤'即今甘肃省图书馆馆藏的 319 件计 1128 页梵夹式写经。"

对于该馆藏书总量及古籍数量，易雪梅在《甘肃省图书馆藏古籍述略》一文中说："甘肃省图书馆现有藏书 270 万册，其中古籍 10778 种，385115 册，尚有 1900 余种、21 万多册正在遴选分编。这些线装古籍是本馆最有价值的文化典籍。"

此文还谈到了该馆所藏善本数量："目前甘肃省图书馆现存古籍已分类编目的善本书 1281 种、23166 册，其宋版书 19 部、元版书 15 部、明版书 615 部、清版书（以清乾隆以前刻本为限）271 部、抄本 145 部、稿本 51 部、日本刻本 68 部、朝鲜刻本 75 部、敦煌汉文写经 31 卷，古藏文写经 32 卷，古藏文梵夹式写经 1128 页。"我期待着下一次再来兰州时，能够目睹这些珍善之本。

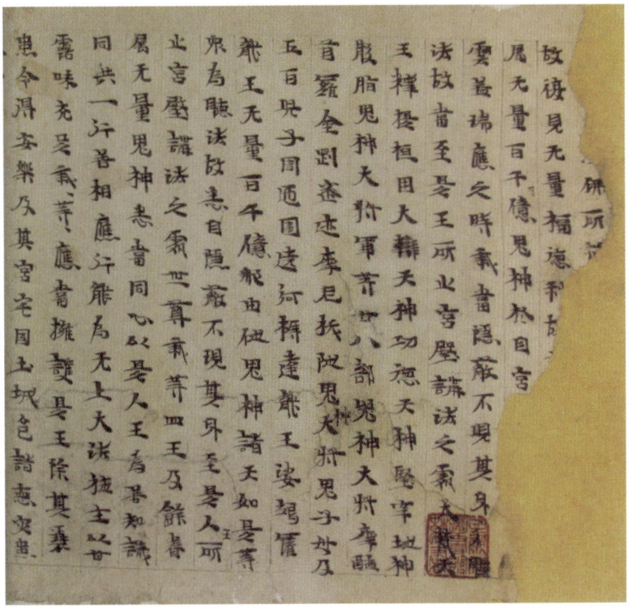

……佛所說……
故復見无量福德利益……
屬无量百千億鬼神於自宮……
雲蓋瑞應之時我當隱蔽不現其身……
法故當至是王所止宮殿講法之處大梵天
王釋提桓因大辯天神功德天神堅牢地神
散脂鬼神大將軍等廿八部鬼神大將摩醯
首羅金剛密迹摩尼跋陀鬼神大將鬼子母及
五百鬼子周匝圍遶阿耨達龍王娑竭羅
龍王无量百千億那由他鬼神諸天如是等
衆為聽法故悉自隱蔽不現其身至是人所
止宮殿講法之處世尊我等四王及餘眷
屬无量鬼神悉當同心以是人王為善知識
同共一行善相應行能為无上大法施主以甘
露味充足我等應當擁護是王除其衰
患令得安樂及其宮宅國土城邑諸惡災患

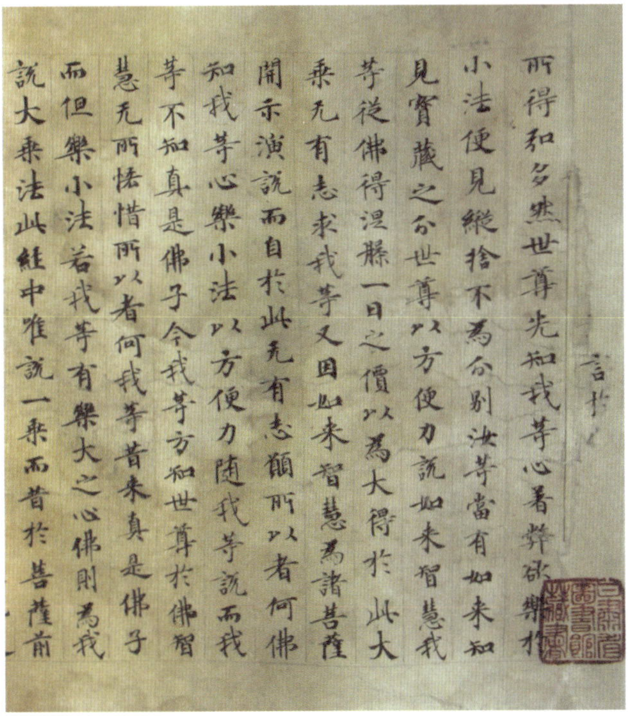

言於
所得知多然世尊先知我等心著弊欲樂於
小法便見縱捨不為分別汝等當有如來知
見寶藏之分世尊以方便力說如來智慧我
等從佛得涅槃一日之價以為大得於此大
乘无有志求我等又因如來智慧為諸菩薩
開示演說而自於此无有志願所以者何佛
知我等心樂小法以方便力隨我等說而我
等不知真是佛子今我等方知世尊於佛智
慧无所悋惜所以者何我等昔來真是佛子
而但樂小法若我等有樂大之心佛則為我
說大乘法此經中唯說一乘而昔於菩薩前

= （北凉）释昙无谶译《金光明经》卷第二，北朝写本
= （后秦）释鸠摩罗什译《妙法莲华经》卷第二，唐写本

广东省立中山图书馆

分分合合，华南最优

国内省级的图书馆少有像中山图书馆这样，省级馆跟市级馆几分几合，而馆名的来由也跟这分分合合有着较为直接的关系。广东省立中山图书馆创设于1912年，当时的馆址在广雅书局藏书楼内。宣统二年（1910），清政府正式颁布了《京师及各省图书馆通行章程》，此章程规定，各省一律开办图书馆，转年广东提学使沈曾桐根据章程，命学务公所图书馆科科长冯愿筹办广东图书馆，未果。民国后，广东都督胡汉民命冯愿、李茂之等人接手筹办省馆，省馆在1912年7月下旬得以开办，当时的地址在广州市文明门外聚贤坊，也就是今天的文德路，而李茂之成了广东省立图书馆第一任馆长。

1916年3月，当地成立了保存古物所，广东省立图书馆所藏图书全部划归古物所，省馆被撤销，1917年7月又重新恢复。1917年，省馆附设广雅版片印行所，该所以广雅书局所存的书版为基础，加上收集来的广东公私所刻版片，将其刷印装订。

1922年，广东省教育委员会委员长陈宗岳对广东省立图书馆进行改组，撤销原馆长及董事，聘请广东省教育会图书仪器事务委员杜定友为馆长，同时命省馆由广东省教育委员会直接管辖。杜定友到任后，改变原省馆以保存文献古籍为主的模式，大量购买新书，同时施行新的编目法。当年9月，省馆与省教育委员会图书馆进行合并，设主任一职，仍由杜定友担任。但广州当地传统文人不接受杜定友的新观念，杜受到排挤，于1923年3月被免去主任职务，由许翯接替。

1927年，广州市政府为了纪念孙中山，决定兴办广州市立中山图书馆，当年9月，市政府派伍智梅和黄谦益作为专员，前往美洲去募捐。两位专员在近两年的时间里，先后到了美国、加拿大、古巴、墨西哥等地，总计筹得资金10多万美元，广州市政府以此款在文德路原广府学宫后面建成了广州市立中山图书馆。后来广东省教育厅认为，省馆和市馆相距很近，并且省馆藏书多但馆舍小，市馆馆舍大但藏书较少，故而下令，将广东省立图书馆并入广州市立图书馆，这是广东省立图书馆的第二次停办。

1941年4月，广东文化运动委员会又提出筹建广东省立图书馆，一个月后，任命杜定友为馆长。1949年10月14日，广州解放，根据上级的规定，将广东省文献馆并入广东省立图书馆，杜定友继续做馆长。1950年1月，广东省立图书馆改名为广东省立人民图书馆，同年7月，再次改名为广东人民图书馆。1951年3月，广州市立图书馆改名为广州中山图书馆。

1955年3月，广东省文化局和市文化局经过商议，决定将广东省立图书馆和广州市中山图书馆合并，于1955年5月实施。两馆合并之后，将名称各取一部分，定为广东省立中山图书馆（以下简称"广东省馆"）。两馆合并之后，馆舍未变，因为两馆同属文德路，故而原省馆馆舍被称为"南馆"，而原市馆馆舍则被称为"北馆"。

以成立的时间而言，广东省馆并不是国内省级图书馆中最早的，但如果接续历史，该馆则会早于他馆，因为1912年7月广东省立图书馆开馆之时，就是占用广雅书局的藏板楼。这次来到广东省馆，我见到倪俊明馆长，第一件事就是向他请教，广雅书局的藏板楼今天是否有遗迹在？倪馆答复，很遗憾，而今的省馆主体馆舍在迁建之时，已经将广雅书局的藏板楼彻底拆掉了，现今那里变成了一片停车场。我随即表达了即使如此，仍然希望能够踏上那块原址的愿望。倪馆同意了，安排工作人员陪我一同前往旧址。

广东省馆位于广州市文明路213号，这里有广州市中心城区内难得的一片绿地。进入院内，果真宽阔无比。倪馆告诉我，这片绿地很有历史意义，因为这里原本是清代广州的贡院，后来又在此建立了国立中山大学。1986年，广东省馆的新馆舍就建立在这两个著名地点之上。我在绿地旁看到了用玻璃钢制作的介绍牌，名称是"革命广场旧址"。介绍牌上说，这里原本是中山大学建成的运动场，当时的很多大型政治集会都在这里举行。1924年，孙中山就是站在这个广场上向民众发表演说，到了1926年，国民革命军也是在这个广场上誓师北伐。看来，这个广场跟中国的许多重大事件都有着特殊的联系，难怪它被命名为"革命广场"。

与革命广场相对的一侧也是片绿地，上面立着一块文保牌，写着"广东贡院旧址"。介绍牌上说，在这个考场内先后产生了6000多名举人，故此广东贡院被誉为"清末中国四大贡院之一"，而后介绍牌上又详列出了多个大学都曾在此办校。倪馆给我的讲述比介绍牌有趣得多，他说当年的洪秀全、康有为等人也同我等一样，站在这个广场之上，他们前来参加考试，最终又从这里走了出去，而让整个天下为之变色。我注意到这些介绍牌的侧旁都刻有"广东省立中山图书馆"的字样，图书馆承载着如此深厚的文化底蕴，必能为社会的发展贡献更多力量。

沿着这两块积淀厚重的历史草坪向前走，正前方所见是一座鹅黄色

广东省立中山图书馆的大门

的民国风格建筑,广东省馆的罗焕好老师告诉我,那里是鲁迅纪念馆。这里也有一个鲁迅纪念馆,这勾起了我的好奇心,真想进内一看,然而此馆的大门紧闭着,正处在装修之中。罗老师说,我下次再来时,这里就开馆了。

此馆的左侧就是广东省馆新建的一期馆舍,从外观看,广东省馆仅是三层建筑,传统的绿瓦覆顶,为中西合璧式的建筑风格,馆舍的正门前有一棵枝繁叶茂的大树,这棵树我叫不上来名字,但树干上所攀附的藤叶给我以生生不息的向上之感。罗老师说,这些藤叶因为长得太过茂盛,大部分已经被砍掉了。我听到这句话,多少替这些藤蔓感到惋惜。对于一个北方人来说,满眼的绿是何等不易。

馆舍的大门前挂着一副对联,对联中有"斯楼不朽是藏书"几个字,而"藏书"二字在我的眼中最为敏感。对联旁边摆放着一个广告牌,上面的招贴正是我在此讲座的预告。

进入大堂,我看到了孙中山先生的石雕坐像,坐像头顶悬挂着他所书的"天下为公",这四个字应当是中山先生最拿手的。近三十年来,我至少看到过十几张他所写的这个匾额,然而广东省馆悬挂的这几个字却跟寻常所见的所谓真迹有着一定的区别,孰真孰伪,有时还真难给出个绝对的结论。沿此前行,我在墙角上见到了一个捐书箱,这个捐书箱的外观很像投币箱,也是上开一侧口,把书由此投进去。这种捐书方式倒颇为少见。

穿过大堂,进入了省馆建筑群的一个方形庭院,庭院的一圈儿刻着一些壁画,内容均是跟书史有关,以这种方式宣传藏书,倒确实是历史与艺术的完美结合。正厅的中间位置摆放着杜定友的雕像,杜定友是中国著名的图书馆学家,曾经三任广东省馆馆长。

由此前行,进入了另一个院落,这个院落同样绿草如茵。我从万木凋零的北方,来到了这绿草如茵的南方,虽然在身体适应方面需要有一个过程,但眼前的绿意还是让自己的心情为之一爽。

继续前行,穿出了广东省馆一期新建筑。从刚才的印象中,我隐约觉得广东省馆的平面建筑形式是"目录学"中的一个"目"字,我觉得这应当是有意为之,以此显现杜定友先生一手创建出的广东省馆是以目录学屹立于中国学林的。

穿过旧楼继续前行进入了广东省馆的二期,二期的建筑风格与一期大不相同,这里是一座现代化的办公大楼,但在大楼的中厅位置,仍然有

■ 未曾开馆的鲁迅纪念馆（2015年12月）

着中国传统元素在。我站在台阶之下,远远地看到诲人不倦的孔圣人立于高台之上。在台阶下方,又有一个图书捐赠点,这个捐赠箱有点儿像西方的投票箱,四围完全透明,能够直接看到里面所投之书。我很好奇地向里面张望一番,所见均为当今的畅销读物。当然,我没有试图从里面看到线装书,倘若有一本书话书,也会让我心里多少有一丝的安慰,可惜未能如愿。

一楼大堂的右侧即是广东省馆古籍修复室,其面积在我所见的省馆修复室中属于较大的,我在此看到了修复洋装书及旧报纸。因为洋装书和旧报纸都是双面印刷,从修补的难度来说远远超过了单面印刷的线装书,于是我好奇地站在那里,看一位工作人员如何修补这双面印刷物。然而,他的操作太过仔细,以至于我站在原地至少有 10 分钟的时间,却没能看出窍门所在。

在修补设备区,我看到了冷冻用的冰柜,让我尤为好奇者,是操作台上摆放的四个烧杯,善本特藏部主任告诉我,这是他们调制的特殊纸浆,以此来作为善本的一种特殊修复方式的原料。

广东省馆的善本书库在新馆的地下二层,前往书库首先要穿过善本特展室,这个区域的面积确实不小,可惜我来得不是时候,所有的展柜内都没有摆放展品,但墙上的展板却未曾调换,尤为难得者,这里还为几位跟省馆有关的重要人物设立了专门区域,摆放出专用书屋的模样,右首第一位当然就是前任老馆长杜定友。

此区域内的一组旧桌椅吸引了我,它是西式办公桌的模样,上面的磨痕显现着当年使用者的勤勉。另一个区域则摆放着秦牧的书房用品,这个书屋的难得之物是作者的几部手稿,而非复印品。秦牧著名的作品之一是《艺海拾贝》,此文中的节选我记得在上初中时就曾学到过,今日看到一大堆的手稿摆放在这里,突然觉得特别亲切。

穿过展厅接着往前走,就是特展阅览室,阅览室的摆设,尤其书架内所陈列的工具书收拾得十分齐整,而特展阅览室的侧旁就是古籍书库。进入书库,有多位专家及工作人员在场,我首先参观了这里的书橱。我在资料上看到,广东省馆创办之初所用的装具是广雅书院的书箱,而今我在这里未能看到这些书箱。1933 年,广州市立中山图书馆建馆之时,书箱的形式是八层玻璃门的柚木书柜,当年有 228 个之多,看来这些书柜也被换掉了。

眼前所见的书柜颇为奇特，从外观看是对开的木柜，正面为透明的玻璃门，且每扇玻璃上都印制着"中山图书馆珍藏"字样。这种做法在其他的公共图书馆中未曾见过，而尤为奇特者，这种书架从正面看，每个玻璃门内，中间有一层隔板，一组柜总共分为八层。然而从侧面看过去，四层的书柜均为独立成箱者，侧边还专门挖有抠手，以利于随时搬运。总体上说，这种书柜特别像20年前常见的办公用五层柜，但那种五层柜是用金属铁皮制成，眼前所见却是木材。

为什么把书柜制成这样便于搬运的样式？我忘记向这里的工作人员请教，但我却想起了鲁迅的说法。当年鲁迅感到了搬书的费力，于是把自己的书柜设计成了近似于这里的模样，在搬家之时，不用将书搬出来打包，然后再重新上架，这种折腾之苦，只有经历过多次搬家的藏书人才真正能够体味到。但省级图书馆为何这么做？倒确实值得想一想。

工作人员已经准备出了几部让我欣赏之书。所见第一部是馆藏的宋刻本《临川先生文集》，该书的确切版本是宋绍兴二十一年（1151）王珏刻元明递修本。这样的一部全本极其难得，虽为递修，但也确实稀见。该书曾为徐乾学旧藏，但不知什么原因，徐乾学的两方藏印钤在了卷首侧边的空白处，而没有钤在卷首，但这当然不影响该书的价值，因为开卷我就感受到宋版气息扑面而来。

广东省馆的书签也很特别，虽然每部书露在外面的仅是窄窄的一个小条，然而上面除了印有"广东省馆藏书"的字样外，还有这样几个字："古籍善本，稀世之珍，精心爱护，切勿污损"，而这些书的丝带之上也同样印有"广东省立中山图书馆珍藏善本"的字样。这里所有的古籍都是用厚厚的樟木夹板作为装具，其厚度远比市场上所见要大一倍以上。我问他们，为什么要把木夹板做得这么厚？工作人员说，这是多年前统一采购的，他们认为厚度大，樟木的防虫效果就更加长久。

所见第二部书，是明嘉靖本的《韵谱》，此书流传稀见，其行格与他馆所藏均不相同。有意思的是，这部书上钤有"王贵忱同志赠书"的字样。曾经我在王贵忱先生家聊到了赠书之事，他提到了这部印谱，赠书的时间是1980年，那时我还没有开始藏书，而老先生就已经把这么好的书赠给了公共图书馆。王老曾经当过广东省馆副馆长，看来他的公共意识确实超于常人。

谈到王老的赠书,其中有一部更具特色者,那就是明嘉靖本的《周易程朱传义》二十四卷。王老曾经给我讲述过该书的故事,他说自己当初在广州的一位旧书商处买到了半部该书,而该书内的批语出自清康熙时的理学名臣陆陇其。陆陇其的批校之书流传极少,这么多年来,我仅见过一部他的手稿,可惜没能竞争到手,而今在这里看到了陆氏的满批之本,除了艳羡,别无其他。

名人的满批之本历来都不便宜,所以王老花大价钱将其买了回来,多年之后他当了广东省馆的副馆长,偶然一次翻看馆藏,赫然发现另半部善本竟然就藏在该馆,于是他把自己的那半部书捐赠给了公共馆,使得该书成为完璧。王老的义举虽然已经过去了几十年,而今天的工作人员谈及此事时,依然有着感念之情。

广东省馆的藏书数量和藏书质量早已是华南之首,其所藏古籍不含广东文献专藏,就有 47 万册 3 万余个品种之多,这其中当然包含了不少的善本,只是在历史变迁中有些书毁掉了,有些书流落他处。比如1941年11月,省馆在粤北曲江复馆,虽然是抗战期间,藏书数量依然有所增加,但此后疏散到连县时,遭到日机轰炸,损失图书 15000 多册,想来其中也有不少善本。

抗战胜利后,广东省馆迁回广州,藏书仅余 16000 多册,此后三年,该馆多方搜集图书资料,比如接收汪伪省立图书馆 75000 余册,同时奉省政府令接受军委会广州行营移交的汪精卫住宅藏书 12712 册,这批书中就有全套的《大清实录》和《古今图书集成》。另外还接收国民党新一军移交的图书 1165 册,以及从香港追回日军准备偷运出境的珍善本图书 27466 册。

这些书使得广东省馆的藏书丰富了起来,余外,他们还收到了私人的捐赠,比如 1956 年黄荫普、黄子静捐赠的古籍超过了 5000 册。

但是,根据当时相关部门的要求,该馆也曾将一些重要的图书移交给他馆,例如 1956 年奉中央文化部令,把宋版书《诚斋集》移送北京图书馆,另外,还把海南岛资料赠送给中国科学院广州分馆、中山大学图书馆等。对于大笔的调出,《广东省立中山图书馆志》中简述道:

1961 年,省馆遵照上级指示,将钢铁、地质、水文、电力、化工、通讯等方面的书定为保密书,从书库和目录中提出来。1963 年,省馆将先前省教育厅委托代管的古应芬藏书 20000 余册古旧文献,借给广州师范学校使用,后未能索还,省馆还从文德路北馆书库中清出 1958 年以前出版的多余复本新书 15000 册,分送县市图书馆,此前已从复本书库积压的古旧图书中选出品相较好的 28000 册,赠予湛江、佛山、东莞等馆。1964 年,省馆将馆藏文物石鼓文和少陵诗碑版移送给广州市博物馆。

明嘉靖本的《广东通志》也是一部孤本。明代方志在几十年前曾经是各馆争夺的大热门,眼前所见的这部方志虽然有部分补抄,但补抄部分只是在序言,完全不影响正文,白棉纸初印之物,散发着明嘉靖本独特的韵味。

钱谦益曾在历史上做出大贡献,但因为他的所为,也始终背负着骂名。其实历史难以被完全还原,他的心境少有人能够体会到,但是他的才华是毋庸置疑的,因此钱谦益所批和所写之书只要出现在市面上,必能拍出善价,他的夫人柳如是也是如此,并且人们对柳如是的追求似乎还有高于钱谦益的势头。近代文人学者多有研究柳如是者,尤其陈寅恪的《柳如是别传》,使得这个奇女子成为世人皆知的重要人物,然而柳如是与钱谦益同批一书,我却从未见到过。

《大方广佛华严经随疏演义钞》,此书开本阔大,厚厚的一大摞,书前扉页有一段佚名题记,称书内的"朱笔为宗伯所写,墨笔则柳夫人书,想见当年翻书赌茗之乐。辛丑为顺治十八年,距绛云之劫十一年矣",如此说来,此书的批校应该是钱谦益及柳如是共同批注,这样的批校本不知天壤间是否还有留存。

《莲香集》从版刻风格上说是典型的广东刻本。乾隆年间,在广东能够刊刻出如此漂亮之书,也确实难得一见,可惜我对广东文献少有研究。书内有较多的批校,首页钤有"至轩夫妇同观"藏印,看来也是琴瑟相和之物。

文源阁所藏《四库全书》而今基本变成了劫灰,刘蔷老师曾带我探访文源阁遗址,站在那片废墟之上,我除了长吁短叹,也说不出太多的言语。《四库全书》的原本,虽然我已经有了几种,但文源阁所藏之本,至今无缘到手，而今在这里却看到了一本，虽然封面做了改装，但里面的形制，肯定是文源阁正本无疑。身处北京，且有几年办公地点距圆明园仅一墙之隔的我，却没有运气得到这其中的一册，然而远在几千里之外的广州，我却看到了曾经放在自己隔壁的藏书，这种感觉真可谓情何以堪！我问工作人员，这册难得之本是从哪里征得来的？工作人员说这部书是从残书堆中翻出来的，故无法探究其递传。

孔广陶是广东清代时第一流的大藏书家，然而不知什么原因，他的旧藏在市面上极少流传，我在这里却看到了一部孔广陶三十三万卷书堂影抄本《北堂书钞》，此书 20 册，里面录了 11 位名家批校，书中详列出了这 11 位名人：孙星衍、王引之、顾千里等，每一个名字都如雷贯耳，能将这么多名家批校汇为一本，真让人羡煞。有意思的是，此书的卷末还列有该书过录的价格，这倒是一张难得的文献史史料。

《遍行堂集》，这是清代著名的禁毁书，该书我早有听闻，但从未见过原本，而今在这里第一次见到了原物，真可谓开了眼。该书作者澹归有着传奇的一生，他在出家前原名金堡，本为明崇祯年间的进士，曾经做过知县，清顺治二年（1645），清军攻打杭州时，金堡起兵抗清，南明永历二年（1648），金堡前往广西任礼部给事中，而后因内部斗争弃俗出家，在广东韶关建起了丹霞寺，其中的曲折，我以后再来详讲，这里是说乾隆四十年（1775）乾隆皇帝审查各省呈交的应毁书籍时，对澹归的这部《遍行堂集》颇为痛恨，严令各省见到此书必须销毁。这部书有韶州知府高纲所作序言，乾隆看到此书时，澹归和高纲均已离世，但乾隆痛恨高纲"世受国恩"，还做这样悖逆之事，于是下令查抄高纲家族，将其儿子治罪，而丹霞寺因为是澹归所创，乾隆命令将此寺僧人全部驱除，另选僧人做该寺的住持。

清代的叶廷琯在《鸥陂渔话》中也讲到了这件事，书中称，广东南韶兵备道李璜后来在丹霞寺的一个秘橱内，又发现了一部澹归的著作，因为著作中有诽骂清朝的话，为此将丹霞寺的僧人杀掉了 500 多个。正因如此，《遍行堂集》流传极其稀见，据《中国古籍善本总目》，该书仅国图、上图、南图和我所见的这一部书，总计四部，由此可见，广东省馆藏书质量之高。

《四书备考》是梁鼎芬的旧藏，每册书上钤有"番禺梁氏葵霜阁捐藏广东图书馆"的朱记。1921 年，梁鼎芬后人将葵霜阁藏书 2.8 万册全部

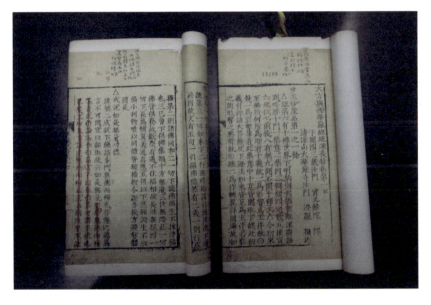

赠送给了广东省馆。除此之外，这里还曾接受过许多著名藏家的旧藏之本，比如 1950 年，当地藏书家叶湘南向省馆赠书 1818 册；1952 年，叶氏又赠送了 2261 册；1956 年，当地藏书家黄荫普赠书 1300 多种 5015 册，这批赠书质量较高，其中有明正统本的《海琼玉蟾先生文集》、明嘉靖本的《张曲江集》、明嘉靖本的《世史正纲》等。

黄荫普的捐赠中有一册当地藏书家徐信符的手稿本《广雅书局及学海堂等版片述略》，我急于看到此书的内容，因为本次广东寻访的目的地其中就有广雅书局和学海堂，而其版片归宿当然是我关注的重点，可惜在这里看书的时间短，我也不好意思将该书的原文全部拍下来，只能今后再想他法了。而此稿本还有叶恭绰的题记及批校，叙述着本册书中的始末。

余外，在广东省馆内我还看到了多部难得一见的善本，通过这次阅览，我对广东藏书的概念有了管中窥豹的直觉印象，尤其这里的广东刻本和广东抄本，在其他馆很难集中地看到。当一个地方的书集中在一起的时候，就容易让人得出结论性的判断，而此次的阅览正是我来此馆的最大收获。

湖南图书馆

最早以『图书馆』命名的省级馆

国内省级公共图书馆哪家创立的时间最早，至今未有定论，原因乃是各馆将其始创期，尤其是萌芽期追溯到何时，这一点未曾达成共识。比如沈小丁在其专著《湖南近代图书馆史》中说："湖南图书馆成立于1904年3月，这是中国最早以'图书馆'命名的省立公共图书馆。"而后该文列举出湖南图书馆成立于光绪三十年（1904）秋、江南图书馆则是光绪三十三年（1907），直隶图书馆、河南图书馆、奉天图书馆、黑龙江图书馆均为光绪三十四年（1908）等，经过这样的列举，以此来说明湖南图书馆力拔头筹的历史。

关于湖南图书馆的萌芽期，该专著提到清光绪二十年（1894），湖南学政江标在长沙校经书院建起一所房屋，此房名为校经书院藏书楼。同时《校经书院学会章程》中《附书楼章程》规定："不论何人，皆准上楼游观。"这种开放态度，已经具备了现代图书馆理念。

湘水校经堂创建于清道光十三年（1833），创建之初设立在岳麓书院内。光绪五年（1879），校经堂迁往城南书院。光绪十六年（1890），校经堂更名为校经书院。

光绪二十年到二十三年（1894—1897）间，江标任湖南学政，因为他曾在京师同文馆学习，同时出访过日本，目睹了明治维新后西化的日本社会，因此回国后提出新学观念，并在任湖南学政期间整顿校经书院，同时开办《湘学报》，使得该书院成为维新运动场所。江标把自己的藏书对外开放，杨树达在《积微翁回忆录》中说："校经堂颇有藏书，江先生特开放，令堂外人进来阅览。"然而尽管如此，此时其性质仍然是藏书楼而非图书馆。

湖南图书馆最早称为图书馆，是在光绪二十九年（1903）仲夏浏阳人雷光宇等在常德城吕祖庙租地创建的图书馆。此事刊载于当年9月2日出版的《湖南官报》第482号上，文章的标题就是《常德图书馆》，其内容为：

> 新政举行，图书类出，寒畯之士，购阅较难。近有浏阳雷茂才光宇在常德纠集同志，捐辏资财，开设图书馆，招人校阅。经前署常德府朱太守其懿批准，租地吕祖庙，暂行试办。闻每日至馆阅书者常数十人。将来风气渐开，亦学堂之一大助力也。

光绪三十年（1904）3 月，梁焕奎、龙绂瑞等在《湖南官报》上发起募捐启，此启的全称为《创设湖南图书馆兼教育博物馆募捐启——馆设城东古定王台拟二月初间开办》，题目明确讲出创建的是图书馆而非藏书楼，同时点明了图书馆的开办地点及大约开放时期。

募捐启谈到了创建图书馆的重要性。他们认为"改良社会不一术，而效果莫捷于图书馆"，他们把图书馆视为社会变革的最重要手段，所以觉得，"痛心种族之前途，中夜旁皇，揽衣屑涕。信乎图书馆之不可一日缓也"。

为什么有这样的意识呢？这些创建者认识到了国外文明的迅猛发展跟图书馆有直接关系："英吉利区区岛耳，面积当吾国二十之一，人民十之一，而殖民地几过吾国，国旗所翻，遍日所出入，民族文明达极高之程度，则伦敦图书馆之为也。日本亦也，四十年前蒙昧过于吾国，维新以来，进步之速，几垺欧美联盟强国，为东亚雄，则东京帝国图书馆之为也。有巴黎图书馆之三百万部，而拉丁人种屡蹶而不僵。有柏林图书馆之百余万部，而日耳曼人种崛起于大陆。有圣彼得堡图书馆之百五十万部，而斯拉夫人种雄视于五洲。"此启中也讲到了开办图书馆的目的："输入文明，实验教育，坚其信心，富其能力者也。"

从这些观念可以看出，这十二位发起者已经完全具有了现代图书馆意识。对于这所图书馆，沈小丁认为："这是中国第一所省立公共图书馆。"

关于此馆的具体开办日期，无确切史料记载，但该馆的成立得到了湖南巡抚赵尔巽的批准，赵尔巽是在光绪三十年（1904）5 月 25 日卸任湖南巡抚一职，故沈小丁推论湖南图书馆兼教育博物馆创设的时间一定在此之前，他判断该馆的创建时间大概是在光绪三十年（1904）3 月下旬至 4 月之间。

沈小丁在其专著中也谈到了学术界对于中国最早成立图书馆的争议问题，其提到主要争议点是浙江图书馆、湖北省图书馆和湖南图书馆孰先孰后的问题。浙江图书馆的前身是杭州藏书楼，此楼成立时间是光绪二十六年（1900）12 月，光绪二十九年（1903）杭州藏书楼更名为浙江藏书楼，宣统元年（1909），浙江藏书楼与浙江官书局合并，成立浙江图书馆。

光绪三十年（1904）8 月 3 日出版的《湖南官报》第 731 号刊载题为《鄂垣图书馆》的文章，此为湖北省图书馆创建的时间，该馆初名为鄂省图书馆，光绪三十一年（1905）更名为湖北图书馆，1954 年 10 月定名湖

湖南图书馆外景

北省图书馆。

如此说来,湖北省图书馆晚于湖南图书馆 4 个月左右。杭州藏书楼免费向公众开放,从这个意义上说,该楼已经具备了公共图书馆属性,然其到宣统元年(1909)才使用"图书馆"一名,所以沈小丁认为湖南图书馆:"是中国最早以'图书馆'命名的省立公共图书馆。"

但是,光绪三十年(1904)创办的湖南图书馆兼教育博物馆,其馆舍利用的是定王台原有建筑,这些房屋属于府学公产,然而其开办经费及书籍都是来自民间捐赠,官方没有委任馆长,这又与现代公共图书馆有着较大区别。直到端方出任湖南巡抚时,才将该馆改为公费,且委派了馆长。

端方于光绪三十年(1904)年底出任湖南巡抚,光绪三十一年(1905)获命担任出洋考察宪政大臣,他任湖南巡抚仅半年左右,然而就在这期间,他把湖南图书馆由民办改为了官办。

端方曾派黄嗣艾前往日本考察图书馆,同时从日本采购回一批图书藏于湖南图书馆,又选派藏书家陈庆年为图书馆监督,实乃馆长一职。对于陈庆年,端方在《派员办理学务片》中评价说:"查有江苏江浦县教谕陈庆年,博览群籍,兼综中西,在湖北各学堂掌教有年,深明教授管理之法。此次随臣来湘,代办高等学堂监督数月,整饬规则,申明仪节,学风为之一变,士论翕然归之。拟即派充高等学堂监督。"

关于湖南图书馆的正式创立时间,以往的文献大多引用李希泌、张椒华所编《中国古代藏书与近代图书馆史料(春秋至五四前后)》一书中的所载。该书的第三章为"近代图书馆的产生",其第四节为"各地区图书馆的创立",该节中谈到湖南图书馆时,收录了清光绪三十二年十一月初一日(1906 年 12 月 16 日)《湘抚庞鸿书奏建设图书馆折》。此文首先称:

> 查东西各国都会,莫不设有图书馆,所以庋藏群籍,输进文明,于劝学育才,大有裨益。湘省各属学堂,经已次第建设,然科学未备,教员所编讲义,又皆各以意取,亟应详加校订,参酌通行教科书及东西洋已译各科学善本,萃荟成帙,颁行通用,以收一道同风之效。其各省新编新译与夫从前官私著述,苟可裨益教育,皆宜旁征博引,以备调查编辑之需。建设图书馆万不可缓。

庞鸿书先说国外大都市都建有图书馆,这对于启迪文明有重要作用,而湖

≡ 光绪年间的湖南图书馆兼教育博物图书馆，位于古定王台

南省各地虽然办起了一些新式学堂,但无论是建制还是教科书都没有达到完备的程度,而编写教科书需要引进西方科学著作,需要有一个完备的储书之所,这些都说明了建造图书馆之事刻不容缓。对于以往的当地图书馆建设情况,庞鸿书简述道:

> 前升任抚臣赵尔巽准令绅士魏肇文等,在省垣汉长沙定王台创设图书馆,由各绅捐置图籍,款项无多,规模尚隘。上年升任抚臣端方,始委员赴日本调查图书馆办法,并购买书籍,延订素有名望、学识兼长者分任总纂各事宜,饬善后、厘金两局分筹开办费共银一万两,再由善后局筹拨常年款一千二百两办理;甫有端倪,适值交卸。臣接任后,叠与学务处司道筹商,以定王台原址狭隘,非添购屋另行修造,不足以壮规模而宏作育。因添拨开办费五千两,俾得鸠工庀材,及早兴作。

赵尔巽已经安排当地绅士魏肇文等在长沙定王台创设了图书馆,有不少的人为此捐书,但由于长年经费不足,此图书馆规模较小。此后端方任巡抚时,派人到日本考察图书馆的经营方式,同时购买了一些图书。端方筹集来一些开办及长年运营的经费,但图书馆没有建设完备,端方就卸任了。庞鸿书接任后,经过考察,认为只有多购一些民房进行改造,才能让图书馆的规模得以扩大,于是他添拨了五千两建设费用。对于其所建的藏书楼规模,以及经营规划,庞鸿书接着写道:

> 造就藏书楼一所,计三层,纵横面积四十丈,阅览四所,纵横二十四丈。外更有买券缴券处,领书处等屋,现已一律告竣。所购日本图书,亦经运到。当饬编明书目,拟定章程,遴委监督,以董其成。添派分校缮校收掌提调各绅员,薪水银均由善后局核实开支。刊发木质关防,文曰"湖南图书馆之关防",俾昭信用。

在本文的结尾处,庞鸿书写下了这样的结束语:"臣查图书馆之设,足以增长士民智识,实与地方进化发达,有一定之比例。各国造端广大,取材富而收效自宏。湘省始基初肇,仍应随时宽筹长款,以图扩充。"

按照庞鸿书的说法,虽然他追溯了此前赵尔巽、端方等人为图书馆所做出的贡献，但他觉得那些人的所为都未能使图书馆完备起来，所以他扩建的图书馆方是"湘省始基初肇"。李希泌、张椒华在此折之后所附《湖南图书馆暂定章程》（以下简称《章程》）中，也说明了到此时该馆不但有了完备的馆舍，同时有了开办图书馆的具体规章制度。

该制度的第一章第一条仅一句话："本馆名曰湖南图书馆"。这是该馆第一次的准确定名。对于开办该馆的宗旨，《章程》中说："本馆以保存国粹，输入文明，开通智识，使藏书不多及旅居未曾携带书籍者，得资博览，学校教员学生得所考证为主义。"

对于图书馆书籍的来源，《章程》第五章为"捐助章程"，鼓励有识之士给图书馆捐书："凡同志捐助本馆图书、碑帖、字画、报纸、说部以及财产等项，均填付本馆收讫证书为据，随时登报，以志钦感。惟淫秽悖逆之书，概不收受。"

从此条款中可以看出，该馆欢迎人们捐助各类纸制品，但是拒绝接受淫秽悖逆之书。对于捐赠办法，《章程》中写道："无论捐入本馆应藏何件，均分为两种办法：一自愿出捐，不复收回，谓之永久捐；一或有珍重家藏，不能割爱，但偶出以供众览，或敷月或一年或若干年，仍复收回者，谓之暂时捐，可由捐主加盖印章，并粘用书签，以便易于辨识。本馆即填付证书，注明久暂，亦登报广告。"

当时把捐书分为了永久捐和暂时捐，如果捐出之书不再收回就是永久捐，如果所捐之书几个月或一年后仍然收回就是暂时捐。而今已经没有这种分法，捐书就意味着永久捐，而后者似乎改称为寄存。只可惜我未查到相应史料，不知道那个阶段有多少人捐书给湖南图书馆。

在当时，读者前去看书是要收费的，《章程》中规定："凡入馆阅览图书者，不得不略取券资，一以津贴杂用，一以稍示限制。每次取钱三十文，只准一次入馆。一人二枚至十枚，定入馆二次至十次者，每券取钱二十四文，以一月为限。一人十一枚至二十五枚，定入馆十一次至二十五次者，每券取钱十八文，以二月为限。多则惟照日推算，券费不得再减。惟此种券据注明日月，过期即为废纸。"但是，另一条中又说："凡官立各学堂及民立各学堂，在学务处禀定有案者，所有教员学生入馆阅览图书，一概免收券资。"

可见普通人去读书要付少量费用，学校的师生读书则一律免费。即使是收费阅读，按照《章程》的规定，每天提书的数量也很大："凡阅书者，

山谷內集詩註卷第一

天社任淵

古詩二首上蘇子瞻

江梅有佳實託根桃李塲

桃李終不言朝露借恩光

孤芳忌皎潔冰雪空自香

記蓋四年六月辛巳而信中挂名其間此詩亦四年夏所作

缺

乞鍾乳于曾公家

按舊次公家名綍曾布子宣之子時編置永州三年矢豫章

後集有與公家書云鍾乳何時再成又云嶺南秋者殊未

就此詩蓋炳時所作或逸絕筆于此篇歟

■ 湖南图书馆夜景

一日之长，中国书不得过五十本，洋装书不得过二十本。若各教员有编讲义之义务，本馆应特别招待，不在此限。"

这些书只能在馆内翻阅，如果借书出馆，手续则复杂得多，但是因为馆内没有开办女阅览室，反而女士可以把书借出馆外："现在风气初开，未便设立女阅览室。如有女学生须阅图书者，应由本学堂出具领证，准暂借出外。"

这份《章程》总计 9 章 44 条，规定可谓完备，因此说湖南图书馆到光绪三十二年（1906），已经形成了完备的规模和制度。

十余年前我曾来过湖南图书馆，那次来到湖南的主要目的是寻访古代藏书楼。长沙地区的古籍藏书家中，名气最大的无过叶德辉，我想寻找叶德辉的遗迹，却找不到具体线索，于是通过北京大学的朱宪老师，认识了当时湖南图书馆善本部主任寻霖先生。寻主任很热情地接待了我，告诉了我一些当地藏书楼的信息，并且告诉我长沙市的古旧书市地点。

根据寻主任提供的信息，我找到了当地古旧书市，那个市场开在一处仿古建筑的院落内，基本都是地摊，展卖之物主要是古玩。我在一个摊位上看到几捆古书，顺手翻看，竟然全是家谱。我随口问价格，对方说三毛一本。这个价钱吓我一跳，跟摊主再三确认，方明白他说的是古玩界的"黑话"：一百块在古玩商嘴里是一块，三毛钱就是三十块。

这个价格比我在他地所见便宜不少，于是我将其摊位上的书悉数拿下。摊主看我是真买书人，立即邀我前往其家，说家里还有更多的家谱。在其家里果然看到几屋子线装书，在那里翻捡一番，全本较少。摊主告诉我，全本大多数被别人挑走了，但他答应今后帮我找货。之后我又从此人手中买得一些，而每次买书时，我都会感念寻主任给予的帮助。

2014 年 8 月 26 日，我借核查珍贵古籍名录之机，再一次前往湖南图书馆。在馆内再次见到了寻主任，我惊异于他的面貌仍旧，十几年过去他没有一丝的变老，不知他有什么法宝。我的这个说法不是个人的偏私，因为在长沙的那两天，寻主任热情地陪同我见了不少朋友，不少朋友都在夸他驻颜有术。寻主任不但长得年轻，心态也同样如此，晚上陪我们同来的三人吃饭，饭后不尽兴，又呼朋唤友，带着大家到湘江边上某个黑店去吃湘江鱼，吃完之后仍不罢休，又跟着他第三拨朋友去 KTV 唱歌。如此爽朗的性情，想来是他青春常在的重要原因吧。

快乐之余当然不能忘记正事。第二天一大早我就赶到湖南图书馆去看书,首先参观了他们的特藏展。我们在这里见到了湖南图书馆副馆长雷树德先生,雷馆长介绍了湖南图书馆古籍工作的进展情况以及存在的问题。他说,湖南计划建新馆,面积比现在大几倍。可见当地有关部门对图书馆建设十分重视,这真是个好现象。

此后,我调看了要核实的几部书。所看之一是《山谷内外集注》,这部书是以抄本申报的,核实之后,竟然是一部稿本,并且书前有叶启勋的长篇题记,远比想象的要好许多。第二部书则是何绍基的诗文手稿,这是一部旧裱本,里面的内容是何绍基随手写的诗文初稿,看过之后,确实是他的手迹。

看完需要核查之后,雷馆长带我们一起去参观善本书库,进入库内,首先看到的是几大排跟毛泽东有关的著作,这些著作除了毛泽东自己作品之外,绝大多数都是各个时期研究毛泽东的作品。毛泽东是湖南人,在他的家乡省城有这样一个专藏,当然是顺理成章的事,只是这些书竟然在古籍库中,让我略感意外。或许是因为馆内场地有限,料想建成新馆后,该专藏会陈列在一个宏阔的区域内。

古籍库中藏书的另一大特色是家谱,几大排的书架,望过去很有气势,从这个角度也说明了湖南家谱之丰富。寻主任重点向我介绍了该馆的家谱收藏情况,原来这些年湖南图书馆一直在收购家谱,其目的一是丰富特色馆藏,二是为研究谱录学者提供第一手材料。

我在工作人员的书桌上,还看到一个特殊的物件:一个长着尾巴的小板凳。我请教这是什么秘密武器,一位满头银发的工作人员微笑着看了我一眼,没说话,上前抄起这件武器,走到书架前把它放下,然后踩了上去,以取放上层的藏书。他的肢体动作瞬间让我明白了这件装备的作用,原来只是个梯子,那为什么要长尾巴呢?我的愚钝终于迫使这位资深工作人员张开了金口,他说自己不断地搬凳子取放上层的书,因此也就不断地弯腰,这让他很累,于是他发挥自己的聪明才智,给这个凳子安了个手柄,从此就不用弯腰了。这个发明对我很有启迪,因为这也是我常遇到的问题,我建议他申请专利,在全国的图书馆内进行推广。

古籍库里另有一间面积较小的房间是善本库,这种库里套库的方式,是我所参观过的书库中较少见的。里面竟然还坐着一位管库的工作人员,

古籍上架方式　　毛泽东专藏

她看我手端着相机，马上制止我的鲁莽，说善本库内禁止拍照，我当然不敢造次，正色地跟雷馆长说，这位阿姨工作态度很端正，值得表扬。

南京图书馆

江南名馆有耆宿

南京图书馆是国家一级图书馆，其前身可追溯到 1907 年由清两江总督端方创办的江南图书馆，当时的总办是缪荃孙。辛亥革命后，曾多次变更馆名。经过百余年的发展，截至 2022 年底，藏书总量超过 1280 万册，仅次于国家图书馆和上海图书馆，位居全国第三。

梅可华在《缪荃孙首创江南图书馆》一文中谈到了该馆的更名：

> 江南图书馆随时代和岁月的变迁，馆名屡有更易。民国元年更名江南图书局；民国二年七月，又改名为江苏省立图书馆；民国八年因苏州积古堂改名为江苏省立第二图书馆，故尔又改名为江苏省立第一图书馆；民国十六年因实行"大学区"制，统管全省教育工作，故又改名为第四中山大学国学图书馆；民国十七年五月，随校名改为国立中央大学国学图书馆；一九二八年十月改隶江苏省教育厅，又改名为江苏省立国学图书馆，直至一九五二年十月一日与南京图书馆合并为止，这是它的全部历史演变经过。

江南图书馆是由两江总督端方奏请朝廷创办的，创办的契机是收购了中国晚清四大藏书楼之一八千卷楼的旧藏，当时委派缪荃孙为图书馆总办，陈庆年为坐办。辛亥革命后，江南图书馆与江苏通志局合并，在 1912 年改名为江南图书局。到 1927 年 6 月，柳诒徵任馆长，他到任后经过几个月的整顿，于当年 9 月重新开放，同时他将江南图书局改名为国学图书馆。郑逸梅在《东南硕彦柳诒徵》一文中写道：

> 一九二七年，担任江南图书馆馆长，该馆在南京清凉山南麓的龙蟠里，因此俗称龙蟠里图书馆。这儿原是道光年间陶澍所建的惜阴书院，光绪年间改建为图书馆，缪荃孙（艺风）任馆长，费七万三千余元，从杭州购得清季四大藏书家之一丁丙的八千卷楼藏书，在这基础上又搜集宋元明清各种善本，孤本、稿本，名批校本，凡五万多册，俨然天禄石渠，但不对外开放，一自柳老继任馆长，改称为江苏国学图书馆，大事改革，外地来馆阅览者，且为办理膳宿，得以安心研究和抄录，有疑难问题，并可向馆长请教，这给人带来不少方便。

当年国学图书馆在业界很有名气，这与柳诒徵的苦心经营有直接的关系，他任馆长期间有不少的新举措，顾廷龙在《柳诒徵先生与国学图书馆》一文中写道："其对工作人员要求甚严，对读者之服务甚勤。远方好学之士，可以长期下榻，兼备饮膳，取费与馆友相同，不事营利。斯诚我国图书馆事业中之创举。"

顾廷龙在文中谈到他的朋友蔡尚思就曾经住在国学图书馆内，徐有富的专著《文献学管窥》中有《柳诒徵与国学图书馆》一文，该文提及蔡尚思于 1934 年至 1935 年期间在国学图书馆住读，为此深有感触地说："吾人有两位老师，一曰活老师，即教员与学问家，一切皆有限；一曰死老师，即图书或图书馆，一切皆无穷。故死老师远胜于活老师，赴课堂不如赴图书馆。如住图书馆勤读一年书即胜于在大学虚坐四年毕业，甚至比入任何研究院皆佳。大图书馆直可目为'太上研究院'。"（蔡尚思《学问家与图书馆》）

柳诒徵在任职期间为该馆编纂了书目，此目在编纂体例上也有所创新，顾廷龙在文中评价说："一九三五年先生主编《江苏省立国学图书馆图书总目》四十四卷，《补编》十二卷，共三十册，皇皇巨编，自有图书馆以来，能将全部藏书编成总目者，以此为第一家。其特点有三：一、将四库分类加以增删；二、将丛书子目分归各类，便于检索；三、别集编次，以卒年为断，便于定易代之际作者归于何朝。其方法在图书馆界有一定影响。合众图书馆编印藏书目录，即明确说明分类采用国学图书馆分类法。关于丛书子目分别部居，一九三八年日本东方文化学院京都研究所汉籍目录及上海图书馆编《中国丛书综录》，均将子目分类。国学图书馆之《总目》实导夫先路，在目录学史上应有一定之地位。"

柳诒徵在《国学图书馆图书总目》的序中谈到了本馆所藏的珍善之本来由："艺风缪师、横山陈徵君创立金陵龙蟠里图书馆。席钱塘丁氏、武昌范氏之藏，清季已见重于海内。丁氏有《善本书室藏书志》，嗣又印布《八千卷楼目》，学者恒操以稽馆书。然丁书故未悉归是馆。馆初创时，征调官书，购置新籍，亦非尽丁书。范氏木犀香馆藏书多明清集部，其珍秘亚于丁书。"

端方创办江南图书馆的契机是购买到了八千卷楼的整批藏书，当年丁丙编有《善本书室藏书志》，另外还出版了《八千卷楼书目》。有些学者就是拿着这两部书作为目录来向国学图书馆索书，但柳诒徵说那两部书目中所载之书并没有全部归江南图书馆。而在创馆初期，还有一些官方所出之书及新购之书并入江南图书馆，比如木犀香馆所藏的明清集部书，更何况"民国以来，续增桃源宋氏书六十箱，其书多通行本，鲜秘籍，要亦可备检阅"，正是出于这些原因，使得柳诒徵有了重新编纂总目的举措。

余外，柳诒徵还用新法影印了国学图书馆所藏的宋元善本图录，该书名为《盋山书影》。他在本书序中写道："星吾杨氏访书东瀛，创《留真谱》以饷学者。澄江缪师踵为《宋元书影》，刊载全叶，视杨书为进矣。比年，洹上袁氏、菰里瞿氏，以新法汇印秘笈鳞爪，益为世所矜重。盋山图书馆所藏钱唐丁氏善本，故与皕宋楼、海源阁及铁琴铜剑楼颉颃。十许年来，守藏者珍秘已甚，嗜学之士恒以不得一睹为憾。（诒徵）闵之，既为更订阅览之章，复拟勾资，逐部依式印行，限于财力，尚稽时日，庸袭杨、缪、袁、瞿之法，先就宋刊本撰取尤精者，以石印法汇制书影，俾海内学者得家窥而户购焉。"

柳诒徵说杨守敬在日本访书期间创造了《留真谱》，其做法乃是选择某部珍罕之书，将其中的半叶影刻出来，汇为一编，使得读者翻阅《留真谱》就能大致窥得原书的版刻风貌。后来柳诒徵的老师缪荃孙制作了《宋元书影》，该书用的全是各种珍罕之本的全叶，此事做法已经比杨守敬有所进步。此后袁克文和铁琴铜剑楼都用照相制版的方式制作了书影，这比影刻又有了更大的进步。虽然丁氏八千卷楼为晚清四大藏书楼之一，但少有人能目睹其善本全貌，故柳诒徵从中挑出珍善之本，编为《盋山书影》一书。

当年的国学图书馆因为与江楚编译局、淮南书局合并在一起，所以该馆有不少的书版，柳诒徵在《江苏省立国学图书馆概况·印行统计》中讲到了这些书版及印书的数量："本馆历年印行刊物，除上述旧编之书目五种外，所有江楚编译局及淮南书局之木刻、铅石印书，在前归馆管理，于十六年秋改组后，点查发售余书，计存三十八种。近七年来新印书，计六十三种。总为一百零一种，五万一千八百六十六部，十二万九千五百十八册。"

柳诒徵还努力改变馆里的环境，他在《江苏省立国学图书馆概况·进行计划》中写道："本馆成立二十余年，薄海内外，亦多稍道。第自开创之始，即未尝有大规模之计画，期其造成一完善之图书馆，因陋就简，以迄今兹。不第不足语于发展，抑且不克善其保存。书楼、书橱，纯系木质，且以窳旧，危险堪虞，补直缺漏，款恒支绌，彻底改造，费更不资。阅览之室，仅容三十人，设备简略，莫求美观。宋元旧椠，明清孤本，大部名著，多未印行。装潢修补，辟蠹祛霉，一二书工，日不暇给。至于广购新书，盛钞藏本，供专门之研究，广时世之需求，则更有所未逮。"

为此，柳诒徵制定了《江苏省立国学图书馆章程》，该章程的第一条为："本馆以储集中外秘书要籍、精图名著、公私档册、簿录碑刻、名贤手迹，供专门学者之研究及一般人之阅览为宗旨。"

由此可以看出，虽然国学图书馆本自江南图书馆，原本应以珍藏善本为着眼点，但柳诒徵能够突破这种观念，中外秘籍并重，同时也收藏公私档案，以便学者使用。柳诒徵把国学馆分为了六部：保管部、编辑部、阅览部、传钞部、访购部和印行部，并对每一部制定了规程。

抗日战争期间，国学图书馆的藏书受到重大损失，1946年第20卷第4—6期《中华图书馆协会报》载有柳诒徵所撰《江苏省立国学图书馆损失概况》一文，该文首先称："寄存兴化北门外观音阁被焚之书六千余册：二十六年国府西迁以后，曾奉教育厅令移运存书若干部册，寄存苏北兴化县，以防兵燹。讵料廿九年五月，兴化县亦经敌军攻陷，所至焚劫，以故馆书之寄存兴化北门观音阁者，亦与该庙俱烬。此项损失书籍多系木刻丛书及各省方志，现多不易购求，综计所毁书六千八百零三册。"

读到这段话令人叹息不已，此后柳诒徵又编纂了《江苏省立国学图书馆现存书目》，他在此目的序中感慨说："抗战军兴，文物流转，盋山善本寄存故宫博物院地库，遴其次者锢密室，挈丛书方志近三万册舟运兴化；余书十余万册，印行书八九万册，咸同以来江南局所档案充十余椟，悉存龙蟠旧馆，不克徙善地也。初意在京典籍，罹劫煨烬，独兴化之普通书可葆耳。廿九年日军入兴化，财数日，即去，而馆书藏观音阁近七千册，为所毁；三十二年，伪师长马幼铭，劫中圩罗汉寺藏书万四千余册，留守职员先事潜寄数千册于盛庄民家，迄今访求未得。诒徵之罪，无可逭也！"

1950年3月19日，该馆奉中央文化部令，更名为国立南京图书馆。1954年7月，改名为南京图书馆（以下简称"南图"），此名一直沿用至今。在此后的一个时段，该馆所藏古籍进一步丰富，比如曹培根整理的《江苏

南京图书馆外观

省立国学图书馆清点常熟翁氏捐献藏书目》一文中提到了他在南京图书馆看到该书目的封面写着："清点常熟翁氏捐献书草目，一九五〇年十二月廿日起至卅一日止，共清理七千余册。"

常熟翁氏乃是藏书世家，原来有这么大量的古籍汇入了南图，余外还有不少大宗古籍捐入南图，其馆藏之丰富自不待言。

2015年8月13日，我前往南图参观。该馆新馆的外形有些奇特，我距约定的时间早到了20多分钟，因此有闲暇细细观看这座巨大的楼体，然而从几个角度观察，都难以说出这座楼的外形是怎样的结构。我从所住酒店步行到了这里，从馆的外形看，似乎刚才路过的总统府门前是南图的正门，然而此馆的东侧有一个巨大的广场，似乎这个方位才是该馆的正门所在。此时是上午8点多，广场上聚集着许多晨练者。我站在旁边观看，觉得那些人特别陶醉，这种投入的心态真好。

离开馆还有10分钟时，图书馆的大门打开了。进入宽阔的大厅，里面的保安站在电梯口，不让读者登楼，说还没有到时间。如此想来，这倒不是馆方的苛刻，正好相反，恰恰是对读者的体谅，因为入口冲着东方，早上的阳光直射到这里，虽然有些树荫的遮挡，依然能感受到太阳的灼热，可能是管理者体谅到读者没有避荫之处，所以让大家先进来，坐在一楼大堂，提前感受馆里的凉爽。

十几年前，南图还在旧馆时，我就曾往那里看书，而新馆我却是今天第一次看到。此前的几天，我跟南图的善本部主任陈立老师取得了联系，经她的同意，我前来该馆，故等到开馆时间后，我先到馆里找到了她。

陈主任带我走进了古籍库中。南图的古籍库，尤其是所用的书架，很有独特性。这里的书架不同于其他馆使用传统的木架或者钢木架，这里的书架全部都是现代化的金属集成柜。虽然用集成柜的图书馆并不少，但南图的这种柜体设计却解决了集成柜的弊端。因为集成柜是一排排的紧密排在一起，如果要取处在中间位置的一部书，则需要把前面的一排排书柜全部摇开，才能取得。南图的柜体设计虽然也是如此，但它却不用从第一层开始摇开，而是想打开哪排柜子，直接按这排柜的按键，哪怕是在第十排，前面的九排也会自动地一并挪开。这大为提高了取书效率。陈主任告诉我，这是他们馆专门找有关部门设计定制的。可见，该馆在处理藏书量和储存空间的矛盾方面，确实下了很大功夫。

线装库内的集成架每一排都很长，我请工作人员打开其中的一排，能够感觉到这种电脑控制的书架开启得很是轻松，看来底下的六排导轨起了很大作用，因为通过展开的速度和划动的声响，感觉不到柜体的吃力。走进书架之间，里面以六层形式排列，每个书架隔挡内摆放三摞书，每部书上都写有书名侧签，我注意到这些书签有不同的制式和颜色。陈主任告诉我，这是不同时期所写。我问她不同颜色所代表的时代，她很是认真，请来了相关的管理人员告诉我具体的答案。

这里陈列的线装书大多没有函套，这是南方藏书的特点，因为气候潮湿，带函套者容易生蛀虫。然在书架上也偶然能看到带函套之书，它们可能是历史遗留，没有将这些函套统一拆下。每摞书中间都放着两块方形的樟脑丸，以此来避虫。另外的防虫措施，则是每层书架的隔板为樟木所制，因为做了金属封边，从外观看，整齐划一，而里面则是有效的樟木板，看来在书架设计上，馆方也确实动了很多脑筋。

在书库入口的位置有一个取书台，陈主任让工作人员调出一些善本请我观看。我看到的第一部书是旧抄本《静斋至正直记》，此书难得之处在于有知不足斋主人鲍廷博的批校，不知道这是不是《知不足斋丛书》的底本，待回去细查之。另一部旧抄本是《清碧园稿》，此书被后改装为蝴蝶装。陈主任告诉我，这是过云楼的旧藏。

《王摩诘集》，展卷视之，乃是典型的嘉靖刻本，同样是过云楼旧藏。该书在近些年的拍场中出现过两次，因为刊刻漂亮，两次均以高价成交。

《老子道德经》，这是刘履芬影宋抄本。刘氏所抄之书，过云楼藏有多部，其中有两部为我所得，然以精美程度来说，均不如南图的这部。

在看书的过程中，我无意间注意到旁边摆着三部王引之的名著《经义述闻》。打开细看，三部书竟然是三个版本，其中一部里面有大片的墨等，这应当是一部印样本。此书虽然是嘉庆时所刻的晚近出版物，然其为初刻初印之本，极其难得。

过云楼之书大多没有钤章，我跟陈主任提到这个话题时，她说本馆所藏的过云楼旧藏里偶然也有钤章者，于是调出一部让我开眼。此书乃是明刻本《黄帝内经素问遗篇》，第一页就钤有"万鬈草堂顾氏藏书印"。过云楼藏书虽然钤印者少，但毕竟我也见过几部，然钤有此印者，我是第一次看到。我所看到的过云楼藏印，大多是本部书卷尾前的那一方"顾鹤逸藏书

■ 少有带函套者　　■ 漂亮的书根

印"。本书的特殊之处，不只是这方藏印，还有书的内页中部分版面有接纸。接纸的现象偶然在宋元版的佛经中能够看到，因为那个时候，纸张珍贵。而在明刻本中发现接纸，我是首次见到。

南京地区的版本鉴定专家，以名气和资历论，似乎是沈燮元先生为不二人选。我跟沈先生在一起开过几次会，他有着"夫唯不居，是以不去"的处世姿态，然而他对版本的鉴定又极其严肃认真。近几十年，他致力于研究黄丕烈的书跋，为此到处搜集材料。早在20年前，沈老就通过江澄波先生向我索要我所藏黄跋的复印件。沈老本是南图的研究馆员，而今年逾90，仍然在善本阅览室坚持读书做研究，这在国内公共图书馆系统中，成为一景。我来到南图，当然要拜见老先生。他也听说了我要来此馆的消息。我本想等自己在古籍库看完书再去见他，没想到老先生却到库里来找我。他在库内看我拍一些书时，能随口讲出这些书得来的故事。

在库内拍照完毕，沈老带我到古籍修复室去参观。南图的修复室面积也很大，在入口的位置挂着一些展板，内容是用图解的方式表示出古籍修复流程。下面的玻璃柜里，用实物形式来示意古书装帧专用名词。在入口左侧的整面墙上，则是裱贴字画的晾晒板。我来的时候，室内有几位工作人员正在仔细认真地修补着书页。书的损坏很是容易，修复起来却是个漫长的过程，做修复工作需要很强的耐心。我看着这些工作人员认真地操作，觉得没有一定的耐性，难以从事这个职业。

沈老又带我去古籍阅览室，这个阅览室的面积同样很大，但看书的人却很少。在这样安静的环境下，细细地翻阅古书，绝对是难得的享受。入口的左手位置有一个专座。沈老告诉我，这就是他每天工作的地方。他说，南图整年无休，所以他也就每周七天都来此看书。我注意到他的书桌旁摆着一架子工具书，浏览一眼就知道老先生近期在查看哪些资料，于是灵机一动，请老先生坐在自己的书桌前，我给他拍了两张照片。

沈老见到我，也有很多话要说，但我们的说话声打破了这里的宁静，于是我建议到外面的大厅坐下来聊天。出门的时候，我看到了右手旁的《四库全书》专藏室"。看到这个招牌，多少让我有些意外，因为我不知道南图还藏有《四库全书》。沈老笑着说，这里所藏的是一部影印本，又让工作人员打开展室走廊里的灯光，以便让我欣赏挂在走廊墙上的《四库全书》介绍展板。

沈老带我走出展室，前往大厅找一个安静的地方聊天。我告诉他，自己曾经到清凉山访古，无意间看到山脚下的金陵文献馆，该馆招牌竟然是他题写的。沈老笑了笑，没有回应。我又问他高寿，他笑着告诉我，今年92岁了。在馆里，我们为了找到一个安静之所，他带着我在楼梯里上上下下，走路的脚步完全不像一个年逾九秩的老人。看来，心情好是长寿的第一要素。真盼着自己到这个年龄，还能有这么好的精气神。

沈老告诉我，自己的书稿《士礼居题跋》已经跟中华书局签约，但是他仍在寻找着新的材料。他说，上次我提供的书跋影印件非常重要，可以通过它来更改缪荃孙所辑的《荛圃藏书题识》中的一个字，他觉得很开心。这样的心情，这样的认真，真让我叹服。

沈老又说，他现在准备编写《过云楼书目》，因为以往前人所编书目都不全。他说前一段开会时，他的题目就是讲述过云楼，因为人们对过云楼有一种误解，认为顾家的藏书秘不示人，而事实并非如此，有不少人都去顾家看过书，顾家不让生人看书，这当然很正常。他说自己跟顾家打了60多年的交道，有必要把一些事情说清楚。沈老告诉我，他跟顾家的相识很偶然，那是在50年代初期，他在苏州赁屋而居，原房主人在美国，于是就请顾公硕代为收取房租，所以沈老就每个月见一次顾公硕，给他交房租，后来渐渐就变成了熟人。顾公硕去世后，沈老又跟他的儿子顾笃璜成了好朋友。沈老说，顾笃璜现在在苏州的沈德潜故居里办公，我再到苏州时，可请江澄波带我去见他。沈老听说我也藏有几十部过云楼的旧藏，希望我能把目录提供给他，以便将之完善。

沈老告诉我，南图所藏的过云楼旧藏，也是经过他的手而得到的，他说当时只付了40万元，其中就有几部宋元孤本。沈老随口地说出了那些难得之书的名字，因为他说话带有吴音，愚笨的我听不出书名，沈老于是接过了我的记事本，迅速地写下了几个书名，那流畅漂亮的字体跟我的烂字排在一起，真让我惭愧。听着沈老很是高兴地向我讲述着过云楼当年的故事，原来坊间的传闻跟历史的真实，竟然有这么大的差异，我感慨他记忆力超强的同时，也劝他把这些真实的故事写成文章，他却笑着跟我说："现在手里的活儿太多，写这些回忆文章的计划，过些年再说了。"

俗语有云："家有一老，如有一宝。"南图有沈老这样的耆宿，也算是南图一宝了。当然，南图的宝贝，哪里数得过来呢。

山东省图书馆

海源阁旧藏主体归宿

山东省图书馆（以下简称"鲁图"）创建于清宣统元年（1909），是中国创办最早的几座省级综合性公共图书馆之一，其萌芽期可以追溯到清光绪三十一年（1905）。当时温州人宋恕应学务处张士珩之邀，到山东省学务处任文员兼文案。宋恕与藏书有着极深的渊源，他的岳父是孙锵鸣，孙锵鸣曾经跟哥哥孙衣言共同创建了著名的藏书楼——玉海楼。

宋恕到任后，上书山东巡抚杨士骧，请求在山东创办"粹化学堂"，他起草的《粹化学堂办法》中第一次提出"附设海岱大图书馆"，他的建议被杨士骧采纳，然而杨很快调离山东，此事未能实施，但宋恕的提议却是创建鲁图的最早动议。

清光绪三十四年（1908）末，山东提学使罗正钧向山东巡抚袁树勋呈文，再次提到创办图书馆的重要性。罗正钧是湖南湘潭人，清光绪十一年（1885）举人。光绪二十八年（1902），他受湖南巡抚委派赴日考察学务，转年受直隶总督袁世凯委任，创办直隶师范学校。光绪三十四年（1908）六月，以道员署山东提学使。

宣统元年（1909）正月，袁树勋给朝廷上了《奏东省创设图书馆并附设金石保存所以开民智而保国粹折》，他在此折中写道：

> 窃据署提学使罗正钧详称，求学无古今之殊，藏书有公私之异。儒修动称稽古，而致用则尤贵通今。收藏私储一家，而官书则公之天下。惟是列朝艺文之志，天府四库之储，璀璨琳琅，浩如烟海。迨自五洲交通，新理日出，无人不由于学，无学不各有其书，东西列邦，莫不竞设图书馆、博物院，高楼广场，罗列古今，纵人观览，称为智识之输入品，良以学堂教授既有专门，而参考之书，则必借公家之力，广为储藏，以遗饷于学者。

袁树勋谈到中国历代官府重视藏书的优良传统，同时也提到国外竞相开设图书馆、博物馆的重要性。具体到山东一地的情况，袁树勋写道：

> 山东乃圣人桑梓之邦，为我国数千年文明所自出，经师之传注，衣被方来，金石之留遗，甲于寰宇，而济南省会之区，图书之府，缺焉未备。虽聊城杨氏海源阁之著录，福山王氏天垠（壤）阁之收藏，辉映后先，

足征文献。然地既拘于一曲，力复限于一人。且秘籍非世用所必需，而借览尤主人所深惜。灵光虽耀，无裨儒林。现拟参照各省及各国藏书便览之法，设立图书馆一所。首储四部之善本，兼收列国之宝书，将以通新旧之机缄，非仅侈观瞻于耳目。

山东乃是孔子的故乡，更是人文渊薮之地，而济南为山东省会，遗憾的是这里却没有一座公共图书馆。虽然杨氏海源阁和王懿荣的天壤阁均是著名的藏书楼，但这两座书楼都不在济南市内，且私家藏书主要目的是服务于自己，缺乏普及性读物，更何况到私家书楼借书不是一件容易的事，所以袁树勋认为应当参照其他地方的图书馆，在山东济南也创建一所公共图书馆，这座新馆既收传统善本书，也会兼及世界各国的图书。

从这段话可以看出罗正钧和袁树勋在建馆之初就具有开阔性视野。但要建一所图书馆，首先要解决的是场地问题，第二为建设经费问题，第三则是常年运营的费用问题。袁树勋在上此奏折时就想到这些问题：

储藏必须择地，建筑尤贵适中，开办既需钜资，常年宜筹经费。当此公项维艰，断不敢另请专款，拟就学司衙门岁入的款，量加撙节，以成此举。并就公地建屋，以省购地之费。查府城中学堂东偏有贡院隙地一区，背湖面山，开朗适中。方广二十六丈，计为楼十二楹，前列广厅，足敷藏书及阅览各室之用。就中附设山东金石保存所，凡本省新出土之品与旧拓精本，博访兼收，以表山东古文明之特色，免乡氓无识者之摧残，亦存国粹之一端也。至于购备图书，现若财力不足，一时未能求备，本年为始，按年采办，积以岁月，不难蔚成巨观。所有营造图样及藏书阅书章程，另案具报等情详请具奏前来。

跟朝廷伸手要钱当然不是一件容易的事，因此袁树勋提出由山东本省解决经费问题，同时他已经访察到了大明湖旁有一块空地，并提前做了测量，认为这里足可以建造一座12楹的楼房。至于里面的图书，他打算采取逐渐购入的方式。

宣统元年（1909）二月，袁树勋的提请得到了朝廷批准，三月，罗正钧主持开工仪式，当年九月图书馆馆舍建造完成，十二月，各种设施得以健全，山东巡抚孙宝琦为此馆题写了馆名"山东图书馆"。

该馆创办之初定员为 15 人，实行坐办制，第一任坐办为张百诚，当时图书馆经费充裕，每年有库平银 6000 两，其中 4000 两用于购书。继任者为保厘东，他任坐办时，山东当局又追加投资，在图书馆之西北建立博物馆。

1913 年 9 月，该馆由坐办制改为馆长制，馆长由省长聘任。当时的山东省教育厅厅长王寿彭被聘为馆长，此后的几任馆长因为经费问题，在任期间并未使图书馆继续扩展。张宗昌踞鲁期间，拖欠教育经费，致使图书馆经费奇缺，当时馆长的工资是 40 元，但发到手里只有十几元。

然而在此阶段，该馆却得到了第一批善本书："十七年春间，马惠阶藏书全部归馆，凡二百八十六种，六千八百七十五册。其中明刻精本颇夥，且皆整饬阔大；清刻各书，亦都精刻初印；至宋元旧椠，及抄校善本，仅三四十种，以较旧存，自分天壤，是为本馆收藏善本之始。"（王献唐《一年来本馆工作之回顾》）

王献唐是鲁图发展史上最重要的人物之一，从 1929 年 8 月到 1948 年 9 月任鲁图馆长。他在任职之初就参与了山东省政府成立的"海源阁藏书清查委员会"，带领工作人员前往海源阁调查，而后写成了《聊城杨氏海源阁藏书之过去现在》《海源阁藏书之损失与善后处理》等文。

1930 年，王献唐得知海源阁第四代主人杨敬夫准备将五箱书运到天津出售给日本人，迅速与之商议，提出了三种办法，希望能将这批善本收归鲁图。转年，经韩复榘批准，政府出资 30 万元以半价的方式购得这批藏书。

另一位为鲁图做出重要贡献的人是屈万里。1929 年，他任鱼台县图书馆馆长。1932 年初，经齐鲁大学国学研究所所长栾调甫介绍，王献唐聘请屈万里任馆员，1936 年升为典藏部主任。1937 年全面抗战暴发后，屈万里将馆藏的善本和古器物辗转运到汉口，之后又历经艰险，将这些宝物运往四川万县。

经过王献唐、屈万里等人艰苦卓绝的保护，辗转于他地的馆藏善本，最终在抗战结束后安全地运回了本馆。正是在他们的努力下，奠定了鲁图在中国图书馆中的重要地位，此后又经过几十年的耕耘，鲁图有了更为丰富的馆藏。

2015 年 1 月 13 日，我乘高铁从北京来到济南，次日前往鲁图。鲁图

山东省图书馆新馆外观

处在二环路的边上,整座楼体的建筑风格像是几本精装书摞在一起。前些年,我曾跟周晶先生来过这里,但更早的一次,那时的鲁图还在大明湖畔,我去的时候,那里正准备搬家。我印象最深的是唐桂艳老师带我进库看海源阁的遗物,那时的唐桂艳还是个小女孩,今天已经成了历史文献部的副主任。

在鲁图的门口,我见到了李勇慧副馆长,她把我带到了办公室,我在这里看到墙上挂着多张鲁图的老照片,我对这些照片很感兴趣,拿着相机拍照。李馆长说,这些照片装在镜框里会反光,让我不必费这劲,她回头给我发一套清晰的电子档。回到北京没几天我就收到了这些老照片,真是很感谢她的用心。

随后,李馆长带我进入地下书库,历史文献部的杜云虹主任和唐桂艳主任已在此等候,他们问我拍哪些地方,我最感兴趣的当然是海源阁的故物,于是李馆长把这些文物调出来,我一一予以拍照。

海源阁旧藏存在鲁图的部分有专门的书库,这些书放在专门的书架里。跟我上次看到的情形不同,这次所见的海源阁旧藏之书全部换成了新函套,这当然是一种很好的保护措施。从文物层面来说,海源阁藏书的函套也属于文物的一部分,在这个函套外面再加一层新套,可以提高保护系数。只是外观看上去变得统一,没有了原来的千姿百态之美。我上次看海源阁旧藏的时候,最惊奇之处,在于无论什么时代的版本,海源阁的藏本品相都很好,几乎每一部都称得上是初刻初印。细想之下,海源阁是晚清四大藏书楼之一,以那时杨家的见识、财力以及书源的充裕度,都足以让他们挑选书中最好的一部来入藏。看来,一件事情要想做出成就,生在恰当的年代也是重要的先决条件。

要想提高自己的收藏品位,一定要多看大家的收藏,因为仅通过名字或者图片,很难拥有见到实物的直观感,这是我看过一些图书馆所藏大藏书家的旧藏后的一个强烈感觉。周叔弢藏书讲求"五好","五好"就是一部书要从外到里都要好。我以前总觉得他这个要求太苛刻,就如同"何不食肉糜",近来渐渐明白了,他也像海源阁的杨家一样,恰逢其时,再加上有足够的财力以及对于传统文化的热爱,这些总合在一起,才能够实现他的"五好"要求。虽然明白,但我也知道,而今如果按照他的标准来做藏书,我花三十年的时间,可能都藏不到十部书。所以客观地面对现实,把前人的美好时光看成值得向往的上古三代，是比较务实的一种收藏心态。

海源阁专藏书库用的是一种特制的金属书架，这种书架我试着打开了两个，感觉颇为实用，可能是为了取放书的方便，这个书架是双层对开。李馆长说，这是他们馆专门找厂家定制的，既实用又安全。海源阁的旧物也藏在此书库内，我在这里再一次看到了海源阁的匾额，以及海源阁的藏书章和旧照片，虽然是第三次目睹原物，依然觉得心中激动。当年，四大藏书楼唯有海源阁处在中国的北方，如此想来，在中国南方，以人文渊薮自居的江南地区，都认为那里才是文化中心、藏书中心，在这种局面下，山东有了海源阁，总算给中国的北方人挣回了点面子。

参观完海源阁旧藏，三位馆主又带着我去看了古籍书库，书库里的情形基本跟海源阁库房相同，同样的金属书架，同样的摆放方式。在第二个线装书库内，主人给我拿出来了一件诰封和一部血经，另外还看到一册用羊脑笺书写的泥金写经。在视觉上，尤其让我感到震撼的是这里藏有一部《永乐南藏》，这部大藏特殊的地方是前后夹板上面的织锦，虽然《永乐南藏》大多会用织锦来做封面，但鲁图所藏的这部尤为特殊。

《永乐南藏》所用的织锦几乎是千姿百态，很少有重样者。这对研究藏经的内容也许没什么用，但如果要写中国织锦史，这部大藏倒是一个极其丰富的宝库，无论从质地上还是图案上，都很难看到这么一大批织锦原物。鲁图为这部《永乐南藏》也做了全新的函套，全部保护了起来，这些函套都做成了黄绫封面，看上去整齐划一。

李馆长又特意从库中选出一部天禄琳琅让我看，此书的书名是《万卷菁华集》。该书原装原函，从封面用锦以及黄绫签和外面的锦套都完全是天禄琳琅藏书的标准制式，尤其前后扉页所钤乾隆五玺。按照刘蔷老师的研究，这应当是五玺中规格最小的一组，因为这部书是巾箱本。李馆长说，刘蔷曾经来看过这部书，她说这部书确实是天禄琳琅旧藏。对于该书的版本，李馆长说话也很客观，她说到了不同专家的不同看法。一般说来，藏书之人，无论是公藏还是私藏，对待自己的藏品就像自己的孩子一样，怎么看都好，最烦别人指出这样那样的毛病，像李馆长这样，如此客观地让人评价同时也自己评价某部书的真伪与好坏，其坦荡的胸襟令人佩服。听到了我的感叹，李馆长笑着说，其实自己的心里也并非如此，当然希望本馆所藏之书都很好，有的专家鉴定某部书版本不对时，她心里同样感到很失

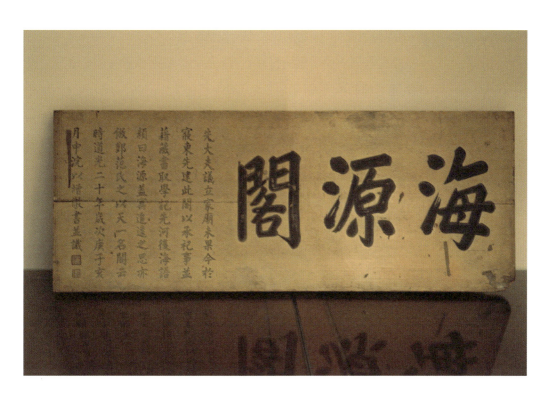

望，但即使如此，也会调整心态，努力保持客观。

李馆长属于学者型的行政官员。前几年我来鲁图的时候，她正在读杜泽逊老师的博士，所学内容全部跟自己的工作有关。2016 年 11 月，中山大学举办国际目录学研讨会，我们在会上碰面，她送给我一部新作，乃是《一代传人王献唐》，这部书是厚厚的大十六开精装本，我估计有近六十万字。这次见面，我们自然又聊到了王献唐，她详细地给我讲解搜集资料时遇到的各种奇闻。看来，一个人想干成一件事，少有一帆风顺的，而她能如此坚持把一件事情做到底，这点才最是难得。中午吃饭的时候，李馆长给我看手机里所拍的各种资料照片，她说不论到什么地方，只要看到了跟自己研究有关的实物，她都会马上拍下来，以便今后做研究之用。

吃饭之后，我跟着杜云虹主任去参观他们的古籍展室。这个展室处在鲁图的大楼之内，装修得很是典雅，有着中西合璧式的风格。杜主任说，这是他们特意请了一位著名设计师做出来的。展室的三面墙都放着精装的大书，看上去整洁而有气势。进门的影壁上，挂着于右任书法作品的复制品。杜主任说，这幅书法的原件是鲁图的馆藏，架上的书是影印本的《四库全书》，门上贴着"请勿翻阅"的告示牌，看来这的确是一种装饰品。在上下书架的中间位置专门留出来一格书柜作为展品柜，展柜全部做成 45 度倾斜角，里面展放的都是鲁图所藏的名人手札。在这间展室的中间位置，摆着一排平行的玻璃柜，里面展放着的是一些《中华再造善本》丛书。我估计这些书的底本应当都是海源阁的旧藏，只是已经被杨家早早卖出，现在这些原本大多藏在国家图书馆，而国家图书馆将这些珍本纳入了《中华再造善本》丛书，将其影印出版。这么多年，我跟李馆长以及唐、杜二位主任接触很多，当然知道他们对馆藏的热爱，能够把复制本展出，也算是另一种形式的回归吧。

我将这个展室参观了一圈，回到入口位置时，才发现自己方向走错了，我是从尾到头看了过来，因为在入口处的另一面墙上，我看到了这个展览的名称和说明："传承文化遗产，守望精神家园"，副题则是："册府千华——山东省藏国家珍贵古籍特展。"参观完之后，杜主任带我到古籍阅览室，这个展室同样布置得颇为典雅，正前方的影壁墙上有一个尺幅较大的匾额，上书"石渠留宝笈，鲁壁出弦歌"，落款儿是任继愈。我直言这个字体不像任先生平时的书风，杜主任说，这的确是任先生当年专门写给鲁图的,但当时所写的那个字条很小,现在是放大了很多倍,可能是放大的原因让字体变形了。在这个阅览室内,我又看到了一组用红木做的卡片柜。我一直怀疑在电脑时代,这种纸质卡片还有多少实用性?杜主任说很多研究古籍的老先生仍然喜欢用这种传统的卡片柜来查书。

在楼上也有一间很大的古籍书库,杜主任带我进库参观了这里的藏品。这里的所藏有不少是山东方志,让我感兴趣的是易庐专藏也存在此书库内。易庐是卢松安先生的专藏,卢先生专门收藏跟易经有关的古籍,用几十年时间,陆续收到了1300多种,这种独特的专藏可以称得上是独步天下。在20世纪70年代,卢先生将自己的专藏全部捐献给了鲁图。1999年,鲁图整理出版了卢松安藏书的书目,书名就是《易庐易学书目》。我也是看到了这本出版物才了解到,还有人以这种方式来藏书,而我从读到书目到今天看到这些藏书,时光已过了近20年。

得知周晶先生捐了一批山东文献给鲁图,我顺口问杜主任,周先生所捐之书在哪里。杜主任一指旁边的大纸箱说:"这就是。"虽然我已经看过周先生的捐赠目录,但对这些书还是有强烈的好奇心,希望杜主任能打开封闭的纸箱让我看看。她答应了我的要求,请工作人员启封,让我观看这些捐赠之品。我当然不好意思全部拿出来,只是从上面拿出几本来翻看,看到的第一本是碑帖,这本碑帖难得之处是后面有王献唐的跋语。王献唐的字体有着自己独特的运笔方式,一眼就能认出。李馆长告诉我,王献唐曾经说:"我的字不好看,但这就我的字。"我理解这句话的意思是,不管写得好与坏,一定要有自己独特的风格。我在这批捐赠的书中还看到了一些难得之本,周晶先生很认真,在每本书内都夹有一张纸条,写明该书的版本以及版本依据。

跟杜主任聊天时,自然又提到了海源阁的杨家,我记得有一幅《丙舍读书图》藏在鲁图,杜主任说确实如此,上午让我看海源阁旧藏时,忘了拿出那幅图来,于是立即安排工作人员把这幅图调给我看。从外观看,这个旧手卷比我想象的大许多,放在会议桌上打开观看,前面是我看到多次的《丙舍读书图》,后面的长跋因为以前从未见过照片,这次终于一饱眼福。图后十几个人的跋语一一看过去,让我感觉奇怪的是,这些题跋者均非耳熟能详的藏书家,这跟我寻常所见的《读书图》情形很不相同。以海源阁的名气,杨家画出这幅《读书图》,几乎可以请到天下所有的大藏书家每人

写一段跋语,但为什么没这样做呢? 这也是值得研究的一个问题。

中午吃饭时,跟李馆长与两位主任聊到了《海源阁书目》之事。李馆长说,原目稿本藏在本馆。我跟她讲,这份目录不全,因为善本部分以及器物部分的原稿在我手中,李馆长大为吃惊,说不知道竟然如此,于是下午让杜主任把此书目调出来给我看。我看到书目的第一眼就告诉她,这个书目跟我所藏肯定是一部,因为无论是装帧、用纸、书写、签条还是钤章,方式几乎一模一样。我提议说,如果可行的话,可以将分藏两处的书目合并影印出版,以此让海源阁的研究者得到一份完整的目录。李馆长说这个建议很好,如能出版价值很大。

陕西省图书馆

《碛砂藏》巍然在此

2015 年 6 月 17 日，李欣宇带我来到陕西省图书馆（以下简称"陕图"）正门口时，我站在台阶下想找个角度拍下这组宏大的建筑。然而陕图的外立面格局有些特殊，主楼加两旁的裙楼，似乎成 90 度直角，或者比我想象的角度要大，也许是 120 度，而这两侧裙楼的前面，还有一个弧形的装饰物。这个弧形跟后面的两翼加在一起，看上去有点儿像直射青天的宝弓，而馆名就在这个弓弦的上沿。整个建筑处在一个高地之上，正前方是闹市区的十字路口，陕图在把角的位置，使得图书馆前形成了一块三角地。

这个三角地的右侧是一家人才市场，可能赶上了假期，里面的人已经多到站满了室外的便道。我穿过这个区域，需要在人群中挤来挤去，冲出这些人流，站在台阶下往上望，看到台阶顶和弓弦的下方有一座巨大的青铜塑像，那一定是罗丹雕像《思想者》的复制品。这个复制品的体积要比罗丹的原作放大了数倍。我仔细端详着这尊雕像，看看他放大之后是否仍符合原雕塑真实的比例，却无意间看到雕像的下面有两个人在向前方招手，这样的公众雕像应该没有肖像权，他们为什么要制止我拍照呢？放下相机，定神细看，两人仍然向我使劲儿地挥手，才看清楚他们竟然是黄寿成和陈根远两位老师。

我立刻登上台阶来到他们身旁，到这时我才想起，前天根远老师与我等约好，在雕像下面见，原来指的就是这位思想者。我一看时间，离约定的 9 点还差十几分钟，两人分别说担心堵车晚到，看来也都是守时的人。我们边说笑边走进了陕图的大堂。大堂入口的位置摆着一些展板，上面贴着上百张照片，每块展板的上端均写着"陕西省古籍保护工作图片展"，原来这是跟古籍有关的一个展览，让我瞬间有了亲切感。

陕图的大厅设计得很有特色，虽然是封闭的室内，却有走入室外花园的感觉，花草并不多，却能设计出感觉来，这正是建筑师的绝妙之处。我跟着两位老师来到了二楼，先到历史文献部去找熟人，可能是因为来得太早，古籍阅览室中虽然敞开大门但黑着灯，看来熟人还没到。与古籍阅览室相邻的区域上面挂着牌子写着"陕西省古籍保护中心"，这间屋子的灯已经亮了，我等四人走入了这个区域。这里说是保护中心，但办公室里摆着的几个巨大条案，更像是修复室。一位老师迎上来，问我们找谁。根远老师说出了姓名，那位工作人员却说这个人出外办事，让我们在此稍等。

■ 陕西省图书馆外观　■ 中厅设计

于是，我等几人便在这里看起了修复。

陕西省是碑帖大省，修复室的几张桌子上摆着的待修之物，竟然全部是拓片。细看几张拓片，均有不同的破损。一位工作人员拿起一种较厚的白纸，用手随意撕出破洞的形状，当然比破洞的原面积要略大，然后从破洞的背面将纸片粘贴上去。再转到正面来看，这块补上的洞跟碑帖原有的颜色形成较为鲜明的黑白对比。为什么要补成这个样子呢，根远老师向修复者提出了疑问。这位工作人员说，他们以前无论修书还是修碑帖，都尽量去配原色的纸，如果找不到接近色者，也会专门去染纸，以此来保证与待修补物的原色基本相同。但是对于拓片的修补，现在国家古籍保护中心有专门的要求，就是不要将修补之物跟原物做得看不出分别，这样不利于今后的研究考证，故自此之后，他们就统一以这种白纸来修补，使得修复后的碑帖能够鲜明地看出修补之处在哪里。

还有一位工作人员正在给几张拓片贴边纸，他的操作方法是将一幅拓片沿着四周贴上 5 到 10 厘米宽的白纸，而这张白纸仅有很小的边缘跟原拓片粘在一起，然后将这粘好之物放在一张尺寸相当的白纸之上，接着跟这张纸一起卷起，这就算装裱完成。工作人员介绍说，这是国家图书馆存放碑帖的方式。我在以前总以为将碑帖裱起来是最好的保护，看来国家古籍保护中心对此另有要求，很有可能这种要求对碑帖的保护是更佳的方案，只是我还没有弄清其中的奥秘所在。

在另一张修复台上，我看到了一摞毛装的线装书，翻开一看，竟然是一部写样，我很想知道这种毛装之物如何修复后能够保持原样。我还注意到，这种红格写样纸是业界所称的"洋红"，这种纸在修复时，只要一沾水，立即会把整张纸染红，按业界的说法这叫走色，至今我还不知道是否已发明出解决方案，至少我有不少这样的书一直无法进行修复，今天真想在这里学到特殊的修复技艺。可惜我们等了近 20 分钟，也没见修复的工作人员前来操作。

这个阶段，根远老师约好的历史文献部朋友打来了电话，他很抱歉地说，因为馆里有要事，需要他在外面解决，所以一直不能返回，但已经安排了相关的工作人员请我们到善本库去参观。正在说话间，安排好的这位工作人员走了进来，她看到了黄寿成老师，马上上去打招呼。寿成老师介绍说，这位工作人员姓姜，是自己父亲黄永年的学生，同时也是自己的师妹。

拓片的修复方式 加边纸

大家一聊，看来都是熟人，于是说笑着就前往善本库。善本库里当然有操作规定，必须是有两位工作人员同去。陪我们同去的老师姓綦，这个姓氏很少见到，我的印象中，这是一个古姓。綦老师看上去严肃认真，再加上是第一次见面，所以我觉得拿他的姓氏来讨论有些不礼貌，于是就闭上了嘴。

跟大多数古籍库一样，陕图的善本库也处在地下的某层。穿过几道厚重的防火防盗大门，才进入了善本库的区域。陕图的这个区域设计有些特别，进入之后不是直接的库区，而是库区之前的一个百余平米的小厅，这个厅被布置成了善本特展区。我想看的陕图所藏的特色文献，基本展在了这里。入口的正前方设计成了一个独特的影壁：底下是如意状的馆名，上面有一圈扇形的竹简，侧旁则是两排玻璃展柜。因为这个区域是处在全封闭的地下，也就没有自然照明，顶上的灯光虽然足够亮，但这种光照在玻璃橱上，却产生了多个光斑，这给我的拍照带来了一些困难。当然这种困难也是一种借口，如果是摄影高手，这根本不是问题。

展橱内的珍籍中，我最先要看的是《碛砂藏》，这部大藏是陕图的三大镇馆之宝之一。当然这三大镇馆之宝之说，只是我的个人认定，并没有在文献上看到这个说法。《碛砂藏》的零本近几十年虽然也在市面上出现过不少，但加起来也不超过 30 本，国内其他公共馆也有少量的收藏，可是收藏最多的地方就是陕图。《碛砂藏》的全经应当是六千三百六十二卷，陕图藏有五千六百四十六卷，基本上就是一部全藏。可以说国内无论公藏与私藏，最接近完整的一部《碛砂藏》就藏在这里。

这部大藏有着许多的传奇故事，其中就涉及康有为，他因为这部大藏还引起了一场不小的风波。这部《碛砂藏》原藏在西安的卧龙寺，李欣宇兄昨天刚领我到卧龙寺参观了当年藏这部大藏的房间，今日于此又目睹原藏，有种说不出的奇妙。

关于康有为与这部《碛砂藏》之间的故事，《陕西省图书馆馆史（1909 年—1988 年）》中所录刘依仁《〈宋碛砂延圣寺刻本藏经〉移藏陕西省图书馆之经过纪实》一文把事件的来龙去脉进行了概括性的叙述。卧龙寺何以藏有这部《碛砂藏》，此文中写道："陕西存的这部经，原分藏在西安市柏树林街卧龙寺及东大街开元寺内。民国四年（1915 年）因开元寺地段开设妓院，有污法门，遂将存放于该寺内之经卷及明'钦赐龙藏'三个经柜连同内藏明永乐间刻本藏经 4860 册，均集中在卧龙寺中。"

1923 年秋,康有为应陕西督军兼省长刘镇华之邀请,来西安讲学。刘镇华对康有为特别推崇,他亲自陪同康有为游览名胜古迹,当游到卧龙寺时,康有为偶然发现了这部《碛砂藏》。按照大多数文章所言,康有为明白《碛砂藏》的重要价值,当他发现寺僧不了解该经价值时,提出了用普通版本换取《碛砂藏》的提议。康有为的所为被懂行人发现,于是社会上风传康圣人盗经的故事,这些记述大多是在贬斥康有为的人品。但是刘依仁文章中的所讲,似乎更能表现出康有为爱经护经的心态:"当康有为在参观卧龙寺时,发现《碛砂藏》存放不善,一些挂单游僧裁剪经卷之天斗(头)垫辅鞋底,便斥主持僧为死罪大不敬。提出归他本人代为整理保存之要求,并愿以《哈同花园藏经》一部作为交换条件,随即亲笔书写'凭条取书一部'留寺僧存证,主持僧敬谨应命。次日,康有为便亲自领人、车搬运,适又发现有'钦赐龙藏'柜,又提出'一并带去'而又以商务版佛经一部作酬,主持僧虽未应允,亦无可奈何,任其搬运而去。"

某些僧人不了解宋版《碛砂藏》的重要价值,竟然剪掉天头做鞋垫用,这岂止是亵渎神灵,用今天的话来说,这显然是破坏文物。康有为斥责这些不法僧人的所为,而后才提出了用新经交换之事。于此揣度康有为的心理,他认为寺僧不懂得版本价值,只将佛经视为寻常物,既然如此,不如换给他们一部新印的大藏经。刘依仁所说的《哈同花园藏经》,应当是指《频伽藏》。

《频伽藏》全称为《频伽精舍校刊大藏经》,是 1913 年完成的铅排本大藏经,在阅读上《频伽藏》比《碛砂藏》要方便得多,更何况《频伽藏》在每部经名的上方分别标明其在《龙藏》《永乐北藏》《普宁藏》《资福藏》和《再刻高丽藏》五种藏经版本中的函号,便于查找原经。

如果卧龙寺不想珍藏《碛砂藏》的话,以此换来《频伽藏》似乎更能引导游僧读经。然而该寺主持将此事告知了高戒忍,高又将此事转告佛教会会长李桐轩,李桐轩回家后又把这件事告知其子李宜之,李宜之闻知十分生气,随即组织了文物保护会,在省水利局召开会议,出席会议的 12 人发出公启,于是康圣人盗经的说法流传开去。之后法院给康有为发出传票,几经折腾,换经之事只好作罢。这件事经过报纸的报道之后,世人方得知卧龙寺藏有一部珍贵的《碛砂藏》,各界人士经过商议,最终这部《碛砂藏》归了陕图。

刘依仁文中称，当年卧龙寺移交陕图的《碛砂藏》共有 4545 卷，其实该馆原本就有残本 3000 余卷，经过拼合后形成了现在的规模。这部大经没有在展览室内全部陈列出来，展柜里放的这几册都是带有经前扉画的。姜老师说，他们藏的这部大藏中，有许多并不带扉画，她也看到过相关著录，这种扉画有八个式样，而这八种她已经都找全了。我告诉姜老师，《大藏经》的扉画大多是十册一函，每函仅第一卷有扉画，如果不符这个数量，大多是后来丢失了。其实我看过相应的文章说，《碛砂藏》在宋代刊印的时候并没有扉画，扉画是在元代才刷印出来贴上去的，如果确实如此，那不带扉画的恰恰证明要比带扉画的刊刻刷印时间要早。当然这句话也不尽然，还有一种可能是扉画后来丢失了或被人揭走了。

在展柜里，我看到了一本明天顺四年（1460）的《大统历》。明代《大统历》本来就稀见，而年份这么早的，我在市面上从来没有见过。几十年前，周绍良先生的藏书专题之一就是明代《大统历》，后来他所藏的那一批书全部捐给了国家图书馆。据我所知，古今中外藏明代《大统历》最多的人，就是周绍良先生了，即使如此，他的所藏中竟然也没有天顺四年（1460）的这册。查《中国古籍善本书目》，上面所著录的《大统历》天顺四年（1460），仅陕图藏一部，也就是我看到的这一册。至少到今天，还可以说这是一部孤本。

展柜里还放着几册清雍正铜活字本的《古今图书集成》，这也是陕图的三大镇馆之宝之一。雍正年间，这套铜活字本的大书仅印出了 64 套，流传至今者大多是零本，全套的确实没几部，而陕图的这一部几乎是全本。这部书原本是乾隆皇帝赏赐给军机大臣王杰的，而王杰是清代第一位陕西状元。古代的状元虽然荣耀，但似乎大多在业绩方面少有贡献，这位王杰却有些特殊，他竟然当到了军机大臣，这在状元中确实是很少见。可能因为这个原因，皇帝把仅印了 64 部的书，赏给了他一部。这部书为什么来到了陕图，不同的资料上有着不同的说法。说法之一是王杰告老还乡之后，认为皇帝赏赐的这部大书藏在自己家里有所不敬，于是就把这部书转给了同州府的丰登书院，而这个同州府就是现在陕西省的大荔县。

我对这个说法深表怀疑，皇帝的赏赐之物放在家里，怎么就成了大不敬。如果把皇帝赏赐之物转给他人，那才是真正的大不敬吧。不管怎么说，这部书后来就存在了同州府的府中学堂。到 1910 年，陕西巡抚恩寿办理存古学堂时,就想把这部大书调到西安,但后来没有做成。西安革命后,陕西独立,秦陇复汉军协统陈树藩驻军于同州,就以府中学堂作为兵营,士兵们对于古书当然不会有丝毫的爱惜,有些士兵把一函一函的《古今图书集成》拿来当枕头用,为此这部珍贵的书损失了不少。今日陕图藏的这一部大书有所缺失,很可能就是这个阶段损毁的。这些军队撤走之后,大荔县的一些乡绅出资,从民间收回部分散失的《古今图书集成》,但终究还是没能配成完本。这个故事有点儿像八千卷楼丁丙、丁申兄弟收购和补配文澜阁《四库全书》的故事,历史确实有着惊人的相似之处。

可能是因为这个原因,当地有识之士感觉到这部珍贵的大书再保留在大荔县有风险,就在1937年5月将该书运到了西安,正式转交给了陕西省立西京图书馆,而其正是陕图的前身。

现场展览的这几册《古今图书集成》,其中有一册还是补抄本,从字迹和纸张上看,确实补抄得很认真。陕图在建馆之初的十年中,清光绪皇帝赏赐给该馆一部上海同文书局大石印本的《古今图书集成》,后来清政府总理各国事务衙门又调拨给该馆一部。就内容而言,其实该馆已经有了两部同样的大类书,在他们得到这部书之前,馆长高树基曾在1916年去北京,花费白银50两抄录《古今图书集成》中的一部分,自从该馆得到了这两部大石印本后,高树基就没有再抄下去。想来我所见到的这册抄本应该就是高树基当年所抄之物。

陕图创建于1909年8月,早在此前的两年,陕西巡抚恩寿和提学史余堃给朝廷上奏折,提出要创建陕图,奏折中讲出的理由是:

> 近今轮轨交通,驿骑四达,欧美各邦,罔不于各都巨埠,广建书楼,征求册典,所以开浚神智,增进文明,法至善也。陕西山河重阻,兵燹屡经,文献凋零,士风固塞,将欲交换知识,自宜广事搜罗。奴才忝膺疆寄,兢兢以兴学育才为念,当饬提学史余堃,仿照东南各省,建置图书馆,收藏板籍,并采购教育品及各国图书,籍资考证。

奏折中把欧美各国的公共图书馆称为书楼,这是中国传统叫法,恩寿说公共图书馆能够启迪民智,增进文明,而那时的陕西因为交通不便,再加上时有战火,致使文化不兴,因此恩寿命余堃效仿江南等地,也要在西安创建图书馆。后来经过一番周折,这座图书馆终于在西安梁府街原梁化凤府址上创建而成。

1915 年,王文芹任馆长期间,觉得馆舍狭窄,所处位置多方不便,经多方奔走,该馆迁到了西安中心地带南院门街的"劝工陈列所"内。于是陈列所也成了图书馆的一部分,同时西安碑林也划归图书馆,馆名定为"陕西图书馆"。

按照当时的规定,西安碑林内所藏的碑石均可由民众自行来捶拓,只要交钱即可。当时制定出的碑林管理规则有十条,前三条为:

一、一年内碑林之启闭,由本馆酌察气候规定之。凡冬季严寒闭林时期内,只准游览,不得拓碑。

二、每日之启闭,以上午八时至下午五时为开林时间,拓碑人得入林拓印。

三、字帖行拓碑,须在本馆领券登记,声明拓工熟习,不致伤碑字样。每一字号收费八元,储为零星修理碑林之用。

一年四季除了冬季严寒时节外均可拓碑,但规定必须由熟手才能拓碑,以此防止损坏碑石,规则中点明如果出现伤碑情况,就必须另外换拓碑之人。想来那个时段从碑林里产生过大量的拓片,而陈根远先生在碑林工作多年,我问他现在是否还能拓碑,他说可能性已经很小了,因为捶拓会对碑面有磨损。但上次我参观碑林时,还看到有工作人员在那里拓碑,陈根远点出了其中的奥妙,他说那些所谓的碑大多是复制品。

1916 年,王文芹离职后,省督兼省长陈树藩命高树基任馆长。高到任后,清退被陆军军队和陆军医院等单位占据的图书馆后院,终于使得该馆有了一定的规模。但当时来看书的人很少,按照规定,读者每人收券费铜元两枚,学生、军人减半,但因军人多不付钱,学生只有到周日才会有时间来看书,于是图书馆又改为军人、学生一律免费。即便如此,每天到馆者也就十人左右,而且当时的陕图附设有亮宝楼和动物房,这十人中一大半是来看动物的。

此种情况跟当时的规定有部分关系,比如 1924 年陕图制定的章程第九条规定:"入览如携有仆役随从,应在门房静候,不得随入阅书、陈列各室。"

主人读书,随从不得入内,想来主人无法得到服务,这使得主人也不愿意入内读书了。那么借书回去读,是否会方便些呢? 当时的借书规则表明出借手续更为繁复:"各机关或私人遇有必须参考而又不能来馆者,得依:一、各机关借书时须来公函,开具理由,方可扯借书证。扯得借书证须自填写所借书名、卷数、本数、日期并加盖某机关庶务处图记,凭证取书。二、私人借书须由熟人介绍,缴保证银五元,方可领借书证,领得证后须自填姓名……书名、卷数、并盖私章,方能凭证取书。"

借一部书有这么多的规定,对于有钱人来说,还不如买一部来读,想来这也是读者寥寥的另一个原因。当年高树基为了吸引读者前来,想了不少办法,比如他在图书馆内创办了女阅览室和女休息室,以此鼓励妇女来馆读书,这在当时可谓开风气之先。他还在馆内设置了特别阅览室,这是给专家和要人特设之所,想来他的努力应该有一定的成果。

此后该馆馆名几经变迁,比如 1927 年 4 月,图书馆划归省教育厅后,史维法任馆长,他将陕西图书馆改名为陕西省中山图书馆。1931 年该馆更名为陕西省立第一图书馆,1937 年更名为陕西省立西京图书馆。1950年,陕西省人民政府成立,将该馆命名为陕西省西安人民图书馆,此后又改名陕西省图书馆,此名沿用至今。

陕图把一些重要精品陈列在善本展室内,以此让观者了解到该馆的藏书质量。其实这间善本展室最吸引眼球的不是这些善本书,而是沿箱排列的一扇巨大屏风。这个屏风制作得极其精美,尤其上面的刺绣可谓精细至极,至少是我见过的最漂亮的一幅。我向姜老师请教此屏风的来由。她告诉我,这个巨大的屏风很有来头,是陕西著名的安吴寡妇进贡给慈禧太后的,为此太后还赏了她个一品夫人,更重要的是,慈禧还把安吴寡妇收为了干女儿。竟然还有这么传奇的故事,我大感兴趣,回来后细查资料,看来自己真的是孤陋寡闻。

安吴寡妇在陕西极具名气,她的故事不仅被写成了书,还拍成了电视剧,只是我一样都没有看过。这个安吴寡妇名叫周莹,是陕西三原县人,17岁时嫁给了陕西泾阳安吴堡村的吴家,但她婚后十余天,丈夫就去世了,而吴家没有男孩来继承家业,这位周莹成了吴家的唯一继承人,因此被人称为安吴寡妇。据说她很会经商,家中的生意连跨几省,除陕西之外,在上海、四川、甘肃等都开有分号,经营的生意五花八门,可惜她 42 岁就去世了,否则将会是一个古代的女李嘉诚。

1900 年,八国联军攻打北京时,慈禧太后带着光绪皇帝跑到了西安,这个安吴寡妇确实是位有远见的人,她马上向慈禧太后捐献了 10 万两白银,还把家中所藏的价值连城的屏风也进献给了太后。太后当然很是高兴,如果是往常在京时,可能这些东西都难入她的凤眼,而今落难了,还有这样的忠实追随者,当然令她大为开心。

眼前的这 12 扇屏风竟然高达 3.5 米,这间展室的层高勉强能将屏风立起来。我从资料上看到,屏风的材质是楠木,可我觉得应该是紫檀。为了能够确认究竟是什么材质,我搜集了一些资料,竟然有的资料上说,紫檀是楠木中的一种,这种概念上的混乱让人无所适从,那我也只能相信自己的眼睛了,我觉得它就是紫檀所制。屏风上的刺绣方式我感觉有好几种,可惜我对女红极其外行,无法说出来这个巨大的绣品究竟用上了哪些工艺。

可是这个巨大屏风为何藏在了省图书馆而不是省博物馆,这令我十分好奇。我在查资料时,倒是顺便找到了答案。原来慈禧太后在西安待了一年,第二年北京事件平息之后,她当然要返回紫禁城。她在陕西的时候,各地大员进贡来许多珍宝,返回北京时也许是东西太多运不走,于是只带走了一些便于携带的珍宝,大部分的贡品就留在了西安。当地官员认为这些都是御用之物,当然要保护好,于是就在当地找了一间楼房,把这些珍宝藏在了里面,这个楼就被称为“亮宝楼”,楼额上有慈禧太后所题的“静观自得”四个大字,而这其实是陆润庠的代笔。后来康有为来西安时,还给这里题写了“兰台石渠”的匾额。再后来,亮宝楼里所珍藏之物就分别归了不同的图书馆和博物馆。而亮宝楼的房产后来归了陕图,一些物品也就自然存在了该馆。据说这个屏风放在仓库里许多年,第一次拿出来展览已经是 1972 年的事情,那时因为美国的外宾来参观,拿出来展了十多天,之后又放回了仓库。再次拿出来已经到了 1989 年,这一次是为了迎接馆庆,展览一个月后,这个巨大的屏风再次回到了仓库。而今,我意外地看到了这难得一见的珍宝,当然是很兴奋的事情。

关于屏风的具体规格及价值,我在网上查到的资料如下:“这座屏风高 3.5 米,共由 12 扇组成,每扇宽 60 厘米。专家说,陕西近 100 年来还没有见过如此珍贵的楠木屏风。屏风正面的上顶部分,镶嵌着花鸟湘绣,图案有牡丹、孔雀、喜鹊。屏风的背面有大红丝绸底子,用金水写就的无数个不同样式的篆体寿字。在屏风的腰部,有花鸟浮雕图案,内容反映的都是民间传说中的人物和故事。每扇屏风的顶部是透雕。安放屏风的是两个有狮头雕刻的屏风立柱,柱身采用镂刻手法,所刻图案与屏风主题相配,有松树、鹤、鹿,取'松鹤延年'之意。"

展室的对面另有一个夹道,沿此夹道前行 10 米,进入了下一个区域。姜老师打开另一道安全门,这才进入了陕图的善本库,库内所见是一排排整齐的金属柜。以往有些大馆将旧有的木柜改为了现代化的金属柜,后来发现金属柜又有另外的弊端,于是又换回了木柜。于是我问姜老师,这里今后是不是也要换回来。她笑着说,他们馆的柜不用换。说话间,她打开其中一个柜门。向内一望,我才明白了她说不用换的原因:柜体之内,无论门板和侧板,全部都衬着樟木板。原来他们是这种做法,这真是一种巧妙的构思:既能让柜体外坚固耐用,也能让柜体里面防虫防潮。

每排柜体的侧面,都悬挂着顺序号以及具体的书名。我看到了《碛砂藏》的专柜竟然有几排之多。每一函《碛砂藏》都用牛皮纸仔细地包裹起来,在包裹的侧面,再用毛笔写上每函具体的经名。这样的仔细认真,当然有利于对书的保护。再打开其他几个柜子观看,里面同样摆放整齐。李欣宇看到这些善本之后很是兴奋,说真希望自己来此当义工,只要待上些日子,肯定能大开眼界。我们在善本库内打开了十几个书架,看到了不少意想不到的好书。

陕图所藏古籍也像其他公共图书馆一样,主要来源一是划拨,二是捐赠,三是购买。该馆第一任馆长是三原人贺伯箴,当时的馆长称之为督监,而该馆那时的藏书宗旨是:"一曰收藏旧籍……二曰广征群籍……三曰列邦新籍……四曰吉金乐石……"

由此四条可以看出,该馆既重视传统典籍的收藏,也不放弃新书,而陕西出土的碑刻极多,为此金石拓片成了主要收藏方向之一。

关于该馆接收的捐赠,较有影响者,除了上面提及者,还有 1934 年时,陕西省政府主席邵力子将商务印书馆出版的《四部丛刊》《四库全书珍本初集》两部大书捐给陕西省立西京图书馆。1935 年,国民政府考试院院长戴季陶来西北考察时,看到该馆藏书较少,他回京后捐赠了一大批图

■ 古籍阅览室全景

书。因为捐赠目录没有留下来,所以不知其所捐的具体书名。

关于该馆得到的大批古籍,以 1959 年 5 月赵启录旧藏数量最多,计有古籍两万三千余册。1958 年时,该馆接收了西安科技图书馆筹备处藏书一万五千册,因为该馆停办而并入了陕图。

关于该馆藏书的损失情况,主要发生在抗日战争期间,当时西安多次遭到日军轰炸,后来风陵渡告急,当地机关、学校纷纷疏散。1941 年刘振之任馆长时,把馆内文物"昭陵六骏"和"唐景云钟"就地埋入地下,善本图书运往眉县。1945 年 9 月,抗战胜利后,疏散于各地的图书陆续运回西安,但这个过程中,藏书损失了三万多册。

参观完善本库之后,姜老师又把我们带到了善本阅览室,她说当年康有为题的匾额就藏在善本室内。陕图善本阅览室的面积很大,看上去至少有 200 个平方。在阅览室的一侧,整齐地排放着跟善本库颜色同样的金属架,不同的是这些善本架是玻璃门,也没有樟木衬板,因为上面都是洋装书,当然不用那么高的待遇。姜老师指给我们看康有为题字的位置,原来就在入口处的索书卡片柜顶上。这几个字是典型的"康体",后面的落款儿及时间也有着康有为独特的执拗:"孔子二千四百七十四年癸亥冬南海康有为题陕西图书馆",康圣人不用民国纪年,也不用公历纪年,坚持要用孔子纪年,就凭这一点,他也是古今第一人。我们站在这个匾额下拍照,假装没有看见这个匾额旁边所立的"禁止拍照"警示牌。

参观完陕图,我跟两位老师表达谢意后走了出来。刚走出不远,綦老师就追了过来,陈根远老师说,可能我们落下了什么东西。然而跑到近前才看清楚,綦老师捧着几瓶矿泉水,说让我们路上解解渴,众人感谢他的热诚。再次回到大堂时,我注意到大堂里的景观竟然有一块平板石,石上刻着弯弯曲曲的一条线,看上去不像曲水流觞,想了想,我觉得这是黄河流经陕西的那一段,黄河是母亲河,养育着华夏儿女,陕西在此展现黄河母亲,也许是寓意着希望培养出更多读书人的美好祝愿吧。

图案寓意着黄河流经陕西

云南省图书馆

边陲龙麟，不让国图专美

云南省图书馆成立于清宣统元年（1909），是中国有名的老馆之一。2008 年，时任云南省图书馆（以下简称"云图"）馆长的李友仁先生来到北京，他带来了该馆的古籍善本目录，邀请李致忠先生找几位相关专家来系统地审核和校订。于是，李先生分别找到了上海图书馆的陈先行先生、复旦大学的吴格先生，另外也找到了我，而后李先生对此作了相应的分工，由他本人审核经部，吴格先生和陈先行先生分别审核子部和集部，我则负责史部。几个月后，由李先生将每人的审核稿汇在一起进行统筹，同时写了篇序言，最后交还给李友仁馆长。

虽然我只参与了其中的一部，却由此对云图的馆藏有了清晰的了解。就数量而言，该馆所藏善本并不特别多，但也足具特色，尤其是该馆所藏的大理国书写刊刻之书，为该馆所独有的品种，这样的重要文献他处难得一见。

善本目录编纂完毕之后，李友仁馆长邀请我等四人前往昆明参加首发式及相应的研讨会，我因杂事耽搁未能成行，故而未曾亲睹这些重要的典籍，此遗憾直到多年后才得以弥补。2017 年 3 月，为了完成一部寻访专题稿，我从青海来到了昆明。此前的半个月，正赶上国家古籍保护中心召开一个重要会议，在此会上，我得以结识当时的云图馆长王水乔先生，我向王馆长讲到了自己准备前往昆明寻访之事，他很认真地看了我的寻访名单，而后告诉我，名单所列之处都没问题。其如此爽快，令我大感高兴。

等我来到昆明时，再次见到了王馆长，他赠送给我他的作品《云南藏书文化研究》。其实此书我早已买来拜读过了，只是未曾留意作者的名字，而今得到了这部赠书，立即明白王馆长为什么对我寻访名单中所列之人如此的熟悉，原来他对这些前人都做过系统的专题研究。遇到这样的馆长，当然令我的寻访异常顺利。在王馆长的安排下，我又结识了该馆历史文献部主任计思诚老师，正是计主任带着我探访了多处昆明的历史遗迹。而我此次的昆明之行，则把参观云图作为了最后的压轴戏。

此次我所住酒店，距离云图的步行时间不到三分钟，基本上就是住在了其正门旁不远处，这三天的寻访几乎每天都从该馆门口经过，我对此馆印象最深者，则是其高大的楼体以及正前方那精致的花园。该馆处在昆明市中心最著名的游览之处——翠湖旁边，而翠湖恰是昆明市几百年来的文人荟萃之地。计主任告诉我，云图在成立之初，馆舍处在翠湖中的一个小岛上。而后她特意带我到那里去看了那座古老的楼房。

为了让我得到更多的数据,计主任送给了我一本李友仁主编的《百年变迁:云南省图书馆 1909—2009 纪实》。对于该馆的建立,书中有这样一段描述:

> 清光绪十七年(1891 年),云南府知府兼云南省盐法道道台陈灿、学台谭均培倡建经正书院并得到云贵总督王文韶的支持,1892 年经正书院在昆明翠湖西北隅玉龙堆成立,它是清代云南最后一个官办书院。1909 年 11 月 14 日,云南图书馆在这里成立。

中国其他一些历史悠久的省馆,少有像云南省图书馆这样是由书院直接改造而来的,而其最初的馆舍也是直接利用书院的藏书楼,如此清晰的文脉递传,也正是该馆的底蕴所在。

云图成立的时间,乃是以宣统元年(1909)云南提学使叶尔恺所上《详拟奏设云南图书馆请准奏咨立案文》为标志。此文首先强调了图书与富强之间的关系:"国家富强之原,系乎教育,而教育普及之要,端赖图书。"

叶尔恺接着以举例的方式,讲到了图书的存亡跟国家的消长有着必然的联系:"环球各国,咸以图书之存亡,为文化之消长。泰西近世文明发生始于讲明希腊古学,而埃及人民愚且弱者,则因回回教徒将其亚历山大港之藏书付诸焚如之故。然则图书之关乎民智,讵不大哉!"接下来他讲到了中国的藏书现状:"我国古昔为维持世道,造就人才计,无论官私,均以广储图籍为要务。官则有'秘书'、'天禄'、'金匮'、'石室',私则有'曹仓'、'邺架',浩如烟海。迄我朝乾隆年间,高宗纯皇帝颁《四库全书》于江、浙两省,镇江则建文宗阁,扬州则建文汇阁,杭州则建文澜阁,俾东南人士得有研求模学之资。故其时明经之士,良史之才,下及金石校勘之学,罔不蓬起麟萃,彬彬一时,斯亦可见图书之有裨于文化也。"

叶尔恺认为中国自古就重视藏书,他从汉代的几大官府藏书阁讲起,而后提到乾隆年间南三阁《四库全书》对于江南地区文化普及起到的重要作用。之后他提到了近几年各地按照朝廷的安排,纷纷建起了图书馆:"伏查学部颁定官制权限及教育会办法,均注意于图书馆,又奏定分年筹备事宜,清单内载,宣统二年(1910年)各省一律开办图书馆,是此馆之设,未可置为缓图。迩来直隶、山东、陕西、湖南、江苏等省,业经先后设立。"在谈到云南一地的情况时,奏折中称:"滇省为古梁州地,近数百年间,人文蔚起,著述亦多,各书院所藏图籍,几与腹省相埒。洎乎咸同兵燹以后,抱残守缺,学风衰歇,难复旧观。若不及早设立,则转瞬轨道交通,恐致言论庞杂,益启离经畔道之渐,将何以保国粹而进文明。"

叶尔恺认为自古以来云南文化繁盛,各书院藏书不输于内地省份,只是咸丰和同治年间的战乱使得云南一地的典籍受到大的损毁,如果不及时予以抢救,很多史料再不可得。为此,他提出了如下具体方案:

特饬学务公所图书科员绅,筹办图书馆一所,将本科所存图书暨两级师范学堂所存原"经正"、"五华"、"育材"三书院书籍,移置其中,以为基础,再添购各种书报,俾备观览,名曰"云南图书馆"。惟藏储必须择地,形势尤贵适宜。当兹公帑维艰,不敢另请专款,大兴建筑,只有酌量改并,迁就腾挪,以资部署。拟将方言学堂改办高等学堂,并设于两级师范学堂新建之堂舍内,又将省会中学堂移入方言学堂旧有之堂舍内,即以省会中学堂腾出之堂舍作为图书馆基地。

叶尔恺提出把昆明三家书院的藏书移入新馆中,给新馆起名为"云南图书馆",并且找好了开馆之所。同时他也知道征书之难,于是参照直隶省提出的办法,希望各地官书局能为云南图书馆供书:"惟是创办伊始,图籍缺乏,购置匪易,若不兼收博采,终难蔚成大观。兹拟仿照直隶省成案,凡各省官书局经官审定之图书,为坊间通行本所无者,均请咨明各省督抚,饬局每种寄送一份来滇,以为输入文明之一助。"

李希泌、张椒华所编《中国古代藏书与近代图书馆史料(春秋至五四前后)》一书中收有叶尔恺的这篇奏折,同时附有《云南图书馆章程》。该章程谈到了此馆藏书的范畴:"本馆以保存国粹,输入文明为主义。凡经、史、子、集及新出图书、报纸等,广为储藏。惟所存书报,务择持论平正,不干国宪,不背公理,如有稍涉谬妄,煽惑人心者,皆屏斥弗取。"

对于读者的身份,章程中的规定是:"本馆所藏图书、报纸,凡政界、学界、实业界、军事界之人,勿论本省客籍,皆得照规则入馆参阅。惟须年在十二岁以上者,方准领券入馆。"

可见该图书馆完全是开放性质,因为无论图书还是报纸,各界人士都可来看,甚至外地人也可以来馆读书看报,但条件是必须在 12 岁以上。更为难得的是,云图从建馆之初就规定读书不收费:"外国图书馆章程,凡来阅者,每月均须缴纳银元,补助馆中费用。本馆为开通风气,体恤寒士起见,暂不收费。惟须述守规则,每日到馆参阅,不得任意出入,违者议罚。"从免费阅读这个角度来说,云图是中国图书馆初创时期最为开明的一家。

如叶尔恺所言,云图创建之初,其图书来源本自昆明的三家书院。其中五华书院创建于明嘉靖三年(1524),由云南巡抚王启在昆明五华山所建;育材书院创建于清康熙二十四年(1685),由云贵总督蔡毓荣、云南巡抚王继文在昆明南门外慧光寺旁创建;经正书院创建于清光绪十七年(1891),由云南知府兼云南省盐法道道台陈灿所建,该书院处在昆明翠湖西北角的玉龙堆,是云南省最后一个官办书院。

相比于另两家书院,经正书院藏书最为丰富,李绅在《昆明经正书院藏书记》中写道:"购书于沪、于粤、于楚、于金陵,先后凡数十万卷,栉庋之楼,纵人往观。游其地者,如荒之得赈,饥之得食,又如婪人骤得珍馐,恣情啖嚼,不复计腹之彭亨也。"

光绪二十四年(1898),清廷诏令全国所有书院改办为学堂。转年,昆明的方言学堂改办为高等学堂,昆明三家书院的藏书辗转汇到了高等学堂内。不久高等学堂改办为两级师范学校,三书院的藏书也就归了该校。所以叶尔恺在奏折中提到要把两级师范学堂所藏的三家书院之书移到云图内。

创建之初的云南图书馆,其馆址乃是利用经正书院旧址,该书院的藏书楼成了图书馆的书库。当时的藏书量大约在 5 万卷,该馆于宣统元年十月初二日(1909 年 11 月 14 日)正式对外开放,当时的学务公所图书科科长叶翰兼图书馆馆长。

云南图书馆成立不久后,又在馆内筹办了博物陈列所。宣统三年(1911)七月,云南图书馆内成立了博物馆,于是该馆改名为云南图书馆兼博物馆,简称云南图书博物馆。当时从图书馆西侧的一个院门进去就是博物馆,此院中有池塘,里面养着乌龟、白鹅等。

云南巡抚唐继尧执掌云南后,倡导编辑郡邑丛书。1914 年,唐继尧在

云南图书博物馆内成立"辑刻《云南丛书》处"，任命赵藩为总纂、陈荣昌为名誉总纂。《百年变迁：云南省图书馆 1909—2009 纪实》一书中谈到了《云南丛书》版片的几大来源："用于印刷《云南丛书》的刻印书版来源大致有 5 类：第一是原经正书院保留下来的书版，如《诗法萃编》《滇诗重光集》；第二是原清官书局留下来的旧刻版，如《滇系》《滇南诗略》《滇南文略》；第三是私家刻书版，如陈荣昌的《滇诗拾遗》、刘大绅的《寄庵诗文抄》，以及李根源校刻的《明滇南五名臣遗集》《南园漫录》；第四是向浙江图书馆借来的书版，如《读书堂全集》；第五是图书馆新编纂图书后从四川请刻工来雕的书版，如《诗经原始》《云南备征志》等。"

为了编纂《云南丛书》，云南图书馆广泛征集底本，辑刻处成立不久，就对外发出了《辑刻云南丛书处征集乡先正遗集启事》，此文称："冀省内外收藏家及先正子孙藏有遗稿者出其所珍，或大雅君子不惜收求之劳，为之访求。"

经过几年的征集，云南当地乡贤著作有一千余部归了图书馆，另外赵藩和李根源把鸡足山放光寺所藏的一大批佛经送到了云南图书馆，这批经中有宋代的《碛砂藏》、元代的《普宁藏》、明代的《永乐南藏》《永乐北藏》等，如今这些佛经成了云图最重要的典籍之一。当时日本人曾送给唐继尧一部《大正新修大藏经》，他后来也将此经转送给了云南图书馆。

1929 年七月，昆明城北的火药库爆炸，云南图书博物馆馆舍被震塌多处。为此，馆长秦光玉把馆藏一分为二，将博物馆迁到了昆明文庙，改名为运动博物馆，馆舍修复后，图书馆仍在原址，改名为云南省立国学图书馆。

1931 年，云南省政府要求全省文化教育机构的名称尽量能体现出所在地的特征，于是云南省立国学图书馆改名为云南省立昆华图书馆，改名依据是以当地的昆海（即滇池）、华山（即五华山）两大名胜各取一字而成。

此后一个阶段，该馆藏书迅速增加，一是因为馆长秦光玉重视对云南文献的搜集，他委派方树梅到各地去收书。方树梅原本在《云南丛书》做编审，1933 年，为了搜集云南地方文献，50 多岁的方树梅决定北上访书。他卖掉了晋宁老家的 70 多亩田地，又得到了云南省政府、云南通志馆给予的经费资助，然后带着钱只身北上，在一年多的时间内行程万里，遍游广东、广西、江苏、浙江、北京等 12 省市，搜集到云南地方文献三万余卷。此外，秦光玉将昆明书商华世尧的琴砚斋旧书店内古籍全部买了下来，同时委派十多家旧书店注意收购云南文献。这些措施都大大丰富了馆藏。

1936年,云南省主席龙云认为省立昆华图书馆收藏的图书侧重于国学,所以决定另外建一座现代化图书馆,三年后,一座新的图书馆在昆明市大兴街建成,定名为云南省立昆明图书馆。1946年,卢汉任云南省主席时,一部分省参议员提议为了纪念龙云对云南的贡献,将新建成的会议堂取名为志公堂。但另一部分议员不赞同,卢汉为平衡两方的意见,决定将会议堂定名为抗战胜利堂,而把云南省立昆明图书馆改名为云南省立志舟图书馆,志舟乃龙云之字。至此,云南省有了两个省立图书馆。

1949年2月,因为经费拮据,云南省政府决定将两个省立图书馆合并,统称为云南省立志舟图书馆,任命姜亮夫为馆长,原云南省立昆华图书馆改名为"云南省省立志舟图书馆翠湖分馆"。

1949年12月9日,云南和平解放,成立了临时军政委员会,该会下设文教处。1950年2月20日,解放军进驻昆明市,云南教育总会图书馆并入省立图书馆,改称云南省昆明人民图书馆。1951年9月12日,根据云南省文教厅通知,此馆又更名为云南人民图书馆。1953年10月,遵照文化部指示,云南人民图书馆改名为云南省图书馆,此名沿用至今。

2017年3月5日我来到昆明,于省馆内见到了王水乔馆长,王馆看了我的寻访单后,安排善本部主任计思诚老师带我寻访。计主任对昆明人文历史遗迹十分熟悉,她带我探看了多个寻访点,同时也到翠湖看了那个亭子,此亭一度是云南图书馆分馆所在地。而今翠湖内飞翔着成千上万只海鸥,计主任告诉我这是翠湖近些年形成的一处新景观,每天白天这些海鸥会飞到翠湖来等人喂食,等太阳落山后纷纷离去,好像都飞到滇池去了。计主任说原本这些鸟只是把翠湖作为迁徙途中的歇脚地,后来不知什么原因,它们喜欢上了这里,竟然定居于此。我站在湖边望着那些自由飞翔的鸟,有一种说不出的欣羡。

此次来昆明,我住的酒店就在省馆旁边,故每日出行都会路过省馆门前,每次向院内张望,都会看到临街挂着的很大一面横幅,横幅称馆内正在举办东巴文献展,我对此颇为好奇,因为自己藏有一册东巴文献,上面那种像简笔画一样的文字让我觉得特别神秘,一直不能确定这种文字究竟是以怎样的顺序来进行阅读,而今有这样的专题展,我想在这里必然能够得到解惑。计主任让我不要着急,等到参观该馆时,可以一并看这个展览。

因此，在这天下午来到该馆后，我们首先前往大厅去看此展。

意想不到的是，这个展览已经撤换，计主任马上问旁边的保安，保安说昨天下午是本次展览的最后一天，而该展正是今天上午才撤换。这个结果让我大感遗憾。计主任也诧异于展期为何如此之短，她印象中，这个展览是三天前方才开展，于是她进一步打听，原来是因为东巴文献展中涉及一些文物，而馆方担心文物受损，故将展期压缩，由此让我错过了这次展览。

看不到东巴文献展，只好仔细参观云图的一些细节，此时方明白，我每日路过的乃是该馆的侧门，而该馆的正门前也像一些重要机关一样，摆放着一块巨大的随形石。计主任说该石"千锤万凿出深山"，当时为了运送这块巨石，还让估重不足的运输公司损坏了一台起重机。我觉得在馆前摆放这么一块造型奇特的巨石，的确给人以稳如泰山之感，这恰好跟后方高耸的楼体形成了均衡之势。计主任告诉我，因为该馆占地面积有限，故只能把楼往高里建，这座大楼扩建于1974年，大楼前部为四层阅览室，后面八层是主书库，两侧六层是辅助书库。

走入大堂，此堂极其敞阔，但没有给人大而空的感觉，这缘于大堂内装饰物布置得巧妙，反而让人有一种宏大空灵之感。此时的大堂中，还未撤换掉东巴文献展的告示牌，这个展览的正题是"圣灵之光"，这四个字恰好与该馆空灵的大堂形成了和谐的旋律，这让我想到了朱自清在《荷塘月色》中说的那句——"梵婀玲上奏着的名曲"。

之后，计主任带着我参观了几层该馆的阅览室。不知为什么，每当我看到有很多人静悄悄地坐在阅览室中，心中就会本能地有一种极为舒坦的温暖，虽然我也知道，有的人坐在那里只是翻杂志、玩手机，甚至是忙着刷朋友圈，但不管怎么样，能在这红尘之中走入图书馆，有如绿茶先生的那句谦辞——"在书中小站片刻"，我就会觉得，这是值得欣慰的一件事。我认为这里面有一种希望，虽然鲁迅说"希望本是无所谓有，无所谓无的"，但我觉得这只是他的一种气话，只有希望在，人才有活下去的勇气，如果把鲁迅从"神"还原成"人"来看，那他也像我等普罗大众一般，生活在希望的鼓舞之下。

为了突出本地的特色文化，该馆专设有地方文献阅览室，我对该室所藏之书也很感兴趣，当然我的兴趣更多的是出于功利，因为我要写相关的寻访文章,有些历史文化名人的资料并不好查询,可是对于本地的前贤,地方文献中最容易查找得到。于是我进入此室,迅速地在长长的书架上浏览一番,而后找出一些可能有用的资料,坐在那里翻看一过。

天遂人愿,我在这里找到了一些相关人物的传记,以及对这些人物的研究文章,这些书我当然不能带走,于是端起相机一一拍照,相机所发出的响动,还是引起了里面其他读者的侧目。

我觉得该馆最为独特的专藏乃是"普洱茶文化图书馆",在如此巨大的图书馆内建起了馆中之馆,这倒是一种巧妙的架构方式。云南的普洱茶在近二十年来风靡大江南北,每当朋友聚会时,如果不喝点这种茶,似乎就显得不够品位。可惜的是,我在这方面也的的确确没有品位,因为我始终喝不出这种茶有何等的奇妙,无论茶艺师对我如何启发诱导,却始终不能让我入彀,但这并不影响我对普洱茶文化图书馆的兴趣。有人评价日本汉学家内藤湖南,说他"凡汉皆好",我想在此套用这句话来做个自评——凡书皆好。于是我走进了这间馆中之馆,一看究竟。

里面的情形还是超出了我的预想,因为里面一半的面积被布置成了茶座的模样,这让我怀疑自己走进了一间高雅的茶庄,好在另一半面积摆着一排排的书架,上面陈列的书竟然全部是跟普洱茶有关的,这让自诩看书无数的我大为感慨,因为我从不知道出版过如此多跟普洱茶有关的著述。隔行如隔山,在此又得到了一个实例。

在中国传统的文献中,与吃喝玩乐相关的著述一向流传不多,更何况普洱茶仅是此类文献中的一个小分支,以我的想象,这方面的文献应该极少。在如此少的原始资料下,能够创作出这么多的作品,看来真是"只有想不到,没有做不到"。翻看这些精美之书,其实这些书大多也并不是谈茶史的文献,这只是我的思维定式而已,有许多书中谈到的都是如何品茶。而今喝茶也成了一种庄重的仪式,这跟日本茶道鼻祖千利休所讲求的极简方式完全不同。依我看来,今人所讲求的喝茶方式简直可以称得上是繁文缛节,我知道这样说肯定会遭到爱茶人的痛斥,然我的固陋观念不会改变,因为我坚信千利休所讲求的茶道方为喝茶的真谛,今人的讲求更多是在形式上做功夫,这显然有数典忘祖之嫌。

历史文献阅览室当然是我最喜闻乐见之处,云图的该室布置得简洁大方,可能是快到下班时间,偌大的阅览室内,仅有一位读者在专用机器上阅读缩微胶片上的老报纸。前几天跟一帮朋友聚会时，还聊到老报纸的翻阅，确实很让爱书人焦心。北大的漆永祥老师说，他每次翻看民国老报纸，都会看到桌上和地上有一层的纸屑，这让他痛心不已，然而在专用机器上阅读老报纸的缩微胶片，却又让他看得天旋地转，所以他一再建议馆方要换上最新式的阅读器，以此来解决利用与保护之间的矛盾。云图的阅读器是否先进，我并不了解，因为我一向不喜欢在这上面观看善本，虽然我也知道，真正的善本书翻阅次数过多会受到损伤，但是在阅读器上看版本，完全没有了质感，这会让我无法将得到的信息与脑海中的原书相叠合。

有意思的是，云图除了有历史文献阅览室，另外还单设有善本阅览室。计主任说，这个善本阅览室一般不对外开放，只是有特殊需求时，才会在此观览，而她的办公室也设在此阅览室之内。走进该室，感觉典雅异常，里面摆放的是一些精致的红木家具，所用屏风也是一种刺绣品。最让我感兴趣的是沿墙摆放着的一排书架，这个书架内陈列着一部《古今图书集成》，从函套的颜色以及书根的写法，我立即断定其版本乃是光绪末年上海同文书局的大石印本。计主任夸赞我眼力好，不用翻书就能断定版本。其实这源于我也藏有几函该书，其外观的颜色与此一模一样，由此而让我断定当年制作该书时，书根和函套也是一并由同文书局所完成。

虽然这只是一部石印本，然而其特殊的境遇使得该书流传不广。光绪年间，某国赠送给中国一套《大不列颠百科全书》，按照外交礼节，中国政府应当要有对等的回赠，于是有大臣给皇帝出主意说，《古今图书集成》的性质跟西方的百科全书相同。但当年此书的铜活字本仅制作了64部，到了光绪末年，这部书的原版已经很难觅得，显然不能以此书作为回赠的礼品，于是该书就由上海的同文书局负责影印100部。

同文书局制作完其中的50部后，将其运送到了北京，皇帝将这部大石印本作为礼物赏赐给多国使者，而今这些书也成为一些国外图书馆的珍藏之物。然而同文书局在完成另外50部时，却因意外失火而全部烧毁，因此，同文书局版的《古今图书集成》存世量仅为50部，并且这50部书又大多藏在国外，在国内并不多见。多年的古籍拍卖会中，这部《古今图书集成》仅上拍过一些零本，而今能在这里看到完整的一大套，其惊喜可想而知。

而后计主任跟该馆的善本部副主任颜老师一同带我进入善本书库。

这个书库乃是现代化的设计方式，地面上布满导轨，全部安放着金属的集成书柜。这样的书柜可以充分利用仓库的空间，我所看过的不少书库都会采用这种方式。但这种书柜也有一个弊端，就是其所用的金属材质不透气，一旦有潮气浸入，就会令古籍生虫。颜主任说，她们在设计之初就考虑过这个问题，说罢她摇开书架，打开几橱，到此时我方看到，原来该馆在金属书柜之内，另有精致的樟木箱，而这种箱子确实能够起到防虫的作用。

参观完整体环境，我坐在阅览桌旁想看一些该馆的特色藏品。在北京开会时，王水乔馆长所作讲话中提到了一些该馆的珍藏之物，我印象最深的一件是北元刻本。当年朱元璋打败元朝建立了大明，但他事实上并没有将元朝彻底消灭，只是将其赶到了北方大漠，元朝政权依然存在，后世为了称呼上的方便，把与明朝并立的元朝称之为"北元"。其实，朱元璋也想彻底消灭元朝，曾在宣光元年（1371）派出 15 万大军征讨北元，结果以失败告终，故北元政权一直存在到了明末。

我对北元的历史知之甚少，与之相关的书则从未见过，这次来到云图，我最想看的善本之一，就是这部北元本。颜主任迅速地将该书调出，我所见者乃是一册佛经，其刊刻风格确实是宋元味道，而该经的卷尾则有墨笔所书"宣光六年"字样，虽然这不是刻款儿，但即使是书写款的宣光年号，这样的书也极其稀见。

南明政权也跟云南有着较大的关系。永历帝在此长达 16 年，然其所刻之书却流传稀见，而我在这里看到了永历六年（1652）所刻的一部《佛母大孔雀明王经》，此经的卷尾有碑形牌记，上面刊刻着明确的年款儿。多年来，永历刻本我在市面上仅见过一部，而所见者与该部颇为类似，也是永历六年（1652）所刻之经，不知道为什么这一年的刻经能够流传下来，也许是一种巧合吧。

约 30 年前，有些专家在云图看书之时，发现了几十本从未见著录的佛经，这些佛经的版本以往不曾了解过，经过相关专家的论证，最终定为《元官藏》。此后过了 20 余年，市面上又流传出十几册《元官藏》，其行款、用纸与云图所藏完全相同。这批新出现的《元官藏》大多被国家图书馆买得，流散出的几本则分藏于几位爱书人手中，我也得到了其中的一册。我来到云图，当然想看看他们馆收藏的这些《元官藏》，毕竟该藏的首次发

现就是在这里。颜主任调出了一册,看到该经的装帧,我感觉与市面流传者完全一样,看来当年《元官藏》甫一制作完成,就是如此的模样。看到了云图的所藏,让我对《元官藏》有了更为清晰的认识。

在这里我看到了一册磁青底泥金写本的《大方广佛华严经》卷第十四,该经封面有一段题记,写明为"元释福裕金书"。看到这几个字后,让我颇感熟悉。曾经北京的李阳泉先生印制了一册雪庭福裕所书泥金写本的该经,我没来得及核对,但隐隐感到,他所印的恐怕就是以云图所藏为底本。雪庭福裕大师对少林寺的振兴起了重要作用,而李阳泉兄则是拜当今少林寺大和尚释永信为师,这也正是他影印该经的缘由。

丽江木府是云南热闹的旅游景点,而这里也曾经是藏书重地,对于这一点似乎少有人知,故而我来到云图,也希望看到与之相关之书。颜主任给我调出的一册,乃是丽江木公所著,刊刻于明嘉靖年间。明嘉靖刻本早已是爱书人追求的专题之一,因其风格明显,故嘉靖所刻之本一望即知。然而观风望气在这部书前却失去了效果,因为这部书的刊刻字体与寻常所见嘉靖体完全不同,该书的字体风格更像是宋版书的一种变体,看来当年云南所刻之书并未受到中原刻书风格太大的影响,这也正是其独特之处。

以珍贵程度论,该馆所藏最重要者乃是《护国司南抄》。1965年8月,大理州凤仪北汤天董氏宗祠内发现了一批南诏大理写本佛经,这批佛经的发现在学界引起了很大的轰动,其中的这卷《护国司南抄》为大理国保安八年(1052)写本。这等早期的写经除了敦煌文献,难有能够与之媲美者,计主任对此也特别看重,在看此经时,她慎重地让我戴上了手套。虽然我一向对图书馆戴手套这事不以为然,因为我觉得戴上手套之后对纸张的把握会缺少质感,更为重要的是,手指变得不那么灵活,往往更容易损伤珍贵的原物,但计主任一脸的严肃,让我不得不言听计从。

眼前的这卷经,其书写风格与用纸确实与敦煌文献不同,这样的纸张我以前却未曾留意过。云南写书所用的纸在《五代会要》中有记录,上面称这种纸张"厚硬如皮",并且"惟滇中纸最坚……其坚乃与绢素敌",但眼前所见的这卷经,其用纸似乎没有那么结实。当然,我绝不敢贸然地试一试它究竟是不是如《五代会要》形容的那样。

对于这种纸张的特性,李孝友在《云南书林史话》一书中有着如下的描述："再从这批云南古老的写本书——南诏大理写经的载体纸质方面看,纸张既类似于敦煌发现的唐代卷子纸和宋代的'藏经纸',但又有所不同,纸色黄褐如茶,略有绵性,质地较厚,不透明,多数经卷的纸张还用黄檗水浸过,即经过'入潢'加工,故千余年来未见虫眼蠹蚀。这些写经的载体所用的纸张,是在四川先进造纸技术的影响下,南诏就地取材,利用滇西一带所产的构皮树做原料,并发挥从四川掳掠来的造纸匠的技术才能,生产出的绵纸。"

但我觉得,李孝友的所言乃是针对整批发现的南诏大理写经来说的,单纯论眼前见到的这一件,似乎并未进行过"入潢"加工,但不管怎么说,能看到这么久远的特殊写本,还是令自己有些小激动。

《出切行韵》不分卷,这本书也很难得,因为该书的卷尾有如下一行字——"洪化已(己)未岁仲春印一阅未闻书"。清康熙十七年(1678),吴三桂在衡阳称帝,建国大周,此后很快病逝,他的孙子吴世藩继任周皇帝,年号为"洪化",尔后退守昆明。康熙二十年(1681),清军平定云南,吴世藩坚守在五华山上,与清军对抗数月,最后悬梁自尽,因此洪化年仅存在了三年,而此年号无论是刻本还是写本都极其稀见,有洪化款儿的写本,这也是我第一次得见。

在看书的过程中,计主任问我是否见过旋风装。我说当然,因为故宫博物院(以下简称"故宫")藏有一件孤品,乃是故宫在典籍方面的镇库之宝。计主任笑着说,故宫的所藏确实难得,但说是孤本,却也未必。然后她拿出一卷写经,这卷写经品相较差,但胜在保持了原装。她小心地将其打开,果真其装裱方式与寻常所见完全不同。这卷经跟故宫所藏的那一件同样为反、正面均有字,粘贴方式也与故宫所藏《刊谬补缺切韵》相仿,这种装帧方式十分稀见。仔细地将其翻看一遍,我确认它的的确确是旋风装。当然,故宫的那一件也被部分学者称为龙麟装。且不管其名称如何,但其装帧手法,这两者的确如出一辙。可惜目录版本界少有人关注到云图也藏有一件这样的特殊装帧之物,如果以此作为专题进行深入研究,肯定会有着更多的新发现。

看了这么多的珍宝,我又惦记起未曾看到的东巴文献展,颜主任随即调出了几件让我来欣赏,其中之一与我的所藏基本相像,可惜我对上面的文字完全不能释读。颜主任告诉我,当地还有其他的一些少数民族文献,

而我看后当然仍是一脸的茫然。但文献的保护并不是因为懂与不懂,更多的是希望存史。云图藏有这么多难得的珍本,这不仅仅让我开了眼,也让我感觉到 : 世界这么大,我应当到更多的图书馆去看一看。

浙江图书馆

浙江图书馆是中国最早创建的几座图书馆之一，其历史可以追溯到清光绪二十六年（1900）创建的杭州藏书楼。当年农历十一月，杭州士绅邵章和胡焕呈请杭州知府朱启凤核准，在城东菜市桥畔的东城讲舍旧址开设杭州藏书楼。

杭州藏书楼并非传统的私家藏书楼，其属性已是公立，因为他们明确地说："方今海陆交通，中外迻译简册益繁；时事艰难，生计日绌，横舍之士困于资斧闳识，学问径途欲求便利之策，盖必借资于公立之藏书楼矣。"可见该藏书楼虽然是私人出资创建，但已有公共图书馆意识。

对于此楼的开办时间，《浙江省图书馆志》认为："杭州藏书楼确定开设之时，比清廷1901年宣布变法实行'新政'早1年。"杭州藏书楼开办后，读书人可以免费借阅，两年后，该书楼的藏书量已达9499册，并且编有《杭州藏书楼书目》。从当时的情形看，杭州藏书楼所处位置有些偏僻，藏书楼规模也很小，且时人还没有接受公共藏书楼概念，故读者很少。同时，楼中的藏书也主要是传统典籍，少有西学类书籍。

对于当时的情形，《杭州白话报》1902年第2卷第29期中有一篇名为《杭州藏书楼记事》之文，该文的下半段是：

> 唉！现在中国读书的人，也是真正太少。内中有一个缘故。苦人太多，读不起书。因此便把少年子弟，耽搁下来。此番张学台要推广藏书楼的意思，大约也是为此。不过藏书楼这个名目，还有一点不大妥当，为什么呢？因为买了这些书籍，总想有人来看的，若是叫作藏书，岂不是重在藏的一边么？并且跟着藏的意思，那买书的人，自然好买些宋刻明版，装潢得和古董相似，这却大背了开设藏书楼的本意了。我想张学台的意思，或者不是这样的呢。

无论做任何事，总有人会提出不同意见，这位小报记者显然有戏谑头脑，他认为叫藏书楼太过传统，让人误解为该楼重藏而不重读。但若人人前往读之，岂不可以称为读书楼了吗，何必要纠结于史称呢？

不清楚创办人邵章和胡焕是否听到过此类流言，但在书楼开办后的两年，即光绪二十八年（1902），藏书楼监理邵章联合乡绅胡焕等12人又向浙江当局提请，移地改建扩充藏书楼。浙江巡抚聂缉椝和学政张亨嘉同意提请,同时拨款购入杭州城内大方伯里民房,改建成两座西式楼房,并拨款购买书籍仪器等,移地扩建后的杭州藏书楼更名为浙江藏书楼。

对于此事,张亨嘉在《浙江藏书楼碑记》中写道:

> 光绪二十八年,余来视学浙中,俛仰文澜阁遗迹,思有以敬承之。而杭之东城,故有书楼,盖本讲舍之遗址也。余以邵吉士章、胡部郎焕等言,躬往案视,见其地居僻左,屋宇湫隘,且储书未广,无以餍阅阅者之心。因谋扩充其制,度地于城之中央,商之抚部聂公缉椝行省翁公曾桂,借官钱奏请改进增拓规模,广置图籍仪器,俾官绅士之愿学者,均得恣其渔猎,以冀读书者众,而豪杰之士出于其中,稍阐文澜阁藏书之精意,非仅规抚西法已也。

光绪二十八年(1902),张亨嘉任浙江学政,他先去观览了文澜阁遗迹,希望能传承当地的藏书文化。恰好杭州东城讲舍旧址原有藏书楼,邵章、胡焕邀请张亨嘉前去视察,张看到杭州藏书楼地偏屋小,藏书数量较少,于是另谋其地,而后得到了巡抚的批准,于此扩建为浙江藏书楼。

对于此次移地扩建的花费,张亨嘉在《会同抚院奏请皇帝御书匾额折》中提及:"由抚臣饬司于学租赈贫每年赢余项下,并凑拨闲款,共库平银七千两,交绅士具领择杭城适中之地,购造书楼二座,添购书籍仪器。现已规模毕具,明春即可开楼,此后续筹经费,次第扩充。上以遵列圣之上仪,下以仿环球之良法,庶足仰慰圣主广育人才之盛心。"

当时杭州大方伯里有刘氏房屋27间,空地3亩,廉价求售,浙江藩司以银币8000元购下,作为建楼之址。为此藩司翁曾桂拨库平银7000两,又拨银币10302元作为建筑费。而后建起中西合璧式两层楼房两座,总计房屋22间,面积750平方米。

张亨嘉说建造浙江藏书楼乃是"仿环球之良法",这说明浙江藏书楼已经有了西方公共图书馆意识。虽然在名称上用的还是藏书楼,但这只是名称翻译问题,因为张亨嘉在此折中说:"臣尝考东西各国学堂如林,犹于各乡邑遍设藏书楼,累栋连楹,栉比鳞次,务使通国无不读书之人。"

张亨嘉认为东西洋各国遍地开办藏书楼,显然说的是图书馆。同时,《浙江藏书楼藏书章程》规定:"书楼之设,原以广开民智,造就人才,无论进士、举人、贡监、生童,但志在通知古今中外者,均准入楼阅书借书。"从此章程亦可看出,其开办目的乃是让民众前来读书。

但是章程中所列各条,也可看出其中有传统藏书楼的观念,比如:"楼中书籍、仪器,专以供来学之披阅,嗣后学政衙门如有提借出棚,准由监理陈阻,勿开此端。"

楼中藏书只能前来就读不可借出,这当然会给读者造成一定的麻烦,同时楼中所藏之本也主要是儒学著作:"凡词赋杂俎稗野小说,一切无裨实用者,概不收录。"甚至还有:"新出各书,如有议论不甚纯正,甚或有戾名教者,概不收录。"

书楼扩建后,面积比以前大了许多,当然需要更多的藏书予以填充,对于书籍的来源,张亨嘉在《请调取各省局书片》中提出:"书楼既设,必须广储图籍,现已筹款购备,惟载籍极博而经费易穷。伏念各省局刻之书四部略备,若准征取一分,在各局仅需纸料工费,众擎易举,在浙省即蔚成巨观。"

张亨嘉说购书经费紧张,所以希望晚清各省所建官书局能够为浙江藏书楼提供书籍,他提到广西巡抚马丕瑶奏请各官书局所刻之书发往桂林,此奏得到了皇帝的批准,为此皇帝也批准了张亨嘉所请,命各省官书局所出之书无偿送缴浙江藏书楼。同时光绪皇帝给浙江藏书楼赐下"敦彝牖慧"匾。

清宣统元年(1909)初,浙江巡抚增韫给朝廷上奏折,提议把浙江官书局归入浙江藏书楼,同时把藏书楼改为浙江图书馆。增韫在《奏创建浙江省图书馆归并扩充折》中写道:"迩来江鄂诸省,先后创置图书馆,文物灿然,足资扬扢。"

可见把"藏书楼"改称为"图书馆",乃是受湖北等地影响,增韫在奏折中提到西方文明跟图书馆的普及有着直接关系:"奴才查欧美诸邦,通都巨埠,皆有图书馆之设,建筑精美,卷帙盈圚,纵人览抄,月无虚日。故举国无不向学之人,国家自无乏才之憾。"所以他认为:"现在学部奏定学务官制,注重图书。奴才身任地方,日求教育之发达,自以搜集图书为先务。"

接下来增韫在奏折中提出了具体的请求:"查省城旧有官书局,刊布经史子集百数十种,近年专事刷印版籍,未能扩充。前学臣张亨嘉所设藏书楼,规制粗具,收藏亦憾无多,均未足以餍承学之士。兹议一并归入图书馆,以为基础,广购中西载籍,凡政治、法律之殊,工商、艺术之属,有关实用,俱拟搜罗。"

增韫说浙江官书局刊刻有传统典籍一百余种,近些年来,主要是刷版片卖书,未能新刻版片,而张亨嘉开设的浙江藏书楼,藏书数量较少,无法满足世人的向学之需,所以增韫建议把官书局和浙江藏书楼一同并入浙江省图书馆,归并之后增加西学书籍,以此来开拓读书人之眼界。

增韫的提议得到了皇帝的批准,之后该馆得到了各地官书局呈缴的大批图书。《浙江省图书馆志》中写道:"1903 年(光绪二十九年)农历十月,浙江藏书楼改建之初,浙江巡抚聂缉椝即具折《请调取各省局书片》,要求将各省官书局出版之书无偿送缴浙江藏书楼。同月,光绪朱批'著照所请'。这样,本馆就成为我国历史上最早接受政府出版机构呈缴出版物的省级图书馆。"

对于各地官书局呈缴之书的情况,该志总结说:"至 1907 年《浙江藏书楼书目》刊行时,本馆已分别接收到浙江、广雅、江苏、湖北、淮南、江西、福州、金陵、扬州、江南制造等 10 余家官书局出版的书,其中尤以前 4 家书局送交的书为多。如广雅书局呈交的书即有《史记志疑》等 34 种。上述规定随着民国的兴替而中止。1932 年,本馆曾拟请省教育厅转呈省政府,'请通令本省各县市机关、学校、书局、私人,凡有新出版物必须征赠本馆一份'。惜未获当局支持。"

宣统元年(1909)二月,浙江藏书楼内成立了"创办浙江图书馆事务所",并以此作为筹办处。七月,图书馆成立。归并后的图书馆正式定名为浙江图书馆(以下简称"浙图"),自此之后此名一直沿用至今。

宣统三年(1911)六月,经浙江省咨议局议决,将文澜阁所藏《四库全书》及阁中其他书籍一并拨归浙图,此乃该馆《四库全书》之来由。

2014 年 12 月 3 日,我前往杭州寻访。来此地的前几天,我先打电话给浙图的馆长徐晓军先生,向他请示可否进善本库内参观,得到他的同意之后,我才来到杭州。重来此馆,仅六年之别,已感到了太多的变化,当然馆舍的外形依旧,环境依旧。寻访的当天虽然多云,但阳光透过云缝,时不时照在馆舍之上,反而给拍摄增添了一些画面感。

浙图的善本阅览室内有多位工作人员正忙着拍照与录入,每位工作人员的工作台旁,都用一种独特的小车拉着待整理的线装书,每一部书里面

建在黄龙洞附近的浙江图书馆总馆

都夹着一张像工作单一样的纸，我取出一张拍照，单子的名称是"浙江图书馆古籍普查出入库登记单"，徐馆长解释说这是正在做馆藏的普查，为了能彻底清查出家底，现在连残书也列入了普查的部分。

我对这里的拍照设备很感兴趣，这种设备从外观看似乎没什么特别，但我在旁边观看工作人员的操作时，感觉到这种设备比寻常所见者要便捷许多。此设备是将拍照与录入二合一，这个工作台的下板是由两块大小相同的隔离板构成，中间有两指宽的缝隙，将书籍插入这个缝隙，书本自然展开。任何一本书只有翻到正中间位置，才会两边厚薄相同，但若将书从第一页翻起，必然是一侧厚一侧薄，这样拍照出来的效果也会一半虚一半实，为了解决这个问题，操作板的巧妙之处就体现出来了：在这两块操作板的下面设有弹簧，把书任意展开后，合上全透明的玻璃盖板，两边厚薄不同的书页在下面弹簧的顶压下变得平整如一。其实这种设备我在不同的公共馆都看到过，以此说来并不足以为奇，而我说的奇特之处，则是盖板之上悬空的照相机，由导线与电脑相连，拍照之后，影像自然就显现在了屏幕之上。比较起来，我使用的办法就显得颇为笨拙，拍照完之后，取出存储卡再传入电脑，然后再作录入，而在这过程中，拍照者与录入者并非同一人，每个人的着眼点又不同，到录入时又发现新的信息，则需要重新补拍。除了这样的麻烦，有时还会把书多次翻看，这样对书本身也有一定的损伤，而眼前的设备可以让一个人同时完成多人的工作。我问徐馆长这套设备哪里来的，他说是馆里设计好后找人做的，做了多台，都已经下发到浙江各地的市县图书馆。

在拍照过程中，一位工作人员站起来跟我打招呼，定睛一看，原来是张素梅女史。几年前国家古籍保护中心举办了高级培训班，该班主要是培训各省市图书馆主管古籍的副馆长和善本部主任，张老师也参加了此班，而我有幸在开班期间举办了一场讲座，由此而与张老师相识，于此相见颇觉亲切。

徐馆长接着带我进入善本书库观看，库房位于地下一层，虽然设在地下，里面却很是敞亮。进库内最让我眼亮的是文澜阁《四库全书》的木箱，这些木箱呈橘黄色。工作人员告诉我，这些木箱是20世纪80年代所制，在使用过程中，有些木箱渐渐产生裂缝，馆里担心会影响到书籍的保护，20年后又重新换了一批木箱，这批木箱呈红木色。徐馆长说制造这批木

浙江图书馆孤山分馆旁的文澜阁

典雅的善本阅览室　　　新旧箱体合谐共处

箱馆里十分重视，为防止出现上一批木箱的问题，这次专门请了监理公司，虽然花了一些监理费，但制造出的木箱确实质量高，在库里放了这么多年，没有任何一个木箱产生裂纹。

我虽然对《四库全书》的书箱感兴趣，但更感兴趣的当然是书本身，我请工作人员打开一个木箱，看到了里面摆放整齐的《四库全书》，每本书上都贴有侧签，但侧签上的形状和字迹都有差别，其中一个侧签很特别，上面的落款刻着"图书馆长钱恂手检"，在古书的侧签上注明馆长的名称，这倒是真少见。徐馆长解释说，钱恂只在本馆当过一年的馆长，当时钱馆长的精力都用在恢复文澜阁《四库全书》上，他做的最大贡献是占下了浙图孤山馆旁边的红楼。我随即问起红楼的事，徐馆长说一会儿带我去看。

我在这里看到的文澜阁《四库全书》本，连着翻看了几函都是用纸作的封面，徐馆长告诉我，这种纸封面的文澜阁本就是八千卷楼丁氏兄弟所换的，不知是出于什么原因，丁丙收到《四库全书》之后，全部换下了原书上的绫面而改为纸面，为了收这些文澜阁零本，丁家富裕的家业由此而衰落。我问徐馆长怎么能知道丁家的衰落，他说馆里现在收藏着一些丁丙的手稿，早期的手稿都是由专门的特制稿纸来书写，后期的稿纸则改为了补抄《四库全书》废页的背面。这让我想起黄丕烈的一句诗"我为嗜奇荒产业"，不禁给自己敲响了警钟。

我在库内寻找着不同的拍摄角度，那位带我入库的管理人员不断指导我拍照的方式，他仅说了几句话，我就知道他对拍照极其内行，他能够从我相机快门的声音判断出我的操作失误，顺口告诉我一句曝光过度了，余外他还说了一些术语，让我这个外行有些摸不着头脑。他看出了我的笨拙，瞥了我一眼，跟我说："你还是用尼康750吧，那个型号对你足够用了。"我明白他的潜台词，是说我的水平用这个型号的相机太浪费了，徐馆长感觉到我不好意思，安慰我说，他对摄影很内行，你不是专门搞摄影的，不用听这个。

当年乾隆皇帝命臣属修《四库全书》时，原本只抄写了四部，后来又抄写三部才分发到江南，可见皇帝最初没有打算建造南三阁，是什么原因让他有了这样的改变呢？浙图老馆长张宗祥在《补抄文澜阁〈四库全书〉史实》一文中认为，这与弘历六下江南有直接的关系："扬州盐商的奢华供养和报效，浙江的西湖和海宁陈氏与清廷的关系，也是妇孺皆知的。四

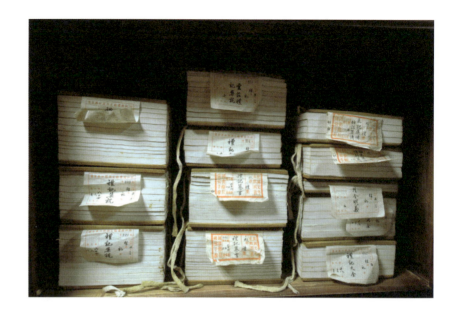

≡ 不同时期的侧签　≡ 文澜阁本《四库全书》的品相

库书成立后,就来做一次人情。"于是在扬州建起文汇阁,镇江建起文宗阁,杭州则为文澜阁,南三阁之书直到嘉庆元年(1796)方分发齐全。

咸丰十年(1860)二月二十一日,太平军攻入杭州城,十几天后退兵,文澜阁藏书未曾受损。转年,太平军再次攻入杭州城,此次到同治三年(1864)方撤出,致使文澜阁藏书散出。当时丁丙偶然在市场看到有人把《四库全书》的书页作为包装物,于是他努力收购,陆续收到九千多册,之后仍有所得。但文澜阁内原有《四库全书》36000多册,丁氏兄弟仅收到了四分之一,兄弟二人立志要将文澜阁《四库全书》补齐,从光绪七年到光绪十二年(1881—1886),丁氏兄弟历时五年多来补抄《四库全书》,但相关部门因为花费太多而要求暂停,在应宝时的斡旋下,补抄工作得以展期,一直抄到光绪十四年(1888)方结束。

丁氏兄弟是根据什么本子补抄的呢?当时北四阁除文源阁外,三阁仍存,但是文渊阁处在紫禁城内,文津阁在热河行宫,文溯阁在奉天行宫,三处皆为禁地,丁氏兄弟根本无法前去查找底本抄配,而南方的文宗、文汇两阁已经全部被烧毁,所以他们只能根据传世的刻本和抄本作为底本。按照王同在《文澜阁补抄书记》中所言,丁氏所用底本一是其家八千卷楼所藏,二是遍求当时重要的藏书楼,比如天一阁、抱经楼、振绮堂、别下斋、铁琴铜剑楼、皕宋楼等,"凡他人插架之本,一一案索。或酬以缣帛,或易以琅函,或裹粮而往,僦屋佣抄,或航海而归,频年借补"。

张宗祥认为王同所言有点夸大,因为那时的别下斋已经被火全部焚毁了,但他还是认为丁氏旁搜博访的精神值得钦佩。然而补抄之书也存在问题,因为当年四库馆臣在抄写《四库全书》时对一些内容有改动,而丁氏在补抄时看不到四库原本,只能根据同名底本予以补抄,这样就造成了补抄的文澜阁本在内容上与原阁书有不相符之处。

尽管没有做到十全十美,但丁申、丁丙兄弟仍然是补抄文澜阁《四库全书》的第一功臣,正是在他们的努力搜求补充之下,才使得南三阁唯有文澜阁岿然独存。这些年来,我偶然在市面上见到一些丁氏兄弟补抄之本,每次都会感念他们对传统典籍所付出的不懈努力。

拍完浙图的善本库后,我跟徐馆长提出希望去孤山的古籍库拍照,于是我们二人乘车来到了孤山下的古籍馆。其实这里我十几年前曾经来过,那是第一次寻访藏书楼,遗憾没有拍到馆内的情形。六年前也曾有一次到访,虽然进了书库,却又没带相机,今日已经是第三次踏入此门。此馆的大门口挂着两块牌子,一块是"浙江图书馆古籍部",另一块则是浙江省的文物保护牌,上面写着"浙江图书馆孤山馆舍"。

这里是一个独立的院落,门口有大铁门,禁止游客入内,因为这个馆舍处在西湖景区的主要游览线上,不时有游客向里面探望。进入馆的正前方即看到徐馆长所提到的红楼,他说这个楼建于1906年,原本不归浙图,是专门为迎接德国皇太子而建,与此一墙之隔的那座白楼才是浙图的古籍馆,1912年钱恂当馆长后,感到当时藏《四库全书》的文澜阁有些潮湿,就把白楼和红楼之间的隔墙拆掉,占用了红楼,把文澜阁《四库全书》搬进了红楼,这使得藏书环境大为改善,但没有想到的是文澜阁腾空之后,被当时举办的浙江文博展占了去,致使后来文澜阁归了浙江省博物馆,直到今天也难以索回。

从外观看,白楼也是一座西式小洋楼,只是不如红楼精致。进入白楼,左右两旁的卡片橱也是用红木制作,虽然在电脑时代,这种索书卡片用途已经不大,但有很强的观瞻性。我心里暗暗盘算着,随着电脑的更加普及,最好有些公共馆能将这些卡片和橱柜处理出来,到时候一定弄几个摆在自己的书楼里,这比挂一幅名画在墙上看上去要舒服得多。

楼里的建筑格局保存得很是完整,包括各种木制构件,完全没有损坏,再配上那古式吊灯,真让我羡煞。里面所有的木结构都涂成了红色,唯有楼梯下摆着两个黑色书橱,徐馆长告诉我这就是文澜阁《四库全书》的原木橱。他说这个书橱也是丁氏兄弟重新恢复文澜阁《四库全书》后制作的,大部分都在文澜阁里,现在浙图仅剩这两个。书橱离地的木脚很高,徐馆长说这是为了通风防潮,后来重修文澜阁时,因为底下橱腿太高,不便于摆放,于是有些书橱的腿就被锯短了,而放在这里的两个却是当年的完整式样。

大厅里一位工作人员也在翻拍古籍,她说自己正在整理编目,大厅的另一面是办公室和阅览室,其中一间阅览室竟然同时挂着五个铜牌,表明这里一室多用。这些铜牌说明了哪些文献可以在这里查看,它们分别是:古籍阅览室、缩微品阅览室、近代文献阅览室、家谱阅览室和金石拓片阅览室。

穿过这些阅览室继续前行,顶头最大的一间房就是古籍库,里面一排排的金属书架,地上有导轨,侧面有摇臂,徐馆长说这些书架已经用了二三十年,有些部件已经老化,现在摇动起来有些困难,下一步可能要进行更换。

从书库上二楼,在楼梯的夹角我看到一些特殊的木箱,这些木箱的侧旁都钉着人字形的木条,木条之上有金属把手,这种木箱我从来没见过,徐馆长说,这就是当年搬运文澜阁《四库全书》时所用的木箱。

二楼上的线装书库与一楼不同,这里没有用金属书架,而是改成了两面开门的木橱,木橱制作得很是精致,我浏览一遍,完全没有开裂的痕迹。有些木橱安有玻璃门,这些门也没有变形。而我自己制作的书橱,不知什么原因变形得较为严重,有的关不上门,有的竟然将书橱的玻璃都掰断了。我在这里还看到了一些有意思的小物件,一种是代书板,我向工作人员请教这个东西的用途,他说给读者每取出一部书,就要把这个代书板放在取走书的位置,这样一眼看过去,就能知道哪些书还没有归还回来,等归还之后也容易找到原来的位置。原来还有这样一个小窍门,这又让我学会了一招儿,因为自己也经常从书库中拿书,拿走之后很少能够再归还到原位,尤其是有些大套书拉散之后。

在此看到的另一个有意思的小物件是一个折叠的小梯子,这个梯子从外观看,没什么特别之处,只是取上层的书方便,但把它翻过来之后,就变成了一把座椅,设计得如此巧妙。徐馆长说这个设计看似好看,却不实用,因为在使用过程中,很少人愿意把它翻来折去,而最传统的东西反而最实用,说话间,他拎来一把木椅,原来是那种长着尾巴的小板凳。

白楼的另一侧改为了浙图的古籍修复室,修复室的情景跟书库完全不同,这里明窗净几,摆放着各种修复工具。其中最亮眼的东西是一个黑色的水槽。徐馆长告诉我,这个水槽也是本馆的特制,因为一般保护中心所用的水槽都是用不锈钢制作,但金属制成的水槽会跟水里的化学物质产生反应。这些反应也会影响修补的书,使得对古书的保护反而成了对古书的损伤。为了解决这个问题,他们发明了非金属类的水槽,既实用又不伤书。

房间里有一个巨大的朱红色条案,徐馆长说这个条案也是特制的,修书时操作很是方便。我看到了工作人员在修书过程中所使用的各种工具,也是其他地方不常见者,由此可见浙图对古籍保护是何等用心。

白楼　长尾巴的板凳

说话间，徐馆长拿出一本用纸包着的残书，他说这是在整理残书中发现的一册善本，打开纸包一看，竟然是一册元刻本。虽然说家底大有大的难处，但我觉得大也有大的好处，随便从残书堆中就能翻出元刻本，这样的发现我在自己的藏书中想都不敢想。

浙图在文澜阁旁边建成之后，张亨嘉在大方伯里所建的浙江藏书楼也一同并入，馆舍当然不能搬走，于是将孤山所建的浙图称为总馆，而在大方伯里所建的馆舍则改称为"浙江图书馆新民路分馆"。

到了1931年，汤寿潜的后人根据其遗嘱捐资20万元，在大学路新建起了一座图书馆馆舍。此新馆建成之后，当地有关人士请国民政府教育部副部长刘大白写了篇《浙江图书馆落成记》，刘在此记中讲述了该馆的来由以及所有为此馆做出贡献的人：

> 斯馆之成也：其捐资，为故浙江都督绍兴汤蛰仙先生；其建议浙江省政府，请以其资建筑斯馆者，为汤氏嗣子拙存先生；其保管其资以底于斯馆之成者，始为前浙江省教育会，继为前国立第三中山大学筹备委员会暨国立浙江大学；其指定故武备学堂操场为馆址，并增资以弥其不足者为浙江省政府；其建筑师，为刘既漂；其设计绘图者，为上海扬子建业公司；其从事建筑者，为上海陆顺记营造厂；其组织建筑委员会以指挥建筑工程者，为国立浙江大学事务主任沈肃文、财务主任汤子枚、国立浙江大学工学院教授吴馥初、浙江省建设厅技正徐世大陆凤书、杭州市工务局局长朱耀廷、浙江省立图书馆职员韩培实……

在我的印象中，刘大白是民国年间的一位著名诗人，没想到他能写出这么翔实的细节，而后他又叙述了汤寿潜捐款建楼的细节：

> 先是，汤蛰仙先生之将殁也，以遗言勖其嗣子，谓必捐资二十万圆于浙江省教育事业，以遂吾恢宏文化之愿；时中华民国六年也。其后十年，国民革命军既定浙江，其嗣子拙存先生，乃建议于浙江省政府，愿以其资为建筑浙江图书馆之用。呜呼，汤氏父子，知私有其资，将无几何时而卒归于尽，不若公其资于众，以为恢宏文化之用，为可垂诸永久也；其用心公，其流泽远矣！

汤寿潜是浙江军政府都督,却在文化建设方面做出了这么大的贡献,真是一位可敬的前贤。这处新建之馆处在大学路上,于1931年9月15日正式开放,由此这里便成了浙图的总馆,而原来的孤山总馆反而成了分馆,当年邵章所建的浙江藏书楼则仍称为新民路分馆。

浙图的前身浙江藏书楼而今已了无痕迹,好在它有着完整的递传链条,而大学路的分馆就是其当年的归宿。世道沧桑,当年大学路的浙图总馆而今又变成了分馆,后来浙图又在黄龙洞一带盖起了更大的馆舍,自此,黄龙洞旁边盖起的这处馆舍则成为总馆,其余几处则一律成了分馆,其中也包括当年在文澜阁旁边所建的那处总馆,而今那里被称为了孤山分馆,或者叫古籍分馆,因为那座楼房的颜色涂装成了白色,故而那个馆又被浙图内部称为白楼。

2016年1月19日,我在浙图吴志坚主任的带领下,前往浙图大学路馆。由该馆的李师傅开车,在路上他说这里仍然是浙图工作人员的宿舍楼,因此他对这里十分熟悉。

院内的左手边就是汤寿潜所建的浙图馆舍,依然保护得十分完整,而院落的正中已经变成了绿地,绿地上所种之树郁郁葱葱,这使得给此楼拍全景很不容易,无奈之下,我只好拍了个斜景。广场对面的一侧开办着浙江中医药大学第二门诊部,图书馆与门诊部共用一院,这种布局方式倒很是新鲜。

走到馆舍门口我才注意到,"浙江图书馆"这几个字竟是出自蔡元培之手,可见当年这些文化界领导们对图书馆建设是何等的重视。从外观看,这个馆舍有点西式风格,尤其外立面那一排高大整齐的罗马柱,走到近前细看,可以见到保护得十分完整,门上的花棂也是当年的原物。进入一楼大堂,整体结构没有变化,但是做了现代化的装修,左右两侧依然作为图书馆阅览室在使用。我本想走进去拍照,但里面的安静氛围让我不好意思端起相机,于是向二楼走去。

吴主任告诉我此楼的楼梯也是当年旧物,花栏上的装饰风格跟外立面相匹配,但二三楼之间的墙体上却挂着一家化妆品的招牌。吴主任说楼上的部分已经出租给其他的公司,但我还是想上去一探究竟。果真二楼已经封闭了起来,我不好走入,于是继续登上三楼。本打算开门登上楼顶,然而却上着锁,未能如愿。我从楼内退出,在院落的右侧看到了省级文保牌,原来这处馆舍也成了文保单位。

在民国期间,浙图所办最有影响的事情之一,就是于 1936 年 11 月 11 日在杭州举办了浙江省文献展览会,这个展会的展品并非由浙图一家馆所提供,当时他们还邀请了北平图书馆、山东图书馆以及苏州图书馆等,还有一些私人藏书家也拿出自己的藏品参会,当年这场展览会的展品都是跟浙江有关的文献,总计征集到了图书 60 余种 2 万余件。如此大规模的展览,远远超出人们的预想,而今各地图书馆做一场展览能够有千件展品已是相当大的数量,我难以想象 2 万多件展品需要多大的场地才能摆得开。

1937 年 12 月 24 日,杭州被日军攻陷,大学路的馆舍也被日军占领,由此变成了军营,这期间馆舍和图书都受到了很大的破坏。原来此馆的书架都是用钢铁所做,日本投降之后,馆方人员再来到此馆时,里面的书架全都没有了踪迹,而当时的新民路分馆,也就是杭州藏书楼,抗战期间被汪伪政府所占,并将其改为了浙江省立图书馆总馆。因为大学路总馆被日军所占,因此,汪伪政府又把文澜阁旁的孤山路馆舍改为浙江省立图书馆的分馆。这就是浙图变来变去的历史过程。

好在当地有识之士早有预案,在日军攻占杭州之前的三个多月,文澜阁《四库全书》以及其他的善本早已迁出杭州,藏在了富阳的渔山,而后根据战争的进展情况,这些藏书又几经搬迁,先后到了永康、龙泉,再后来藏到了贵阳的地母洞,最后藏在了重庆的青木关。因为藏书数量巨大,无法全部转移,因此这样的大迁徙只能将文澜阁《四库全书》及部分善本搬走,而馆藏的其他线装书总计 20 万册,则分散藏在了杭州民众的家里,但这些书后来大部分被日伪搜了出来,因此给浙图的藏书带来了较大的损失。

当年张亨嘉制定的《浙江藏书楼藏书章程》中,有几条读来让我很感兴趣,比如"凡词赋杂俎稗野小说,一切无裨实用者,概不收录",而今诗词曲赋及各种文艺小说已然成为书籍市场的主体,而那时却规定书楼里不能藏这些书,可见张亨嘉观念之保守。关于这一点,在其所写的《浙江藏书楼碑记》中也有明确表示:"书楼之法,辅学堂以行,在各国最称善政,岂知夫中国圣人已先百年为之者!人臣侈谈西法,顾于本朝掌故昧焉弗详,非所谓大耻也邪!抑文澜阁之书,仰蒙圣人睿鉴,故收藏富而别择精。

今中外迻译之籍，何可胜数，一有不慎，则似是而非，足以移视听而溺人心，转为政治生民之害，是在持风化者加之意也。"

张亨嘉认为藏书楼是学堂的辅助，虽然国外认为藏书楼建设很重要，但他们不知道中国的圣人比他们早了上百年，他举出了文澜阁的例子，这里所说的圣人，看来指的就是乾隆皇帝了。且不说西方的图书馆早在乾隆之前就已存在，即使按照张亨嘉所言，让我读来还有些阿Q的影子。然而有意思的是，在他所制定的章程里还有这样一条："东西洋文各图书，亦择要购置，以便随时译出印行"，张拒绝他所建的藏书楼里有各种小说和词赋，同时说祖宗的图书馆比西方建得早，但他并不排外，反而认为国外洋文书中的重要著作也应当购进，目的是翻译出来并对外发行，可见这种思想是新旧交替时期的产物，这正如浙江藏书楼处在杭州藏书楼和浙图之间。

附：龚宝铨——《章氏丛书》的刊刻者

龚宝铨曾任浙江图书馆馆长。《浙江省图书馆志》在"公共图书馆"一章中称："1909–1931年，馆名几经更改。1909年称浙江图书馆，1913年改称浙江省立图书馆，1916年又改称浙江公立图书馆，1927年复称浙江省立图书馆。1931年蔡元培为大学路馆题名'浙江图书馆'后，浙江省立图书馆与浙江图书馆两个名称便开始同时并用。先后主持馆务者有祝震、俞陛云、钱恂、朱希祖、龚宝铨、章箴、范承祜、杨立诚、陈黻章等。"《浙江省图书馆志》在"人物篇"中谈到龚宝铨时称："1912年2月任浙江图书馆副馆长，同年12月任馆长。时值孤山馆舍落成，主持调整藏书布局，修订章程，组织新馆开放。1913年4月至1922年，因病由章箴代理其馆长职务。"

龚宝铨是一位革命志士，他任浙图馆长跟章太炎有直接关系。龚宝铨原名龚国元，字薇生，别号味苏，又作味生、未生，浙江嘉兴秀水人，光绪二十八年（1902）自费留学日本。

义和团期间，沙皇俄国派兵占领我国东北，《辛丑条约》签订后，沙俄与清政府签订了《中俄交收东三省条约》，承诺在期限内从东北撤兵，然而逾期拒不遵守撤兵协定，反而提出独霸东北的七条要求。此举一时激起民愤，在日本的中国留学生也发起了拒俄运动。1903年，中国留日学生成立了军国民教育会，推举汤尔和和钮永建为代表，但他们的活动多次受挫，于是有人怀疑参加拒俄运动的留学生中有清政府的奸细。

魏兰在《陶焕卿先生行述》中称："其时在日诸志士组织义勇队，推汤尔和、钮铁（惕）生为代表，谒袁世凯，欲以拒俄为名，假其兵力，图谋革命。事不成，疑先生从中破坏，命龚宝铨与先生同居，侦察先生之所为。及闻先生议论，始知先生之苦衷，于是陶、龚称为莫逆。"

此处所说的"先生"乃是指陶成章，当时军国民教育会的人怀疑陶成章是奸细，于是派龚宝铨跟陶成章住在一起，暗中观察陶的所为。然而经过龚宝铨的了解，陶成章绝不是清政府奸细，此事释疑后，龚、陶两人成了莫逆之交。

1904年，龚宝铨从日本回到上海，组织暗杀团准备刺杀清政府的王公大臣,因各种原因,暗杀行动未能实施。龚宝铨在上海与蔡元培商议创建革命团体,共同创建了光复会,该会成立于爱国女校。俞子夷在《回忆蔡元培先生和草创时的光复会》中说："陶成章、龚未生住在校内译催眠术,蔡师对催眠术颇感兴趣,据说此术亦可用作暗杀工具。"

皖浙起义失败后,龚宝铨与陶成章遭到清政府通缉,流亡海外。之后光复会在日本和南洋开展革命活动,后又与同盟会因名号问题发生争执。当时同盟会的首领是孙中山,光复会的首领是章太炎和陶成章,陶强烈要求改选黄兴为同盟会总理,遭到孙中山断然拒绝,龚宝铨努力调解未果。1910 年 2 月,光复会在东京重组,设立光复总会,由章太炎任会长,陶成章任副会长,然而当陶成章从南洋返回浙江时,被陈其美派人刺杀,致使光复会最终衰落。

陶成章的死对龚宝铨打击很大,产生了隐退心理,再加上龚妻自缢身亡,使得龚宝铨意志消沉。高拜石《新编古春风楼琐记》中有《章太炎的女儿女婿——龚未生夫妇》一文,该文在结尾写道："自听范古农谈《内典》后,便茹素奉佛,以自度度人,持杀戒甚严,在图书馆里,每日翻着《藏经》,并托人到东省买《续藏》以及其他佛典回家,向沈子培、马亦浮二老随时研参,成了一个戒行湛深的佛教徒。"

章太炎有四个女儿,长女章㸔、次女章叕、三女章㠭、四女章㗊。1903年 6 月,因为《苏报》案,章太炎、邹容等相继被捕入狱。1906 年 6 月,章太炎出狱后,被同盟会成员接到了日本,担任《民报》主编,8 月,国学讲习会成立。在此会他培养了多位著名弟子,其中包括鲁迅、周作人、龚宝铨等。按照周作人在《民报社听讲》中的说法："往民报社听讲,听章太炎讲《说文》,是一九〇八到九年的事,大约继续了有一年少的光景。这事由龚未生发起,太炎当时在东京一面主持同盟会的机关报《民报》,一面办国学讲习会,借神田地方的大成中学定期讲学,在留学界很有影响。鲁迅与许季茀和龚未生谈起,想听章先生书书,怕大班太杂沓,未生去对太炎说了,请他可否于星期日午前在民报社另开一班,他便答应了。"

当时鲁迅想让章太炎给他们开小班,通过龚宝铨去跟章太炎提出这个要求,章马上就答应了,这说明龚宝铨跟章太炎关系很密切。在日期间,章太炎把女儿也接了过来,按照高拜石的说法："未生与成章都在门下,成章代未生做媒,遂在东京结婚。"陶成章代龚宝铨做媒,娶了章太炎的长

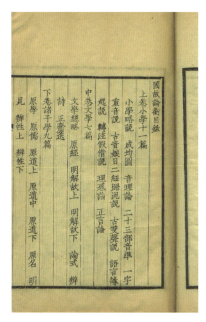

章太炎撰《国故论衡》三卷，民国六年至八年（1917—1919）浙江图书馆刊《章氏丛书》本，书牌、目录

女章叕为妻。章太炎在《亡女叕事略》中也谈及此事："余违难抵日本东京，始通书存问，又四年，叕东行，余教之诗，不深好也。适嘉兴龚宝铨，年十七矣。"

但是在章太炎的三女婿朱镜宙那里，对此有着不同说法，朱镜宙在《章太炎先生轶事》中说："先生既以长女叕许字嘉兴龚宝铨，遣海盐朱遏先生归国相迓。内子皇君为先生小女……时皇君年仅十一耳。"按此说法，似乎章太炎还没有去日本之前，就已经把大女儿许配给了龚宝铨，然后派朱希祖把女儿接到了日本。

1915 年，章太炎在北京时，龚宝铨携妻章叕入京省亲。那时章太炎正被软禁失去自由，章叕十分着急，心情忧郁，龚宝铨陪妻子到处游逛，仍不能舒缓。高拜石在其文中写道："九月七日，和丈夫、妹子言笑还是如常，第二日早晨，已自缢在房间里，足趾还未离地，解救无效，便这样死了。"

按照高拜石的说法，章叕去世后，龚宝铨处理完丧事，回到浙江就任浙江省图书馆馆长。但此说又与《浙江省图书馆志》上的说法在时间上不相符。

章太炎在京被软禁期间，跟龚宝铨有几十封通信，这些信大多收录在马勇所编的《章太炎书信集》中。有一个时期章太炎还能与外界通信，他给龚宝铨的信中除了谈家事之外，更多的是让龚宝铨给他寄书。比如章在 1914 年 7 月 24 日的信中写道："书籍在哈同花园者，若不能与月霞直接往问，彼处门上亦可指示。（自著《齐物论释》，彼处尚有存本，亦当带致四、五十册，如门上不知，可函知金山宗仰必知之。）其《小学答问》《文始》，望先寄二、三十册来耳。"当年 10 月 15 日，章太炎又写道："拙著《小学答问》，版在浙馆，并望刷印三四十部寄致。"

那时龚宝铨已经在浙图任馆长，他在馆内为章太炎刊刻了《小学答问》一书，章命龚用此书版片再刷印几十部给他寄来。在此期间，章太炎安排龚宝铨将他很看重的书稿取回存到杭州："《国故论衡》原稿亦当取回存杭，此书之作，较陈兰甫《东塾读书记》过之十倍，必有知者，不烦自诩也。《检论》成后，此书亦可开雕，大略字数与《检论》相等（十二万余字）。幸有杨惺吾所教刻工，以此付之最善矣。"

章太炎很看重《国故论衡》，认为该书的价值超过陈澧的代表作《东塾读书记》十倍，他还感叹幸亏有杨守敬调教出来的刻工，将自己的著作交给这样的人来刊刻才最为放心。这里所说的"刻工"应当是指陶子麟，而陶子麟可谓是民国时期最出色的剞劂圣手。可见章太炎对自己的书稿出版，不仅仅是在意书的内容，同时也在乎书的外在形式。在印刷方面也是如此，比如他在1916年2月14日给龚宝铨的信中说："《检论》《国故论衡》原稿，望速向通一处取木版精印。"

章太炎强调要将这两部重要书稿以木雕版的形式刊版，并且要求精印。其实此书以前出过排印本，1915年上海右文社以铅字排印的形式出版了《章氏丛书》，其中就包括《国故论衡》。但是右文社版的《章氏丛书》错讹颇多，虽然那时章太炎被袁世凯软禁在北京，但还是看到了这部印本。得见此印本后，章太炎很恼火，于是命龚宝铨在浙图重新刊刻《章氏丛书》。经过校勘，浙江图书馆于1919年出版了木刻版的《章氏丛书》。

龚宝铨在浙图馆长任上，不仅帮助章太炎刻书，同时也会借书给老丈人。比如1916年2月1日，章太炎给他的信中写道："图书馆所藏书籍，如有张九成《语录》《论语解》，（张九成，字子如，号无垢，南宋人。）杨简《甲乙稿》《己易》。（杨简通称慈湖，南宋人。）二书望欲借观。二公皆浙中英杰，亦不谓我不如，但以其在理学部中无理气等障碍，故欲为表彰耳。"

章太炎被软禁的第一年，一度心灰意冷，他给龚宝铨写了封长信，基本上是交代后事，信中写道："仆遭围守者五月，幽居又五月矣。不欲以五羖鬻身，遭值穷匮，遂将槁饿，亦所愿耳！来月初旬，盖仆陨身之日也。"

连续囚禁10个月，令章太炎有了自杀的想法，但仍放不下自己的著述："所著数种，独《齐物论释》《文始》，千六百年未有等匹。《国故论衡》《新方言》《小学答问》三种，先正复生，非不能为也。虽从政蒙难之时，略有燕闲，未尝不多所会悟，所欲著之竹帛者，盖尚有三四种，是不可得，则遗恨于千年矣！"

章太炎对于自己的著作看得很高，认为1600年来无可匹敌，遗憾的是自己还有几部著作没有时间写了，只能遗恨千年。章太炎同时交代自己身亡后，留在北京住所的手稿和藏书让龚宝铨取走，并且强调自己的藏书不值得看重，最为看重的是他的手稿："箧中尚有遗稿及书一二千卷，仆死之后，足下幸偕内人来京携取。书不足重，遗稿为当存耳。"

既然老泰山如此看重自己的手稿，龚宝铨当然要尽心尽力地整理刊刻出版。刻版需要不少的费用，刷印也有一定的成本，好在章太炎的弟子众多，他们出钱出力来推广宣传先师著作。谢作拳所编《朱铎民师友书札》中收有朱希祖给朱铎民的一封信，该信的后半段写道：

> 先师著作刊成丛书者，第一次为康心孚排印本，其后龚未生又刊成丛书，木刻于浙江图书馆，若以定价而论，妄人亦可疑为贸利，然先师无此狭隘之见也。丛书续编写刊最精而又精印，费资稍多，当时在北平诸弟子每人出百金，原议印成各人取十部，余书及木板均送归先师。此事吴检斋经手，然当时弟子七八人所捐不过七八百金，而精写精刊印所费殆近二千金，皆为检斋垫付，彼不谋于众，斥卖百余部，收回成本，亦堪原谅，而版片迟迟运苏，亦彼之咎，然谓为贸利，恐亦未必然也。作事难，批评易，诸事皆然。

此信明确说到《章氏丛书》由龚宝铨主持刊刻于浙图。朱希祖又提到了《章氏丛书》续篇的刊刻问题，众弟子们纷纷捐献刊印之资，可见弟子众多有时也是一件极为重要之事。

关于龚宝铨在浙图馆长任上的事迹，我找到的资料甚少，仅于《张元济全集》中看到张元济写给龚宝铨的三通信，其内容都是关于编纂《槜李文系》之事。槜李是嘉兴古城，龚宝铨是嘉兴人，想来这是张元济写信给龚宝铨的主要原因。张在第一封信中请龚宝铨代为推广该书："前以同人筹刊《槜李文系》，搜集遗稿，曾托尚旃兄代陈清听，并恳在省中主推兹事，知蒙俯允，感幸何极。"在第二封信中，张元济又提到希望龚宝铨能利用馆藏来为此丛书搜集相关文献："承允以贵馆所藏图书遇有可以甄录之文代为搜集，盛意极为钦佩。弟与诸同志发起此事，不过以乡邦文献攸关，完成美举。乃荷奖饰逾分，何以克承。"

除此之外，张元济还希望通过龚宝铨的关系，能够在京师图书馆搜集文献，但有些地方的文稿仍显过少，他希望龚宝铨也能组织人予以搜集，以便充实《槜李文系》。这些都说明了龚宝铨在浙图任职期间，不但为章太炎刻了一些书，同时也利用馆藏参与编辑了一些文献。

2013 年 1 月 2 日，我到嘉兴地区寻访，在范笑我先生的带领下，我们前去探看龚宝铨故居。该故居位于嘉兴市秀洲区油车港镇宝铨路 41 号。

宝铨路是沿河的一条不宽的小马路,范兄称以前这条路不叫这个名字,为了纪念龚宝铨,才以他的名字来命名,看来嘉兴人颇为看重这位前贤。

来到故居门前,门却上着锁,范兄掉头就进了对面的一个小理发店,那个理发店很小,我觉得面积不足 10 平方米,一位老师傅正在用传统的剃刀给一个老男人刮胡子,理发用的座椅我觉得至少是 30 年前的老物件。我小时候最怕理发,看到这种座椅,就想起了那个时候的畏惧。范兄跟这位理发师傅很是熟悉,进门就热情地打招呼,老先生马上把钥匙递给了他。故居的钥匙为何在这个理发师傅手里,我当时想拍完照后跟范兄仔细请教,但因为忙着拍照和看故居,竟然忘了问这个问题。总之,不费周折地打开了旧居的门,是件让人高兴的事。

进入旧居的门不是 41 号,而是 41 号与 42 号之间的小门洞内,也许是故居的侧门。整个旧居形成了一个完整合围状的院落,左手的侧房看上去像是原故居的正房,我觉得当初这个院落的总体格局肯定与今天的不同。正房是两层建筑,一层成了龚宝铨的展览室,进门正前方,陈列着龚宝铨的半身胸像,后面是他的生平介绍,侧墙上挂着一块铜牌,写着"秀洲区油车港镇青少年教育基地",看来在龚宝铨旧居的地址中应该加上这两个地名。

边参观故居,范兄边向我讲解龚宝铨的历史业绩,他尤其强调龚宝铨对图书馆界的贡献,以引起我对龚的重视,范兄对其乡贤的热爱每每从不经意的言语中透露出来,令人感动。旧居的二楼锁着门,我问范兄楼上有什么东西,他说是龚宝铨的起居室,已经没有什么旧物,于是我放弃了开门上楼的想法。来到院子中,四处观看,无意中看到一盆嫩黄色的花朵在开放,范兄告诉我这是蜡梅,在这小小院落中,这株蜡梅开得别有生气,我仔细地欣赏着它的吐蕊姿态,赞叹着它的美貌,这是我第一次见到真正的蜡梅。我的少见多怪想来定让范兄暗笑不已。

进入另一间陈列室,里面用展板介绍着龚宝铨的家世,我由此方知,他还是医药世家。我们边参观,范兄边向我介绍说,当年章太炎的一些文章,都是经过龚宝铨抄录的。章太炎的《小学答问》是用篆书书写,手书刻版的,藏书界都说这是出自章太炎的手笔,但我怀疑那本书的实际抄写人是龚宝铨,因为我觉得《小学答问》的字体虽然是小篆,但看上去有些拙稚,跟章太炎平时所写的老辣篆书字体有较大区别,当然,这种情况也

= 龚宝铨故居大门　　= 龚宝铨故居正厅

很可能是刻版后的变形所致,然而,章太炎的文集《章氏丛书》的编撰的确都出自龚宝铨。

从龚宝铨故居出来,范兄去归还钥匙,我也跟进了那间理发店,我还惦记着那把古老的理发椅,端起相机想留住那个时代的影子,偶然发现那个被剃头者,正从镜子里瞪着我,看来他不喜欢暴露身份,我只好做好奇状,看了两眼匆匆退出。

江西省图书馆

以退庐为嚆矢，刷旧版供他馆

关于江西省图书馆的起源，民国政治教育部所编《第一次中国教育年鉴》之《教育概况》中称："该馆以宜丰胡思敬捐书为嚆矢。"

胡思敬，字漱唐，号退庐，江西新昌人，新昌乃今日宜丰县，生于清同治八年（1869），祖上三代都有举人，家庭文化氛围颇浓。胡思敬于光绪十九年（1893）中举，转年联捷成进士，当时年仅24岁，后历经吏部主事、广东道监察御史等职。宣统三年（1911），他感受到朝廷的衰败，挂冠离京返乡，整日以藏书读书为乐。他在《亡儿骏台哀辞》中称，返回南昌后"筑室湖滨，辇书二十万卷，尽纳其中"，可见其藏书量已经形成规模。

民国六年（1917），张勋复辟，授胡思敬为都察院左副都御史，他当即启程赴任，然而还未走到就听闻张勋复辟失败，于是返回宜丰。民国十一年（1922），胡思敬病逝于南昌。

胡思敬在京期间，公余基本上都在书肆内寻觅古书。刘廷琛在《胡公漱唐行状》说他："益肆于学，日至书肆搜求经籍，老仆负囊从其后，无所不收，盖亦无所不读。"

经过日积月累，胡思敬在北京买到了大量的书，但这个爱好令妻子为之皱眉，多次劝他不要把家中的钱全部用来买书。对于这样的纠结，胡思敬在离京时写了一首《别琉璃厂书贾》，诗中的一节谈到了其妻对他的劝谏：

> 荆妻颇安贫，随我屡斋粥。见我挟书回，相对眉暗蹙。
> 徐徐进箴规，谓我无多禄。矫俗辞炭金，又勿贪馆谷。
> 积此充屋梁，饥不果君腹。东家军校官，出门美裘服。
> 西家秘书郎，趋走盛僮仆。宦游当广交，胡独守敝簏。
> 东西屋两头，列置逾万轴。人寿曾几何，白首难遍读。

由此诗可知，胡思敬对书籍的爱是何等之深。返回南昌后，他首先是在南昌的百花洲边建起一座书楼，堂号为问影楼，将自己所藏的十余万册书全部纳入其中，同时又在苏圃修建了三君子祠。然在修建的过程中爆发了辛亥革命，南昌人心惶惶，胡思敬来不及建完藏书楼和居所，匆忙带着家人返回宜丰老家避乱。

避乱期间，他在南昌所建的书楼和三君子祠被水巡总监蔡锐霆霸占，损失了一些藏书及其他物品。等胡思敬返回南昌后，通过各种关系想要收回被蔡锐霆霸占的房产和书籍，然而出于各种原因，没能将资产全部收回，胡思敬只好将三君子祠以租赁名义变为公用，同时将自己的藏书拿出来作为一所公共图书馆。

1912 年 4 月 21 日的《江西民报》上，刊发了这样一则消息："据称新昌前清御史胡思敬，自愿将藏书十余万卷，新建书楼一大所，捐献作江西全省图书馆。"但是按照胡思敬在几封信中的所言，他创办此馆乃是出于不得已。对于此馆创办过程，胡思敬在《覆喻庶三书》中称：

> 去秋兵变时，仆尽弃辎重，翌春还乡。事后书籍、字画、什物多为人窃去，房屋亦被族人盗典。处乱世多一物即多受一物之累，本可置之度外，聊作达观。奈书籍为一生精力所聚，房屋题曰"新昌三君子祠"，意在表彰先贤，一旦被人攘夺，未免耿耿在心。遂于二月初一日抵省，适值新旧两都督交代之际，孤身远□，事处万难，百计筹谋，始于月之二十日将典主逐出，然已受累不浅矣。山中新觅一行窝，誓将终隐，房产既难遥制，书籍太多亦不能挈以俱行，不得已捐作江西全省图书馆，由紫封等出名，业已批准。乱世以洁身为要，身外之物，浮沈（沉）聚散辗转不可知，付之天数而已。

此处所说的族人乃是指蔡锐霆，因为他在《致贺蘁生书》中明确地写道："去年正月，蔡锐霆到省，即占据三君子祠，遭逢离乱，自知房产、书籍均难保全，不得已，始有捐办图书馆之举。而庶三贻书相责，谓不应出与民国交涉，心甚愧之而无辞以对也。"

胡思敬捐书所建之馆名称为"江西全省图书馆"，但有时他也直接称其为江西省图书馆，比如他在《覆刘幼云书》中写道："仆徙省，书物多被窃夺，三君子祠亦为人盗典。仲春来省，清理近半月，陷入重险，几不能自有，乃将书籍、房产悉捐作江西省图书馆，冀借众力保全，未知能否如愿，亦听之而已。"

从这些表述看，胡思敬捐书建馆只是出于不得已，然而这所江西全省图书馆却成了江西省最早的对外开放的图书馆，不过这所图书馆的性质是公私合办，因为图书馆内的藏书全部由胡思敬个人捐献，馆舍也由胡思敬提供，其具体操作则是从胡思敬所建的问影楼中拿出一大间房屋来对外开放，胡思敬按月收取租金，江西省教育厅每月付银 28 元，同时馆长人选由当地公推。胡思敬在《答戚升淮省长书》中写道："至图书馆，系鄙人所捐，当时全省绅士欧阳润老等呈请开办存案，公家补助经费不过百元，后稍有增加，馆长亦系全省公推。"

公私合办的江西省图书馆一直延续到民国八年（1919），因为转年江西省教育厅厅长准备开办一所江西公共图书馆，打算以胡思敬所捐办的江西省图书馆藏书为基础，同时将公私合办的性质转变为全部公办，让该馆直属省教育厅。胡思敬闻讯后予以拒绝，提出要把自己所捐之书收回来，独自办一家开放的图书馆，他在《答戚升淮省长书》中写道："知教厅诘问刻书年限，并欲改变图书馆旧章。刻书如惜（借），公费随时可停，不敢多赘。至图书馆，系鄙人所捐，当时全省绅士欧阳润老等呈请开办存案。……原呈会声明，将来如公家停办，应将原物交还胡绅。今若改为公立，直辖教厅，报部存案，则书籍俱成官物，不但地方不能干与，即鄙人亦未便关照。馆长一席，恐钻营差事者多，所任非人，更滋流弊。教厅以呈报在先，不肯自食其言，务乞台端始终维持，检视原案，据理直批，实为一省之幸。"

戚升淮就是戚扬，原本是胡思敬的旧友，两人关系十分密切，在戚扬的调停下，胡思敬终于如愿以偿地收回了他所捐的十几万册书。他在《致陈伯严书》中称："图书馆几被乱党据为己物，幸老戚出而调停，始克收回自办，不领公款。"

胡思敬收回藏书后，继续开办图书馆，仍沿用"江西省图书馆"之名，经费主要是靠出租房屋所得的租金。民国十一年（1922）四月，胡思敬病逝于南昌，他创办的江西省图书馆由其后人继续开办。同年十一月，江西省公立图书馆经过两年的筹办，于此时正式成立，为了在名称上加以区别，胡思敬创办的江西省图书馆改名为"江西胡氏退庐图书馆"，退庐乃胡思敬晚年之号。

刚成立的江西省公立图书馆藏书数量不足万册，而退庐图书馆的藏书却已经超过了 35000 册，故仍然在江西有着重大影响力。到民国二十三年（1934），退庐图书馆停办，此时馆内的藏书已经损失了一部分，当时胡氏后人已经将退庐藏书转移到了家乡宜丰。民国十七年（1928），退庐图书馆曾向省立图书馆捐献过几千册图书。民国二十四年（1935），胡思敬后裔将馆藏中的《四部丛刊》《豫章丛书》等书籍总计 2000 余册捐献给宜丰县立图书馆。

1949 年后,退庐藏书由宜丰县文化馆接收,因该馆没有能力整理,于 1953 年将这批书送到江西省图书馆。经过几十年的辗转,当年胡思敬创办的江西全省图书馆旧藏中的大部分,又成了江西省图书馆的重要馆藏。如果从馆藏角度而言,胡思敬所办之馆的确是江西省图书馆的源头。熊步成在《图书收藏家胡思敬》一文中称:"抗日战争期间,南昌沦陷前夕,退庐藏书,全部迁至宜丰县城胡家私宅,并仍对外开放。惜解放宜丰城前夕,散失不少。一九五一年,宜丰县文化馆因无力整理存放,报请江西省图书馆处理,结果用船全部运往南昌,现仍存江西省图书馆。"

江西省的公立图书馆筹建于民国九年(1920),当年十二月江西省教育厅长许寿裳鉴于"该省无公开图书馆,不足以收罗群籍",提议创立公立和通俗两类图书馆,此乃是按照民国四年(1915)十月教育部颁发的《通俗图书馆规程》中的所言:"各省治县治应设通俗图书馆,储集各种通俗图书,供公众之阅览。各自治区得视地方情形设置之。私人或公共团体公私立学校及工场得设立通俗图书馆。各自治区设立之通俗图书馆,称为某自治区公立通俗图书馆。"随后,教育部又颁发了《教育部图书馆规程》,其中谈道:"各县及各特别区域及各县所设之图书馆称公立图书馆。"

公立图书馆和通俗图书馆究竟哪个创设在先,各种资料有不同说法,为此王紫林在《江西省通俗图书馆成立年代考证》一文中做了详细辨析,该文引用了漆身起在《建国前江西省图书馆史略》中的所言:"1920 年冬,江西省教育厅长许寿裳鉴于我省没有公共图书馆的设立,不便于收集群籍,……因此,他便向当局建议同时装置公立图书馆和通俗图书馆两所。当即委派王经畲、蔡漱芳、马祀光为筹备员,并拨款六百二十元为筹备费。十二月成立江西省公立图书馆筹备处,暂借令公庙第一师范学校为办公地点。……由于经费紧张,直至同年(1922 年)十一月教育厅才委派王经畲兼任馆长,正式开馆。"

经过辨析及查证有关史料,王紫林最终确认江西省立通俗图书馆创设于南昌百花洲苏公圃,成立时间是民国七年(1918)七月二十日,江西公立图书馆成立于民国九年(1920)十二月,办公地点在南昌三道桥谌家巷。因此,该文给出如下结论:"江西省立图书馆由江西通俗图书馆和公立图书馆两馆组成。江西通俗图书馆成立于一九一八年七月二十日。基础是胡思敬的捐书，江西公立图书馆筹建于一九二○年十二月，一九二二年十一月正式成立。两馆合并前，虽同属省级馆编制，但独立工作。一九二七年初，江西政务委员会首次将两馆合并，一同并入中山大学，改称中山大学图书馆。中山大学被撤销后，两馆又分开，一九二七年十月，江西省教育厅再次将两馆合并，并改名为江西省立图书馆，欧阳祖经被任命为江西省立图书馆馆长，江西省立图书馆这一名称从此一直沿用到一九四九年江西解放。"

江西省立图书馆第一任馆长为王经畬，他原本是江西省教育厅科长，民国九年（1920）成为江西省公立图书馆筹备员，1922 年年底，江西省公立图书馆正式开馆。经过王经畬的努力，该馆在开馆时有图书 8740 册，其中中文书 7850 册，日文书 350 册，西文书有 540 册。

接替王经畬职位的是杨立诚，其毕业于北京大学哲学系，留学法国巴黎大学、德国耶拿大学，同时兼习图书馆学。1924 年回国，转年 4 月被任命为江西省立图书馆馆长，一年之后辞职，1932 年 9 月再任此职，在其任上，该馆藏书量有了较大增长。据 1933 年第 9 卷第 3 期《中华图书馆协会会报》所载《江西省立圕近讯》："江西省立圕自杨立诚氏接任馆长整理开放阅览，阅览渐形进步，兹据见闻所及，略述该馆近讯如次：（一）该馆馆舍为新式建筑，因南昌缺乏宽大之新建筑，故剿匪行营现仍设于其中，办公部分地位颇小，俟军事告一段落可望迁让。（二）该馆现编有《江西全省圕一览》一册，表列全省圕之名称地址，极便考查。（三）江西省教育厅前筹费重印《豫章丛书》，即以该馆名义出版，现仍发售预约。该馆馆员张英敏现并编有《豫章丛书索引》一册，对应用此丛书者颇为有助。（四）该馆杨馆长以赣籍前辈李木斋先生（盛铎）寓居天津，藏有珍本甚富，拟请其酌捐归公，以惠桑梓文化，杨氏此次赴平出席协会，南返时即过津访候李氏有所商云。"

可见杨立诚不仅修缮了馆舍，还想办法刷印丛书，同时联络了江西籍藏书大家李盛铎，希望李盛铎能够给江西省馆捐一部分藏书。到杨立诚第二次辞职时，该馆藏书量已经超过了 8 万册。

关于该馆的历史延续，当年北伐军克复南昌后，省立图书馆与另外四个专门学校共同组建为江西省中山大学，但很快又恢复了原建制。《中国公共图书馆概况》中说："1926 年夏，南昌各中等以上专科学校合并成立江西中山大学,该馆并入该校,改称中山大学图书馆。同年冬,学校撤销,该馆遂恢复江西省公立图书馆原名。"之后很快又有了变化:"1926 年 11月,北伐军光复南昌。12 月,江西省政务委员会任命胡钟英、贺益誊分别为省公立、通谷两馆的接收保管员。1927 年初,两馆合并,归入江西中正大学,改称江西中正大学图书馆,傅尔攽、吴有训负责图书馆工作。不久,中正大学撤销,教育厅先后委派赖邦宪、陈作琛为保管员。"(《江西省文化艺术志》)

然那时的江西省馆没有固定馆舍,只是租用谌家巷房屋,各方面均很困难。直到欧阳祖经任馆长,局面才得以改观。欧阳祖经在光绪末年曾往日本东京高等师范学校读书,毕业后回国任教员,曾做过江西省第一中学校长,江西省教育厅第一科、第二科科长等,1927 年 11 月任江西省图书馆主任,此即该馆馆长。

欧阳祖经刚到江西省图书馆时,该馆从江西中正大学独立出来不久,于是他呈请省政府当局拨付南昌百花洲的三公祠作为新馆址。经其努力,终于得到省政府的同意。1929 年省库拨款 6 万余元,在百花洲旁边建图书馆,转年 7 月落成。对于这座新图书馆的建造规模,《江西省建筑业志》中载:"1928 年秋由工程师杨朴民设计,周春茂营造厂承建,1930 年 8 月落成,共有楼房四座。主楼为阅览室及办公室,四层。第一层为地下室,东为一座可容 200 人的会议厅,西为图书、报刊装订室。第二层由外面石阶进入大门,东为大小阅览室各 1 间,西为讲演室,另有一阅览休息室。第三层的有东西两大间图书阅览室,能容纳 200 人。第四层利用屋顶空隙布置 9 个较小房间,中楼为书库。"

新建的图书馆在当时来说是南昌的著名建筑,该馆与江西大旅社、邮政局并称为"南昌三大建筑"。但是该馆刚落成几个月就被征用。1930 年底,蒋介石到南昌组织指挥对红军的第一次"围剿",蒋介石在南昌的临时行营就确定在江西省立图书馆内,于是该馆的馆务停了下来。但是该馆的工作人员开始清理馆藏,编出了一系列的目录,《江西省文化艺术志》中说:"书目文献工作是图书馆工作的重要组成部分,江西省图书馆自 1922年创办以来,从未放松过这项工作。只是 1934 年,馆址被蒋介石占为临时行营期间,各项工作陷于停顿,得以抽出人力、物力,对馆藏进行了一次全面清理,并编印了《江西省立图书馆藏书目录》,共分五册,即《临时阅览处中日文图书目录》《临时阅览处西文图书目录》《临时阅览处儿童图书目录》《临时阅览处流通图书目录》《临时阅览处杂志目录》。这些书目至今仍保存完好。"

1935 年，南昌行营结束，《赣省馆接收绥署址》中称："所有署址，应行归还江西省立圕，业已函江西教育厅派员前往接收，该馆一俟将馆址接收后，即仍行开放，现在环湖路临时阅书处，亦即归并云。"

这一年欧阳祖经前去担任庐山图书馆征集图书委员会委员，1936 年受熊式辉委任，再次出任江西省图书馆馆长。欧阳祖经对江西文献十分看重，王咨臣在《欧阳祖经与江西省图书馆》一文中写到他的功绩时称："可得而言的有二大端：一为搜集江西地方志，二十年（1931）以前，已搜得一百〇三种，到二十四年（1935）欧阳祖经第二次任馆长时，江西省、府、县志，已搜集齐全，仅缺瑞金、石城、浮梁三县，于是向蔡敬襄蔚挺图书馆商借三县志，请得萧亨葆、赵隆宪二人抄写，于是得以全备。二为搜集江西历史人物著作。二十年（1931）以前，除《豫章丛书》外，共有二三百种，后又按照崇仁华澜石《四库著录江西先哲遗书钞目》进行搜集，商借浙江图书馆所藏《四库全书》抄录副本。并拟从江西省、府、县志儒林、文苑传以及艺文、经籍志中辑出书名，再从事调查、访问，所得亦复不少。"

除此之外，欧阳祖经还搜集了大量版片，王咨臣写道："馆长欧阳祖经，对于江西所刻的古籍版片，尤能注意访求，先后所得者有嘉庆年间南昌府学所刻阮元所校《十三经注疏》，同、光年间江西书局所刻《江西通志》、《五种纪事本末》《武英殿聚珍版丛书》《黄山谷全书》等八十二种，胡思敬退庐图书馆问影楼所刻《豫章丛书》一百零四种版片，均集中于应天禅林，由馆中派专人保管。后又购得南城李之鼎（字振唐）《书目举要》以及《通鉴辑要》《彭城集》《公是集》等版片，亦达一百〇九种，保管数十年。"

欧阳祖经搜集版片不仅是为了保存它们，更多者是将流传不广的重要典籍以刷版的形式再次发行，由此给其他图书馆增加了新品种。王咨臣在此文中称："二十四年（1935），欧阳祖经馆长鉴于《江西通志》《豫章丛书》流传不广，全国各大图书馆以及全国高等院校又十分需要，于是发行预约，由馆中装订员徐瑞堂各印行一百部，多为全国各大图书馆抢购而去。"

1937年"七七事变"后的一个半月,日军突袭南昌地区,该馆将藏书运到了永新县,但由于转移仓促,馆中所藏的期刊、报纸未能运出,全部在战争中被毁。此后该馆将两万多册图书迁移多处,直到1945年日军投降后,这些藏书方运回南昌。对于馆舍情况,李泉新、陈为民在《八年抗战中的江西省图书馆》一文中写道:"6、7月间,日军占领了长江中下游战略要地安庆、九江、彭泽、湖口等地相继沦陷。日军飞机开始轰炸南昌,南昌面临沦陷的直接威胁。为了使馆藏的大批图书免受战火洗劫,省图书馆决定立即迁往难民聚集的赣南重镇吉安。得到批准后,全馆人员和图书即行转移,百花洲图书馆办公和阅览大楼一度为江西省第一广播电台借用办公,后来果然遭到日机的野蛮轰炸,成为一片废墟,直到抗战胜利后的1947年才勉强修复。"

重新开放的省图书馆更名为江西省立中正图书馆,1949年前,该馆的藏书量仅92000余册。1949年5月,江西省人民政府接管江西省立中正图书馆,将其改名为江西省人民图书馆。1957年,该馆改名为江西省图书馆,名称一直沿用至今。

此后该馆藏书数量快速增加,1990年第4期《江西图书馆学刊》中刊发的王建平所撰《江西省图书馆藏书调查、分析与评价》一文称:"解放初,我馆藏书仅为92000余册。建国后四十年来,我馆藏书建设规模有了很大发展。现有藏书200万册。"

对于该馆的古籍藏书数量,1999年版的《江西省文化艺术志》中给出的数据是:"江西省图书馆馆藏古籍达60万册,占全部馆藏的25%,这是一般省图书馆中不多见的。其中,有不少珍善本,诸如南宋周必大吉州刻本《欧阳文忠公集》153卷(存30卷),装帧考究,刻印精良。明崇祯年间宋应星自刻本《谈天·论气·野议·思怜诗》四种,系海内孤本。明嘉靖刻本《江西通志》为《江西通志》最早最完善的版本。明代经折装瓷青纸金粉写本《太上洞玄灵宝无量度人上品妙经》,是集装帧、书法、绘画艺术为一体的绝妙珍品。此外清初抄本《荷锄杂志》11卷、清抄本《旧五代史》都独具特色。"

2012年11月30日,我跟随李致忠、陈先行二位先生到南昌鉴定古籍。第二天应江西省图书馆何振作副馆长之邀,前来参观江西省图书馆。何馆长分管古籍特藏部,对馆藏古籍十分熟悉,一路上听他讲了不少相关掌

江西省图书馆外观   敞开式庭院

故。

图书馆占地面积很大,何馆长介绍说有九十亩,但近期准备搬迁到新区,占地面积可能要缩小到六十亩,那样只能把楼建得更高。何馆长带领我等逐个参观了不同的功能区,儿童活动区简直就是儿童的游乐园,虽然孩子们很快乐,但我总觉得图书馆是一个安静的读书场所,跟热闹似乎不搭界。

我最感兴趣的当然是古籍修复室和善本库,在古籍修复室内,有四五个工作人员在整修桌上的古书,其中一部大部头的《佩文韵府》,虫蛀得很厉害,书口几乎全部咬断,然而工作人员只是将每册书添加一张牛皮纸皮就直接订线了。我问他何以不逐一修补书页,他解释说一者比这烂的书多得是,这还算好的,二者是修理经费有限,要用有限的经费尽量去修破损程度更高的书。这种“因地制宜”的思路,也许是一种创见吧。工作人员又打开书柜让我看里面有许多待修的书,我的确看到了比《佩文韵府》破损程度更高的线装书。从经验来看,南方因为潮湿,线装书的虫蛀情况平均而言比北方严重得多,可见南方图书馆在修补古书方面的确更为辛苦。

我注意到桌上还有纸张领取登记表,都逐一列明修补用的纸的编号、张数、领取时间及领取人,我好奇为什么对于这些修补纸如此严格,工作人员解释称纸张有限,虽然国家古籍保护中心曾经拨来一些,但只是每样一包,而馆里有这么多待修的古籍,拨来的纸连杯水车薪都算不上。陈先行先生听到这个很感慨,说回去后将上海图书馆善本部的一些修补纸张无偿支援给江西省图书馆,众人闻听很是高兴。我感兴趣的另一个小发明,是穿线绳的盒子,江西省图书馆把它做成一个长方形金属盒,里面放着两轴卷线,然后从旁边穿孔,线从里面穿出,这样既方便了订线者的使用,也不会将丝线拉乱。

参观完修复室,我们接着去看善本库,库的面积看上去至少一千平方米以上,门楣上有“气体保护区 / 放气勿入”的警示牌,地上还有自动灭火装置,里面陈列的书籍我能看到的大多是《中华再造善本》。何馆长让善本部主任拿出了他们的几部镇库之书,其中有宋刻本《欧阳文忠公集》,存第四十六卷至第五十卷,为蝴蝶装原装制式。关于这部书,周建文、程春焱主编《江西省图书馆馆史(1920—2010)》一书中介绍说:“此书蝴蝶装,字近颜体,笔法浑厚挺拔,墨香纸润,刻印精良,所谓展卷便有惊人之处。

■ 待修复的古籍　　■ 工作人员耐心修复　　■ 换皮钉线

= 夹放书页 = 修复工程浩大 = 实用的修复器具

此书新中国成立前省馆以重金购得，物归其所。入选第二批《国家珍贵古籍名录》，在第二届'国家珍贵古籍特展'中展出。"

在这里看到的另一部善本是四库全书写本《旧五代史》，抄写得很是漂亮，尤其特别的是没有将校签贴在每页书的原位置上，而是单独标贴为一册，这种制式还是第一次见到。还看到一部明代道经，瓷青纸泥金写本，品相很是完好，这就是《江西省文化艺术志》中提到的《太上洞玄灵宝无量度人上品妙经》。

何馆长还重点介绍了宋应星的著作四种，虽然是崇祯刻本，但作者却是当地的先贤。宋应星是明末江西奉新县人，做过南直隶亳州知州等职，与一般士人不同的是，他特别留意农业和手工业，为此写出了极具盛名的《天工开物》，这部书被誉为中国十七世纪的百科全书，李约瑟称宋应星是"中国的狄德罗"。正因其有这么大的贡献，所以该馆对他的著作十分看重，特意找相关部门原样复制了宋应星的几部作品，而我能够在此看到原件，确实感到开心。

苏州图书馆

从书院书局到现代公共馆

关于该馆的历史分期问题，许晓霞、金德政、孙中旺在合撰的《书香百年 薪火相传——苏州图书馆百年历程回顾》一文中把苏州图书馆分为四个时期。首先是可园时期（1914—1951），该时期乃是从古代藏书楼到近代图书馆的转型期。二是拙政园和公园路时期（1951—2001），该时期为此馆现代化的起步和发展阶段。三是人民路新馆时期（2001 年—目前），此阶段该馆成为全面发展的复合型图书馆。

该文发表在2015年第1期《新世纪图书馆》专刊中，文中提到的"目前"当是指写作时间，但是此文还有第四部分，该部分谈及为了满足市民当下和未来的文化需求，在市委和市政府的大力支持下，已经启动了苏州第二图书馆的项目建设。而我写此文时，该馆已经建成并投入使用，因此，这应当算作是苏州图书馆的第四个时期。

该文将苏州图书馆的创建日期定在了1914年9月20日，当时江苏省立第二图书馆即苏州图书馆前身，在古城沧浪亭办的可园正式开馆。到第二时期，苏州省立图书馆与吴县图书馆、孩子图书馆和文心图书馆合并，更名为苏南苏州图书馆，此后又更名为江苏省苏州图书馆及苏州市图书馆。

经过百余年的努力经营，苏州图书馆由小到大，成了重要的江南书城。但若将时空拉到先秦时期，当地的民风似乎与文相去甚远。吴地民风尚武，班固在《汉书·地理志》中说："吴、越之君皆好勇，故其民至今好用剑，轻死易发。"

吴地民风的转变与言偃有直接关系。言偃是孔门十哲之一，同时是孔子唯一的南方弟子，他学成之后返回吴地，使当地风俗大变。对吴地文化做出大贡献的另一人物则是范仲淹，当年他在苏州任职时创办了苏州府学，因为成果显著，宋庆历四年（1044），仁宗下诏，全国各地皆仿苏设立州县学校。由此可知，自那时起，苏州已是全国的文化中心之一。

喜文之人自然喜欢读书，故苏州一地藏书风气最盛。潘圣一在《苏州的藏书家》一文中说："以故吴中旧家，每多经、史、子、集四部书之储藏，虽寒俭之家，亦往往有数拾百册，至于富裕之家，更是连楗充栋，琳琅满目。故大江以南，藏书之富，首推苏州。"这种风气为创造公共图书馆奠定了物质基础。

前面提到苏州图书馆创建于可园，但若继续向前追溯，可园的藏书历史还可以向前推一百年。清嘉庆十年（1805），两江总督铁保和江苏巡抚汪志伊在可园东侧创办了正谊书院，聘请文化名流做书院山长，比如有状元吴廷琛、榜眼冯桂芬等。正谊书院创建之初，每年有经费 3000 金。该书院办得十分成功，道光十二年（1832），皇帝赐给该书院"正谊明道"匾额。后因太平天国战争，该书院被毁。

光绪十四年（1888），江苏布政使黄彭年在可园内创办学古堂，堂内附设藏书楼，藏书数量超过了八万卷。当年的正谊书院有藏书六万余卷，残余的部分也归入了学古堂。藏书楼建成后，黄彭年又捐出一部分自己的藏书，在他的带领下，不少人纷纷捐书，致使学古堂藏书规模迅速壮大。

光绪三十一年（1905），因为受到维新变法思想影响，学古堂改为"江苏游学预备科"。在此之前，张之洞提出了"存国粹而息乱源"的主张，并于光绪三十年（1904）在湖北省城议设存古学堂："各学堂经史汉文所讲太略，特设此学，以保国粹，存书种。"为此，他将当地经心书院改为存古学堂，"专聘博通中学经史、诸子、词章各门学问之师儒为教员，选取中学较优之生，收入此堂肄业，即专习此数门"（《两湖总督张札设存古学堂文》）。

受此影响，至光绪三十四年（1908），江苏游学预备科改为存古学堂。辛亥革命后，存古学堂停办，该堂所藏的两万四千余册藏书由金树芳、孙福保代为保管。

苏州图书馆的另一个藏书源头乃是江苏官书局，同治四年（1865），江苏巡抚李鸿章创办此局，该局刊刻了大量版片。到后来，学古堂和存古学堂所刻的版片也并入了该书局，此后该书局还接收了一些藏书家赠送的版片，比如有胡克家影刻元本《资治通鉴》，著名的版片还有毕沅的《续资治通鉴》，黎庶昌、杨守敬在日本刊刻的《古逸丛书》等。到 1914 年，苏州图书馆成立时，江苏官书局的版片及藏书全部归入该图书馆。同时存古学堂所藏书籍及正谊书院当年的遗存也一并归入苏州图书馆。曹允源在《江苏省立第二图书馆书目续编》的序中称："本馆藏书，权舆学古堂，存古学堂继之，复有增益，经营阅二三十年，甲寅之夏，踵是成规，遂设图书馆，先后储藏七万余卷。"

苏州图书馆的创建非一蹴而就，早在辛亥革命前，当地有识之士就提出了创办公共图书馆的建议。最早提出此建议的是吴县人张一麐，他多次上奏江苏督抚、苏农工商局，请求在苏州设立一所公共图书馆。他还提出了详细的规划，在《建筑图书馆说略》中说："请于城之中心拨官荒，以二十亩内外为率，其地须南近各学堂，北联观前市场，使学界师生为朝夕必由之路，又为四方聚会之中心，不至久而废弃。"

张一麐认为，图书馆最好设在交通便利的市中心，以便让更多人来阅读。张一麐还在文中详细论证了公立图书馆对当地文化的重要性，他甚至在此文中规划出图书馆的格局："先造图书馆两进，其后一进为楼房三幢，楼三楹，不用格扇，四周环以书箱，为藏庋图书之地，楼下三间夹以格扇，中为食堂，左为管书人宿舍，右为小客座；前一进平房三间，门以玻璃窗为之，取其透光，左为入口，右为出口，中间排列长桌椅任人取书，或阅，或钞。其募书及阅书章程另定之。两进之中间，以长廊相属，楼梯即设于廊下，梯后可做小室二，一以置灯盏什物，一以为仆人卧房。"

为了实现这个想法，张一麐率先捐款一千元，后任吴县议事会副议长的蒋懋熙在河南经过自捐和募捐，也凑出一千元，这两千元成为创办苏州图书馆的启动资金。但因张一麐不能回苏州亲自筹办此事，只能委托冯守之来操办。该馆虽然已经有了雏形，后因赶上辛亥革命爆发，此次建馆未能最终完成。

辛亥革命后，沈维骥上书江苏民政长韩国钧，再提创办图书馆之事，得到了韩国钧的大力支持。1913 年 2 月 28 日，吴县议事会第二次临时会议讨论呈请省议会创办江苏省立第二图书馆之事，此提议得到了省议会的批准。1914 年 4 月，韩国钧将承办事项交由沈维骥负责。1914 年 9 月，江苏省立第二图书馆在可园落成，首任馆长就是沈维骥。

1915 年，曹允源接任馆长。他在正式就任馆长之前，就已经对馆藏做了相应的了解调查工作。他发现新建的图书馆的藏书有如下问题：一是有书无图，名实不符；二是只有传统的经史子集丛五部，缺乏实业、财政等方面的新书，与当时西学东渐的形势不相适应；三是当时所藏图书"或抉择未精，或版本未善"（曹允源《复卢绍刘书》）。

对此，曹允源提出了下一步的购书和拨书原则："本馆藏书，不厌搜求，坊间如有精本、旧本、钞本出售，及近人著译关于政治学术者，私人著作未广流传者，皆得采购储藏；各处图书馆珍藏未见书，或私家世守图籍，应请互寄目录，仿佹圃曹氏流通古书约，设法传钞；各省官书局书应请巡按使行文调取，其各县志书暨先贤撰著，由馆咨取储藏。"

到 1921 年时，苏州图书馆已有明刻本 240 余种，乾嘉以前的精刻本

400 余种,以及史家手稿及旧抄本五六十种,同时曹允源还为该馆购买了一些时政和西学方面的书籍。到 1927 年底,该馆藏书超过了 7.5 万册。

随着藏书的增加,该馆的编目提上了日程,中国典籍传统编目法基本采用四部分类法,后来张之洞在《书目答问》中增加了丛部,被称为五部分类法。随着西学的传入,五部分类法难以囊括相关门类,为此,曹允源特意在此分类法上增加了"新部",这种分类方式被称为六部分类法。

1927 年,陶惟坻出任馆长后,聘请陈子彝协办馆务,陈子彝对全馆藏书重新予以分类。当时国内开始流行美国图书馆学家杜威的十进法,但是这种分类法适用于西籍,若将传统典籍全部按此分类,也有不合适的地方。故而陈子彝以杜威十进法为框架,参考了洪有丰发明的新旧混合制,最终编定出《中央大学区立苏州图书馆图书分类法》。该分类法将馆藏分为十大类:丛、经、史地、宗教哲学、文学、教育、社会科学、自然科学、应用科学、艺术。每大类下再分细目,这种分类方式为苏州图书馆所独有。

该馆在开办之初就制定了相应的阅览规则,当时是收费阅书,读者需要先购买阅读券,方可调阅书籍。陶惟坻出任馆长后,取消了凭券阅书制,同时增加了报纸、杂志阅览室以及儿童阅览室等,使得该馆规模更为完善。

1929 年 1 月 28 日,中华图书馆协会第一次学术年会在南京金陵大学开办,全国有十五个省市区的代表近 200 人参加了该界年会,苏州图书馆派蒋吟秋、顾道敏为代表前去参会。在此次年会上,苏州图书馆的三个议案获得通过。蒋吟秋还在大会上宣讲了题为《图书馆之使命及其实施》的论文。

1929 年 9 月,江苏省各教育机构组织人员前往日本考察教育,苏州图书馆派陈子彝随团前往,他们历时一个月,在日本的长崎、神户、东京、名古屋、大阪等地考察日本的相关事业,其中包括图书馆。陈子彝参观了日本帝国图书馆、帝国大学图书馆、浅草图书馆等各家图书馆,此后撰写了《日本图书馆事业一瞥》一文,详细介绍了日本各类图书馆的性质和特色,使得苏州图书馆在功能上得到了进一步的完备。

此后苏州图书馆的藏书虽因战争有所损毁,但总体上仍在增加,即使在特殊历史时期,苏州图书馆也会想办法尽量地抢救图书馆典籍。《书香百年 薪火相传——苏州图书馆百年历程回顾》一文中写道:"当时苏州全

= 苏州第二图书馆外观

市'破四旧'的图书文物皆集中在胥门及阊门莲花斗废品仓库,达三四百吨之多,其中不乏有价值的图书文物。老馆长许培基冒着被批斗的危险,率领华开荣、秦钟英、吴声椿到两个废品仓库翻检遴选文献资料,连续工作了两个多月,捡回古籍图书及期刊3272斤,论斤买回典藏。其中有元版一部、明版74部、稿本10多部。另外,目前藏于本馆的两部镇馆之宝——《杜陵诗史》和《容斋随笔》也是这时期购得。"

在馆舍建设方面,1981年,该馆在社科新大楼内有4000余平方米的馆舍面积。1990年,在相王弄建成1650平方米的古籍馆。2001年,人民路新馆落成,苏州市图书馆正式定名为苏州图书馆,新馆的总建筑面积达到25000平方米,乃是该馆规模上的一大跃进。此前的几年,我曾在这个馆舍内举办过一场讲座,对该馆花园式的建筑印象深刻。

2021年,蒙苏州图书馆古籍部主任孙中旺先生之约,我前往该馆参观他们举办的典籍大展,此时该馆已经从人民路馆舍搬迁到了苏州相城区新馆舍,该馆定名为苏州第二图书馆。展览的设计十分用心,可谓是传统与现代科技的结合,展品中有多件该馆的镇馆之宝,观之令我大饱眼福,可惜展览之后接着要举办一场讲座,致使我没有时间为该馆拍照。

为了写此小文,之后我多次与孙主任联系,想要去拍摄一些照片,但因疫情起伏不定,竟然三次约定都未能前往。至2022年7月初,江苏书展在苏州开幕,同时要在此会上举办《苏州全书》启动仪式,这是苏州书史上一项重大工程,承蒙领导厚爱,邀我做此工程的顾问,因此我必须赶往现场参加接受聘书仪式。我又向孙主任提出了拍照之请,正赶上那些天他在江苏书展上有多项活动,于是他安排了苏州图书馆古籍部副主任沈黎老师带我拍照。

第二次来到苏州第二图书馆,特意请司机把车停在了路边,上一次来该馆时,是朋友直接把车开到了地下停车场,使得我未能仔细端详该馆外观,而今方注意到这个体量巨大的新馆处在两条主干道交叉口旁,川流不息的车流使我不敢站在路上为此馆拍全景。总体看上去,感觉这个馆是倒T字形,层层的玻璃幕看上去像是由书籍磊叠而成。可能是为了让外观更具吸引力,从正面望去,又隐隐地觉得图书馆像是F形。

楼的正中位置有高高的大楼梯,走上此楼梯会让人对典籍产生敬畏感,我正是在这里见到了沈黎老师。在她的带领下,我们先去参观了苏州市古籍保护中心。此处的长廊做了精心设计,棚顶有着苏州园林中长廊的特色,两侧墙上以花窗的形式展现着典籍之美。花窗内的图案有放大版的古版画,也有苏州名家法书,我最喜欢的一幅是吴大澂的篆书作品。

而后我们参观了古籍阅览室,于此看到了体量巨大的影印本《四库全书》。在阅览室内还有一个专门的半开放房间,是阅读善本的地方,此处以花窗的形式做了隔断,若隐若现的感觉恰到好处地体现了中国传统的含蓄美。

而后沈主任带我参观古籍库房,这个库房的储藏方式是全部用特制的樟木橱存书,两侧的木橱沿墙排列,中间背对背相靠,看上去极有阵势。因为地处南方,透过玻璃橱看到里面的典籍基本没有函套,所用大多是木夹板。每部书均有悬签,沈主任说这些书签有的是老前辈写的,有的是近些年补写的。但看上去都是用毛笔所书,由此体会到了图书馆人对典籍的珍爱之情。

为了取书方便,每个书架上下两截中间有一块可以抽拉的活板。这个功能最为实用,因为中国典籍大多是一套多本,为了查阅某一部书,往往需要把整摞书都搬下来。我采取的办法是在书架间放一个琴桌,但每次需要查找书时都要把琴桌拉来拉去,远不如苏州第二图书馆设计的抽拉板方便,毕竟琴桌的下方会阻碍底橱开门,而抽拉板却完全不会影响。

沿着一排排的书架看过去,虽然参观过不少图书馆的古籍库房,但每一次进入其中,我都会有一种莫名的兴奋。这种兴奋没有理由,也不需要理由,也许是里面的气息和感觉与我的灵魂相契合。此馆为了保护典籍,书库里使用了现代化的恒温恒湿设备,沈主任说已经准备了一些善本,可以到阅览室去观书。遗憾的是,我还着急赶回江苏书展现场参加其他活动,只能郑重地向沈主任表达了谢意和歉意,而后匆匆离去。

≡ 高大的台阶　≡ 古籍阅览室

附：东山明善堂——苏州图书馆的藏宝地

抗日战争期间，苏州图书馆馆长蒋吟秋为了不使馆藏善本受到损失，将该馆所藏古籍密藏在太湖东山岛上的明善堂等地，经过同仁们的艰苦护书，这批古籍一直完好地保存到了抗日战争胜利，最终回归馆中。

关于蒋吟秋个人的情况，各种资料记载较多。郑逸梅写过几篇文章谈到了蒋吟秋，比如《谈蒋吟秋之书法》中谈到蒋吟秋的性情："性风雅，志恬淡，有古逸士风"，又在《蒋吟秋有功文献》一文中详细谈到蒋吟秋的为人处事："吟秋待人接物，彬彬有礼，出言吐语，不亢不卑，且庄中有谐，直中有婉，任你满怀的不快乐，愁眉苦脸，和他一谈，不自觉地心境舒适，如坐春风。他虽和人绝交，也不出恶声。在家中与子女相处，从无疾言厉色。"

关于蒋吟秋的收藏及书法之好，郑逸梅在《谈蒋吟秋之书法》一文中写道："君之外王父陈公寿祺，字慎三，为吴下名画家，收藏金石碑版綦富，而尤工篆隶。年逾古稀而卒。其长孙子清，与吟秋为表兄弟，童龀之年，俱爱于陈公。而于书法若有夙慧，一经指授，即能为人作楹联。"蒋吟秋的外祖父陈寿祺是有名的画家，收藏有大量的碑帖，在书法方面专攻篆隶。陈寿祺的长孙陈子清幼年时与蒋吟秋一起学书法，而蒋吟秋在书法上的成就极高，与祝嘉、费新我、汪星伯并称为吴中四大书家。

蒋吟秋也有藏书之好，郑逸梅在《蒋吟秋有功文献》一文中讲到了在蒋吟秋家中看到的善本："曩年我在故乡，曾一览藏书之室目为琅嬛胜地。登其楼丹函翠蕴，玉签累累，有元版的《宋文鉴》十六本、《春秋属辞》两大函《韵府群玉》书计二十册，行格疏朗，古色彪炳，书根缮写，又绝精致，为元延祐元年刻。《昭明文选》，为蝴蝶装。更有《行水金鉴》，为世间孤本，附图甚多。"

关于苏州图书馆的开办，卢彬士、蒋吟秋在《省立苏州图书馆略史》中写道："苏州图书馆创立于一九一四年九月，定名为江苏省立第二图书馆。先是，沈子良（维骧）呈请江苏巡按使韩国钧，建议于苏州筹备图书馆。经同意后，即委沈为筹备员，着手筹备。所有图书，极大部分是正谊书院及学古堂旧物。"

蒋吟秋在苏州图书馆的工作状况，以及他所做出的业绩，以叶瑞宝先生所写《只留清气满乾坤——记蒋吟秋先生》一文最为详尽。文中谈及蒋吟秋从 1921 年服务于江苏省立苏州图书馆,1935 年 12 月 1 日任馆长,直到 1949 年 8 月 25 日辞职。

蒋吟秋在任职馆长之前,有一度任官书印行所主管员,这缘于当年江苏官书局的书版后来全部划归了苏州图书馆,该馆继续用板片刷印书籍发行全国。因为用于刷印版片的纸张不同,故售价也不同,为此,蒋吟秋编纂了《江苏省第二图书馆官书印行所核实书籍价目》,该《价目》中说明:"本所因纸张、印工日臻昂贵,不蔽成本。故自民国十五年份七月一日起,照前定价目暂加一成半,以期持久。如购书多种,酌予折扣,俾顾全成本之中,仍寓体恤寒畯之意。业经呈报,省长核准在案。"

关于经营书版之事,蒋吟秋写过一篇《江苏官书局及其书板》,此文首先谈到了官书局机构设置的来由,接着讲到了江苏省官书局所处苏州城内的具体地点以及经营状况。文中提到江苏省官书局刊刻了大量版片:"官书局除印行木刻书本外,尚有泥盘活字板排印本,也曾一度置备铅字印刷机,排印铅字本。"

在传统的文献中,大多谈到泥盘活字时,乃是形容制作活字的办法是毕昇法,并非特指制作出的是泥活字,故"泥盘活字"有时只是一个形容词。但蒋吟秋是图书馆业界专家,他将泥盘活字跟铅字印刷并提,看来其所说的泥盘不像是一种方法,乃是指用毕昇法制作的泥活字。该书局所制作的泥活字本我从未见到过,这件事值得继续挖掘下去,说不定能挖掘出官书局曾用泥活字印书的奇特历史。

关于苏州图书馆接受书版的数量,蒋吟秋在文中给出的具体数据是:"民国三年,图书馆接收官书局,改称印行所时,统计书板为一百九十六种,七万四千零八十一片,包括一部分残缺不全的书板在。"苏州图书馆所藏的书版,以名气论,以黎庶昌、杨守敬在日本刊刻的《古逸丛书》为其中巨擘。蒋吟秋写道:"从光绪八年开始至十年完成。归国时将书板运到苏州,归官书局管理。在黎氏自作序文中写着'书成,将敛其板运致之官局,以与学者共之'的一段话,可见在日本辑刻时早经决定化私为公,归藏苏局。"

对于这批书版归苏州后的情况,蒋吟秋接着写道:"十一年,曹赓荪(允源)任馆长时,因为藏板中《古逸丛书》和《资治通鉴》两种印行既久,字多剥蚀,漫漶不可辨识,特招集良工,用图书馆旧藏初印本复刊修补。

在《古逸丛书》中，刊补的有：《荀子》一页、《庄子注疏》七页、《尚书释音》三页、《玉篇》零本四页、《草堂诗笺》八十九页，经时半年竣工。精本古籍遂得完善。"

可见因为书版残损，苏州图书馆曾找刻工予以修补。由于印刷方法的不同，苏州图书馆后刷之《古逸丛书》本要比日本初印本在质量上差了许多，同时因为纸张的不同，两者能够很容易区分出来。遗憾的是，抗战期间苏州图书馆仅是将善本转移了出去，留在馆内的这些书版被日本人毁掉了不少："抗日战争期间，图书馆将善本全部移藏洞庭东、西两山，而木刻书板未及移出。在二十六年十一月至二十八年五月间，馆舍为日寇所占，书板多被生火烧毁，以致凌乱间缺，损失重大。"对于损失的数量，蒋吟秋给出的数据是："损失二十二种，一万八千一百七十九片，约占总数的百分之二十二。"

后来，苏州图书馆又征集到了大批的书版，比如昆山赵氏《又满楼丛书》全部版片、邓邦述群碧楼的一些版片、刘世珩刊刻的一些丛书版片以及董康诵芬室的版片等等，这些大藏书家的版片陆续都归了苏州图书馆，可见该馆在藏书家心中的地位。对于该馆藏版片的数量，以及后来版片的归宿，蒋吟秋写道："到三十七年（1948）年底为止，统计板片总数为七万一千三百六十片，其中旧藏官书局等书板计五万五千九百零七片，新增私家捐赠书板一万五千四百五十三片。解放后除残毁板片外，已于一九六一、一九六二两年全部调运扬州古旧书店应用。"

除了对书版整理发行外，蒋吟秋还对苏州图书馆所藏书籍进行了编目，他与陈子彝共同编制了适合该馆的"十进分类法"。对于为何不采用四库分类法，蒋吟秋在《新编图书目录》一期的《序》中写道："容新入旧，果非精确，强中适西，又岂欠当？爰就本馆藏书之性质，考各家分类之学说，根据四库，而参以十进，务使适应新旧，力避臆造。编定大纲，厘订子目，无失国学之专长，兼悉科学之方式。"他在二期的《序》中又提及："八年以后，图书日积，种类益繁，检取庋置，均感不便。因与陈子彝先生参照杜威分类法，间采各家专著，就本馆所宜，订立编目大纲，清理积存未编各书及续购图书，至二十年后，计二万八千余册，悉以十类编目，付之剞劂。"

正是因为蒋吟秋在工作上积极肯干，又有许多的创新性，故到了1935年5月，苏州图书馆馆长陈定祥捐馆后，江苏省教育厅下令让苏州图书馆推广部主任蒋吟秋临时代理馆务一个月。1935 年 11 月 25 日,苏州图书馆馆长王德林投奔殷汝耕,任"冀东防共自治委员会"的八委员之一,同时兼任建设厅长和教育厅长,为此,国民政府下令立即免去王德林馆长之职,将其拿办,同时任命蒋吟秋任苏州图书馆馆长。

蒋吟秋任苏州图书馆馆长后举办了一系列活动,其中最具影响力的活动有两个:一个是举办了一场别开生面的梅花展,这个展览既有梅花实物,也有名家所绘梅花作品;另一个就是 1937 年春节举办的吴中文献展览会。本次展览受到了许多大藏书家的支持,比如叶恭绰、张善孖、潘承弼、徐乃昌、吴湖帆等,他们又组成了几个不同的专业委员会,征集到了四千多种展品,分别在十四个陈列室进行展出。当时的国民党监察院院长于右任特意参观了这个展览,并题下"神州之光",故宫博物院院长马衡、国立北平图书馆馆长袁同礼、江苏省国学图书馆长柳诒徵等均参观了展览,可见这次展览的影响力之大。

全面抗战爆发后,蒋吟秋担心苏州图书馆所藏典籍受到损害,于是从中挑选出珍善之本转移他地。言午在《历劫犹存铁骨梅——访蒋吟秋先生》一文中转述了《完书图记》中的所载:"1937 年 7 月 7 日,日寇在芦沟桥燃起侵华战火,蒋先生已决定将馆藏善本相机移至安全地带。八月十二日,于日寇侵入上海前夕,即将首批善本装八箱,计三百六十种,于十三日雇船运至洞庭东山,藏于后山之鉴塘小学内。九月三日,上海战局日紧,于苏城受敌机轰炸之时,又将特藏库所有善本分装四十箱,于四日运至洞庭西山,储藏于包山显庆寺内。当时馆内员工已纷纷离散,蒋先生也绕道至上海,担任教职,每月将执教所得薪金,汇至两地作为保管人员的开支费用。"

对于苏州图书馆这批善本密藏在东山的具体地点,陆凤良、邹志一主编的《名人遗迹 吴地寻踪》中收有杨维忠所写《蒋吟秋明善堂护书八年间》一文,该文中首先称:"明善堂原是朱氏的族祠,70 多年前,就在这座大厅发生过一场惊心动魄的与积书有关的故事,时间长达 8 年,这就是抗战时期苏州图书馆馆长蒋吟秋领导的护书斗争。"而后文章谈到,1937 年 8 月 13 日凌晨,苏州图书馆的工作人员将八大箱善本装入船中:"船到东山杨湾码头,已是夕阳西下,接蒋馆长的通知,鉴塘小学校长周知辛已带领师生们候在岸边,人多手快,肩扛手搬,只一袋烟的工夫,就把八大箱古书运进了鉴塘小学后面的朱家祠堂(即明善堂),悄悄放入了停寿棺的密室中。"

但是日寇与敌伪一直在寻找这批善本的下落,并多次到东山一带搜寻,蒋吟秋觉得书存在这里仍然危险,于是又作了分散:"3月25日,蒋吟秋闻讯赶到东山,同留山的同事们商议,外敌可御,家贼难防,这些认贼作父的家伙同鬼子一样可恶。为防不测,他们决定将古籍化整为零,分散保管,实行坚壁清野。夜深人静,四人点着蜡烛,摸进阴森森的停棺密室,把藏书全数抬出,编成一至八号,一号、二号、四号、五号四箱由周知辛保藏;三号、七号两箱请校工老李代为保存;六号一箱由馆员徐湛秋保藏;八号一箱最重要,由蒋吟秋亲自密藏。"

可见蒋吟秋为了保护这批书下了很大的功夫,如果不转移的话,这批书不知道会遭遇怎样的劫难,叶瑞宝在《只留清气满乾坤——记蒋吟秋先生》中谈到日军占领苏州图书馆后的状况:"直至11月15日,国民党驻军移撤,苏城秩序混乱,各机关纷纷他迁,省立苏州图书馆亦暂移至东西山临时办公。11月26日,苏城沦陷,省立苏州图书馆馆内被日寇马队占驻,肆意破坏,木刻书板投弃池塘,图书报刊撕毁擦刺刀,一片狼藉。"

藏在东、西山的善本虽然暂时无虞,但是保护也需要一定的费用,因为战争,公家的经费中断,这些保护费只能靠蒋吟秋在上海兼职所赚之钱来支付。陈巍、叶瑞宝在《蒋吟秋与江苏省立苏州图书馆》一文中写道:"当时派驻西山负责保护藏书的薛保之、陶为潞、夏翰瑜及馆工等,因时局急转,上级经费中断,不得不离山,另谋出路。东山的藏书也只得委托当地农民分散照料。为了付给农民及显庆寺和尚的保管费,蒋先生只得在上海多处兼职任教,把所得的微薄工资,按月送到。"为了保护这批善本,蒋吟秋还命其妻作为保管员,文章写道:"为了安定保管人员情绪,更好地保护好移藏古籍,任命妻子陈啸秋女士为东西山藏书保管员(陈啸秋原为教员),自己为了避免敌伪捕捉,避居沪上任教,并以微薄薪金给养东西山保管员和给人家的保管经费,以使群众坚持保管。"

郑逸梅在《蒋吟秋有功文献》一文中亦提及此事:"迨形势转为缓和,在皖避难的,纷纷回到上海,吟秋和我同住沪西的养和村,得以早夕相见。寄储图书,每月需付租屋费,及保管人员津贴,向由重庆公家担任,一自断绝交通,租费归吟秋私人缴付,他不得已,日夜操劳,执教多处课务,一星期达四十二小时,借以维持。"

正是蒋吟秋周密的安排，使得苏州图书馆隐藏在东、西山的善本无一受损。抗战胜利后，1945 年 9 月 25 日，江苏省政务厅长命蒋吟秋接收伪省立苏州图书馆，转天，敌伪馆长唐润身清点移交。1946 年 3 月，苏州图书馆恢复开馆，一个月后，苏州图书馆藏在洞庭东、西两山的书分批运回。对于此事，郑逸梅在《蒋吟秋的〈载书返棹图〉》中写道："这样过了八年之久，幸而天河洗甲，日月重光，吟秋立即返里，复任馆长，再雇大船数艘，把东西二山的藏书装运回来。在东山的书因地较低湿，略有残损，在西山的全部完好，共四十八箱，一千五百五十八部，一万九千八百七十四册。"之后，蒋吟秋请金鹤望撰写了《完书记》，请余彤甫绘制了《载书返棹图》。据称，《完书记》一文所刻石碑已经嵌在了苏州图书馆新馆的门厅墙上，然我几次前往该馆，都未曾留意这块重要的刻石。

关于明善堂藏书的情况，严晓星辑订的《庄剑丞古琴文稿》中收录有《栩斋日记》，庄剑丞在日记中这样写道："至云苑品茗。茶客中有与余素熟之徐君湛秋，系前省立图书馆职员，事变时随馆长等保护馆中较贵重之书籍，运往洞庭西山保管。今余询问徐君等所保管之书籍，渠称已完全损失，但其内容不知究如何也。"这段记载让我颇感意外，因为它与我寻常所知的信息完全相反，然而是否真如徐湛秋所言，庄剑丞也说了句活话，事实证明这仅是传闻。

但是，在抗战期间，苏州图书馆还是受到了不小的损失，1946 年 6 月号《中华图书馆协会会报》刊登的蒋镜寰所撰《江苏省立苏州图书馆最近概况》中称："检点战时损失图书，事变之初，除将特藏图书 1400 种 15100 册移运秘藏而得安全外，所有留馆中未及移出之普通图书，原有 9034 种，68977 册。接收后，详为检点，计存 6996 种，56179 册，损失 2038 种，12798 册。以种数计，损失约 22%，以册数计，约损失 18%。至杂志期刊，原有 927 种，15163 册，报纸汇订本原有 26 种，1747 册，则全部损失，殊为可惜也。"

关于蒋吟秋对于苏州图书馆藏书的贡献，郑逸梅在《蒋吟秋的〈载书返棹图〉》一文中还提及："凡善本，图书馆例不借出，可是那时的官僚豪绅，往往仗势指索，把馆例置若无睹，强迫地非借不可，借了去还不还成为问题。他就想出一个办法，检出这些善本，雇了一些寒士，来馆抄写，计字论值，写成了种种副本。这些寒士，大都生活窘困，有些抄写费，在生活上不毋小补。此后逢到官僚豪绅来强借,便用副本应付,也就保全了许多善本。"

这些记载都说明了蒋吟秋为保护苏州图书馆藏书耗费了多少心血,说他有功于苏州图书馆可谓实至名归。意外的是,蒋吟秋的藏书之好没有传递到其子女身上,他的儿子蒋伯康学医,曾任苏州儿童医院院长,女儿蒋伯敏学习科技,任北京建材研究所工程师。对于蒋吟秋晚年的情况,郑逸梅在《蒋吟秋有功文献》中写道:"吟秋晚年,经过浩劫,蒙受冤屈,加之悼亡,益形抑郁,及拨雾见天,讵意倾踬折胫,不能行动,越数年逝世,寿逾八十。"

2020年6月6日,北京疫情防控部门宣布从零点起将北京的中风险地区降为低风险地区,憋了近半年的时间出不了门,听闻此讯我突然有一种解放了的感觉,我即刻动身去外地开会,同时寻访几处历史遗迹。

北京南站一改往日人海如潮的状况,候车人员不足往日的一半。进入车站仅是自动测体温,没有特别的检查,然而高铁开动后,列车员拿出测温枪给每位乘客量体温,她每量一位都会大声地报出温度。量到我时是36.9℃,还差一点点就有了被赶下车的危险,而这个温度是她所报出的温度中最高者,为此我赢得了整车人的"侧目"。无论是候车期间还是乘车期间,所有的乘客都戴着口罩,只到喝水时才会摘下来,戴了几个小时的口罩,我耳根勒得很疼,于是我将一张纸折叠起来垫在了皮筋的后面,疼痛感得以缓解。

在扬州开完会后,我请朋友安排车前去探访历史遗址,其中一站就是太湖边的东山,我们前去寻访曾经作为藏书地的明善堂。太湖边的道路修得十分平整,然而此路限速,沿途监控摄像头密布,大多数车辆根据限速老实开行,但也有一些车高速行驶呼啸而去。我劝司机不要着急,严格按照限速行驶。

途中我看到烟波浩渺的太湖,确实让人心旷神怡。东山岛并不是想象中的岛屿,我觉得我们一直在太湖岸边行驶,然后就开到了此处。导航指示的目的地是一座仿古小亭,上面果然挂着明善堂的匾额,但我感觉这里只是公共交通停靠点。展眼望去,四周有不少老建筑,不知哪座是真正的明善堂。

我们将车停在路边,想找人询问一下,可能因为今天太阳充足,居然找

不到可询问之人,等了几分钟走过来一位老太太,我问她明善堂在哪里,她说就在东山幼山小学旁,同时告诉我,明善堂已经几年不开放了。跑了几百千米的路途却不能入内探看,总是件令人沮丧之事,既来之,也只能前去碰碰运气,于是向老人家询问如何能找到该堂。她示意我跟她前行,于是我们穿入了一条忽窄忽宽的小巷,小巷的地面全部是新铺装的老石条。

在路上我看到有一户的门牌上写着"杨湾村上湾",这应当是当地的村名。穿过小巷,有一个中等面积的停车场,停车场的后方就是幼山小学。从外观看过去,这所小学虽然是仿古建筑,但均为近年翻建的,想来这是蒋吟秋等人藏书的旧址。但是小学门前的铁栅栏门关闭着,门口十米之外还有一道粗壮的铁栏杆,挂着"家长等候区"的牌子,可见学校管理之严格。

我这些年来寻访得到的经验之一,就是处在小学之内的遗迹最难拍照,因为很难进去。此次我索性也不抱希望了,只想在门口隔着栅栏拍几张照片,但未曾想,我刚举起相机就听到里面一声断喝:"你要干什么?"接着安保室里出来一位身体强壮的保安。我马上说自己是来找明善堂的,保安向后一指说在旁边的那条巷子内,无奈,我只好放下相机离去。

旁边的小巷名叫永平巷,巷宽不过两米,但很悠长,因为少有行人,地面所铺青砖长满了青苔,我小心地踩在上面,防止摔跟头,但还是时不时脚下一滑。在小巷中段看到一个仿古门楼,门旁所挂之匾仅是社区民警的联系方式,没有说明此院是不是明善堂。我一直走到了此巷的尽头,也没有看到"明善堂"字样,以至于我怀疑自己走错了路,于是退回到巷口观察一番,我发现从那个广场向此方向穿行仅有这一条巷,于是再回此巷寻找。此次我发现一个仿古院落开着门,门口挂着"晋锡堂"的匾额,以及苏州政府颁发的"控制保护建筑"牌。

我不清楚明善堂是否改成了这个名称,于是决定入内一探究竟。我在门口敲了敲门环,走出一位中年男子,我问他明善堂在哪里,他向我一指,原来就是我两次经过的没挂匾额的院落,他同时告诉我说,那里早就不开放了,匾额什么时候被取掉了,他也没有留意。看来进入明善堂已经没有可能,但想想此院落与明善堂相连,说不定这里乃是当年朱家所住院落。于是我试着问中年男子这个院落是否为朱家的旧宅,他说不清楚,因为自己也住在这里不久。我提出可否入内拍照,他没有说话,我将此视作

默认。

这个院落现存两进,基本保护完好,一路向前行,看到不少精美的砖雕,木制梁柁上面刻满精美花纹,说明这里当年也是大户人家。后一进院落乃为两层建筑,外墙全是木板和雕花门扇,窗棂上的细木保存完好,但有一面门扇已经不知所踪,用钉起来的三合板充当门扇,经风见雨后,这种现代产物已经破败不堪。这不由得让我感慨,还是传统技艺更让人信得过。

一路转下来,偌大的院落仅有这一位男子,他坐在荫凉处挑杨梅,我猜想他可能是这里的租户,在此做杨梅生意。我早已听闻东山杨梅的名气,感觉东山杨梅的确比别处的果实更大,男子让我尝了一个,果然味道鲜美。他解释说,运到外地的杨梅都是在没有熟的时候摘下来,但东山当地人不这么做,所以只有来到东山,才能买到当地的杨梅。此行虽然没能走入明善堂,但是这杨梅也算慰藉了我心中的部分遗憾。

第二进院落

附:可园——苏州图书馆肇始地

苏州园林名闻天下,但是苏州的可园却很少有人知道,因为它被封闭了几十年之久,从 1957 年开始,它就被圈在了苏州医学院的院内,直到 2015 年下半年整修后才对外开放。可园处在沧浪亭的正对面,其实早在宋代,可园就是沧浪亭的一部分,原名叫"乐园",并且还有另一个名称"近山林"。清乾隆三十二年(1767),大诗人沈德潜从沧浪亭隔出一部分建成了可园,而后在这里读书讲学,此处成了文人雅聚之地。沈德潜去世后,可园变成了他的祠堂,然而没过多久,因为牵扯到一桩文字狱案,沈家被抄,可园也随之荒芜。

清嘉庆十年(1805),两江总督铁保和江苏巡抚汪志伊共同发起,将可园改造成了正谊书院,建成的书院里面还有藏书楼。关于这一时期的变化,天台野叟所著的《大清见闻录》中有这样一段记载:"苏州可园,相传为沈归愚先生遗宅也。中经兵燹,瓦败垣颓,楼台零落,花木雕残,后之贤人君子尽然伤之者,盖不知凡几矣。光绪中年苏抚王公彭年,好古者也,慕先生之流风遗韵,慨然修复之。然尚不过供游人玩览,其园之名所由来者则未考也。越数年,陆公春江抚吴,复就其中设存古学堂及游学预备科,四方英俊联袂偕来,颇极一时之盛。"

天台野叟只是说,可园相传是沈德潜的遗斋,后来经过战乱衰败,并未讲到嘉庆十年(1805)的复建,而是直接讲到光绪年间江苏巡抚王彭年将其重新修建,修建完工之后,并不对外开放,再后来这里就改建为了存古学堂。其实这段记载有小的笔误:天台野叟说的王彭年,应该是黄彭年,而黄彭年当时任江苏布政使。黄彭年在光绪十四年(1888)建造了学古堂,故而也不是上面所言的存古学堂。存古学堂之名则是到了光绪三十年(1904)才有,当时的江苏巡抚陈启泰撤销"江苏游学预备科"学校,将其改设为存古学堂。到了 1912 年,存古学堂停办,学堂所藏的 2063 册藏书,则暂时委托原学堂印刷所主管金树芳和编辑孙福保暂时保管。

关于学古堂藏书情况,金虹在《学古堂藏书考》中转引清雷浚《学古堂日记·序》的相关论述进行介绍。文中提及黄彭年十分重视苏州正谊书院的藏书建设,在书院之西偏"得隙地而营之。建堂曰'学古';建藏书楼,聚书六万余卷；招诸生之有志读书而无书可读者,资以膏火"。书楼建成后,黄彭年率先捐出个人藏书28部。受其影响,雷浚、胡玉缙、章钰等纷纷捐书。金虹在文中统计,学古堂共得书637部,近6万卷之多,同时编纂了《学古堂藏书目》六卷首一卷。

学古堂藏书虽属书院内部藏书楼,但已经对外开放,清戴姜福在光绪十六年至十七年（1890—1891）间"至学古堂阅书",对于存古学堂后来的藏书情形,金虹在文中简述道："存古学堂停办后,其校舍、书籍等由苏州提学使樊恭煦委托金树芳（后为江苏省立第二图书馆印刷所主管）、孙福保（后任苏州图书馆编辑员）等人保管。民国3年（1914）9月20日,正式成立江苏省立第二图书馆（即今苏州市图书馆）,原学古堂、存古堂并包括正谊书院藏书悉归省立第二图书馆。"

对于该馆此后名称的变化,孟国祥著《江苏文化的劫难：1937-1945》中说："1927年7月,改称第四中山大学苏州图书馆。1928年2月改称江苏大学苏州图书馆,7月复改称中央大学区立苏州图书馆。1929年7月改名为江苏省立苏州图书馆。"

苏州图书馆成立之初馆址就设在可园,此馆最初的基础藏书,就是来自金树芳和孙福保代为保管的学古堂旧藏等等。曹允源在《江苏省立第二图书馆书目续编》的序中称："本馆藏书,权舆学古堂、存古学堂,复有继之增益。经营阅二三十年,甲寅（1914）之夏,踵是成规,遂设图书馆,先后藏书七万余卷。"在1914年8月18日,此馆还奉命接收了燕家巷杨家园的江苏官书局,当时官书局仍然在进行着印刷出版业务,故而图书馆就将官书局直接改称为本馆的印刷所。

民国年间的很多文人笔记中都提到了可园,原因倒不是这里成了市图书馆,而是这里曾经举办过一场在社会上引起轰动的"吴中文献展览会"。这场展览会举办于1937年2月,关于展会的情况,历史资料都有记载,我先引用《江苏省志·文物志》上的说法："举办展览的目的是'发扬文献,推进学术'。陈列的4159件展品,除少数为公立图书馆所藏,绝大多数为私人收藏品,少者一两件,多者包下两个专室。展品中不乏三代铜器、宋元古籍、宋元明清名家书画精品,也有明清以来竹、木、牙、玉各式精雕摆件,其多、其丰、其精,均属当时国内罕见。"

这个展览除了文献之外,同时还有文玩字画,展览会的总负责人是蒋吟秋,其中图书典籍方面的负责人有三位:邓邦述、叶恭绰和潘景郑,这三位都是当时著名的大藏书家,经过他们法眼而挑选出的展品,其质量自不待言。书画方面的负责人也都是大家,有张善孖、吴湖帆、潘博山、彭恭甫和顾公雄。金石拓片方面的负责人有李根源、徐乃昌,同时吴湖帆也兼负此责。史料方面的负责人则为金松岑、汤国梨等四人。另外还有两位鉴审委员,他们是叶楚伧和柳亚子。由这些名头可知,每位都堪称一时之选,这等高大上的阵容,当然也具备着极高的号召力。

这场展览规模很大,《江苏省志·文物志》记载有 4159 件展品,《苏州地方志》则称:"民国 26 年(1937)2 月 20 日至 3 月 2 日在可园举行的'吴中文献展览'。此次展览集吴中文物精华之大成,开吴中文物展览之先河,其盛况可谓空前。总计展出各种文物典籍 4000 余目,约 6000 余件,分 14 室陈列。"关于每个展室的陈列内容,《苏州地方志》上的记载如下:"第一室为图像、文玩、服御、器物,沧浪亭五百名贤石刻以外,尚有范仲淹、高启、王鏊、吴宽、申时行、沈石田、文徵明、唐寅、仇十洲、祝枝山等乡贤画像数十帧,并陈列有顾亭林之履、钱谦益的牙杖、周白川的象笏、徐枋的鲸齿印章等稀世珍品。第二室为图书典籍,有卷帙浩繁的苏州及所属各县历代纂修的志书、各家谱牒。第三室为先贤著述,分稿本、刻本、批校本、手抄本四类,内不乏宋元刻本和明清善本、孤本。以上二室浩如烟海,吴中各家珍秘可一览无余。第四室为苏州考古选例,有春秋时的陶器、汉唐出土器物 40 余种、数百余件。第五室为版本书影,可见吴中刻书之概况。第六、第七为革命史料及有关政治、教育、人文风俗之实物和资料。如清代科举试卷、太平天国的告示、商凭以及章太炎的《訄书》稿本、朱梁任书狮子山招国魂幡、辛亥革命苏州举义时的信符等。"

这样盛大的展览,当然在社会上引起了很大的轰动。上海书店出版社出版的《大千世界》一书中,有署名"又一"所撰《参观吴中文献展览会记》一文,文中有个段落描述了当时的盛况:"第一日行开幕礼,第二日起乃任人参观,虽连日阴雨,上至国府要人,下至古董捐客,男男女女,纷然莅止;第六日天晴了,竟将铁门也挤坏,乃改售门券,每位一角,作为爱国捐,藉少疏通,诚大典也!小子生长乡间,僻居寡陋,躬奉盛事,也特冒雨上城来趁个热闹,以长见识,乌可无记?只是一不知功名勋业,二不知古董字画,三不知板刻石拓,真叫'乡下人吃麦东,一懂也不懂'。"

■ 学古堂内景　■ 濯缨处

　　看来主办方没有预料到会有这么多人来参观,以至于把可园的大铁门都挤坏了,为了限制人流,主办方临时决定改免费参观为收每位参观者门票钱1角。即使这样,也挡不住人们的热情,不过,参观者尤其感兴趣的是那些历史画像以及名人器物,对图书和碑版都没什么兴趣,又一在文章中写道:"第二室为掌故图书,第三室为先哲著述,第五室为版片书影,人们好像都与书无缘,匆匆而过,毫不浏览。版片书影室更门庭冷落,人迹罕到。"看到这一段记载真是沮丧,原来喜欢善本的人并不多,而刻书的版片就更没有人愿意看上一眼了。

　　那么,群众到底喜欢什么呢?看来八卦才是人们的偏好,当时的藏书家徐兆玮在日记中记载,吴中文献展上还有张勋小妾帽子上的饰物,人人纷纷前往观看。这样盛大的文献展览会上为什么要展出这件饰物呢?原来张勋的小妾本是扬州人,看来布展者想通过这件饰物来曲折地跟革命掌故挂上钩,所以徐兆玮感慨说:"如果这样一个帽子上的饰物都能跟革命历史发生关系,那吴中地区的伎女恐怕个个都是文献史料了。"徐接着说,他在参观展览时并未注意到张勋小妾的这件饰物,只是别人跟他描述了那个饰物的形状。由此可知,作为藏书家的徐兆玮,对军阀小妾之物不感兴趣。

　　但是,有着那么多大家作为顾问来把关的文献展,为什么能出现这样的展品,恐怕其中还另有原因。展会的筹办人吴湖帆先生在1937年2月22日的日记中有这样一句话:"蒋毅孙来,谈吴中文献会并不甚佳。"吴湖帆是筹办者,友人当面告诉他展会上的展品质量不高,不知吴湖帆听后会是怎样的心态,可惜在其日记中未曾记录下来。但在同一天的日记里,吴湖帆还有这样一句话:"恭甫今日返苏,托带原石孤本《七姬志》及沈石田、唐六如、文衡山三大家合璧轴至文献会陈列。实为陈子清交情关系,不得不参加矣。"这样的上等展品也送入了展会,吴湖帆说这是因为面子交情,不好意思不去参加。那么反过来想,有可能小妾饰品能够参展,也是有某人的面子在里面,不得不接纳。

　　因为前来观览的人太多,主办方后来收取1角钱的门票,这笔钱中的一部分后来用于印刷出版了《吴中文献展览会特刊》,该刊前有苏州图书馆馆长蒋吟秋所撰的《引言》。关于本场展览的伟大意义,蒋吟秋在文中称:"对于乡邦文献之收集,地方掌故之整理,尤为学术机关应负之使命。"

而后又提到了展品的价值："秘籍善本,邺架增辉；书法名画,艺术生色；益以金石器物,动思古之幽情；图像史传,思齐贤之景想。"吴中文献展距今已有了近八十年的历史,近三十年来,市面上偶尔也会出现该场展览陈列过的善本,我所寓目者不超过十件,想一想,真是缘分浅薄。

但是缘分虽浅,运气却还不错,因为我赶上了可园的开放。某次来到苏州时,我跟马骥先生提及欲到可园一看,而后在他的带领下,来到了可园门口,此时的可园已经成为开放的公园,不过门票要到对面的沧浪亭售票处购买。马兄让我在可园门口等候,由他到沧浪亭去买票。我见到的可园大门仅是一个小富户宅子大门的规模,看上去一点儿都不起眼,但门口的河流显示着这里曾经有过私家码头。走入园内,正中是一个水池,水池的四围摆放着一些花岗岩,这在苏州的其他园林中颇为少见,水池的三面修建起了一些仿古建筑。

穿过两进院落,我找到了学古堂,这应当是可园最早的藏书之地,而今里面布置成了会客厅的模样。屏风上绘着"文会图",我不知道出自何典。旁边的介绍牌上写着"嘉庆年间江苏巡抚汪志伊建正谊书院时曾为讲堂,后改为四面厅的形式,取名学古堂,堂前遍种梅花,旧时曾有古梅'铁古红',有江南第一枝之誉,办学时为学术交流的场所"。遗憾的是,我来的时候已是春天,过了梅花开放的时节,只好穿过学古堂,继续往后参观。

学古堂后面的仿古楼名叫"博约楼",说明牌上称"博约楼建于清光绪十年,上下两层各五楹,取名博约楼,寓意广求学问,恪守礼法,旧时专门用来藏书,曾经藏有书籍八万余卷。底层叫博约堂,曾作为祭祀东汉经学大家郑康成和宋代大儒朱熹的场所"。

寻访当日参观可园的游客很少,也看不到工作人员,按照当今开放展览场所的惯例,凡是仿古建筑,二楼大多不让登临,但因为遇不到工作人员,我的好奇心有些膨胀,于是拾梯来到了二楼。二楼之上,看到除了博约楼的匾额,其实空空如也,当然,这里的藏书早已经移去了新建的苏州图书馆。我不由得又想起嘉业堂,那里的书与楼仍然处在一起,在藏书楼内看到藏书,才能感觉到书楼的灵魂。

而后一路参观,又经过了几处院落,总体上看,这些院落建造得颇为精整,基本上恢复了古代的风貌,让人感觉很是舒坦。而后我们转到了水池的正中位置,邻水的建筑名叫"挹清堂"。走入此堂内,我一眼就看到了红

= 沧浪亭入口处 = 进入可园第一眼

二 这里有几块太湖石

木书架上摆放着的十几函线装书，没有比线装书更能吸引我的，但可惜的是，书架前设有护栏，我只能隔着护栏端详这些书的书根。从书根看，这些线装书分别用了黄纸和白纸，这让我觉得这些书有可能是新印线装，可惜看不清书名。马兄比我眼力好，他望了一眼就笑了起来，说："这些线装书全部把左右位置放颠倒了。"

他的这句话更激发了我的好奇心，我决定取下一函看看里面到底是什么书。回身探望，附近没有游客，此时我的长臂显现出了优势，我竟然隔着护栏取出了一函书。马兄夸赞我果真有办法。我说先别夸，重要的是先到门口去盯着，不要有人进来。而后我把这函线装书放在桌上打开，顺手翻阅，里面竟然全是白纸，一个字都没有。这个结果多少让我有点儿失望，但马骥不死心，他让我再取下一函黄色纸所印之书。这一函的位置较高，我努力展臂，仍然有些勉强，终于在拿到的那一瞬间，因为函套里的书装得太松，"啪"的一声，那些书全落在了地上。

这个声响令我二人同时一惊，因为这里太安静了，能够感到这个响动所发出的声音在室内来回地游荡，我立即弯腰拾捡，而正在此时，一位游客走了进来，他将此况看个满眼，而后一语不出地掉头离去。直觉告诉我，这个人肯定去找工作人员举报了。我掉头走到门口向外看去，果真，这位游客正在与一个扫地的人交谈，边说边冲着这间房指指点点。

我知道要有麻烦了，匆忙地打扫战场，努力地将原书放回原处。马兄说，那个位置太高，不用放回原位。正当我纠结间，那位体形硕壮的工作人员走了进来，一脸阴沉。我不用想就知道那位告密者跟他说了什么，事情已经败露，我反而镇定了下来，转身迎着那位工作人员走去，然后冲他一笑，问他为什么这里的线装书都反着摆，并请他给我解释这种摆放方式有着怎样的特殊寓意。

我的这个小招数果真管用，这位壮汉闻我所言一愣，脸上现出歉意，并表示他不了解，于是我推心置腹地跟他说，这种摆放方式很外行，会令方家见笑，可园是当年的藏书重地，怎么可能会有如此外行的摆书方式呢？所以我努力地想帮可园纠正这个小失误。说完之后，不等他回答，我朝马兄一挥手，两人匆忙离去。

中国科学院文献情报中心

定向服务，支持科学

关于中国科学院文献情报中心的来由，《中国科学院图书情报工作三十五年（1949—1983）（上册）》中称："中国科学院成立于1949年11月，第二年4月就建立了中国科学院图书馆管理处，1951年2月改为中国科学院图书馆，直属院长领导并任命陶孟和副院长兼任馆长。"

相比较而言，孟广均、李锦芳、郭献民、刘向欣、宋小冬合撰的《中国科学院文献情报中心文献资源调查和藏书建设研究》一文写得更为详尽，谈到该馆发展，"发展简史"一节称："从1950年4月中国科学院决定设立图书管理处，1951年2月改为直属院长领导的中国科学院图书馆，到1985年11月改称中国科学院文献情报中心（院图书馆名称仍可沿用），至今已40年。所藏文献是在最初接受前中央研究院图书史料整理处30万册藏书、前北平研究院总图书室9000多册图书、伪教育总署2万多册图书等共约33.6万册的基础上，通过订购、收购、交换、接受赠送等途径积累起来的。1955年时达到93万册（件）[全院为240万册（件）]。1956年在党中央发出向科学进军和加强图书馆、情报工作指示后，经广辟书源、积极搜集、大力补充，到1960年藏书达到450多万册（件）。"

但是此后该馆藏书数量并不是一直增加，而是有增有减，该文称："虽然在1961年和1965年分别将国外标准和专利文献约250多万件调给国家标准局和中国科技情报研究所，到1965年底时仍在400万册（件）以上。后进行调整、整顿、剔旧与'削肿'，将约30万册（件）藏书调送有关单位，但到1983年底又增长到486万册（件）。"

对于馆藏特色及其地位，该文称："40年间经几代人的艰苦努力，不仅使中心在藏书数量上高居全国第3位，而且在藏书的学科范围、文献类型上形成了自己的特色。"此文还专门谈到了线装古籍："线装古籍也是中心藏书的特色之一，现收藏46万册，在地质、地理、地震、物产、资源、风土民情、探险考察、科技史等研究以及边界谈判等工作中都得到了充分的利用。经陆续搜集补充，地方志已达4200种，是国内地方志少数几家大户之一，明清文集等古文献之多在国内也是少有的。"

后来该馆更名，又与另外几家机构合并，体量更为庞大，特色也更为明显。李梅军编著的《图书馆印记》一书中在谈到该馆时，用了"中国最大的专业图书馆——国家科学图书馆"这样的题目，对于此名称的来由，书中写道："国家科学图书馆，又名'中国科学院文献情报中心''中国科学院国家科学图书馆',成立于 2006 年 3 月,由中国科学院所属的文献情报中心、资源环境科学信息中心、成都文献情报中心和武汉文献情报中心 4 个机构整合而成。国家科学图书馆是全国规模最大、集服务和教育等多种功能于一体的现代化复合型图书馆。"

关于合并后的情况,李梅军在书中称:"2006 年 3 月,由 4 个中国科学院院级文献情报机构整合成立国家科学图书馆(筹),实行理事会领导下的馆长负责制。2014 年 3 月 19 日,国家科学图书馆确定为'一个总馆和三个法人分馆',总馆设在北京,即中国科学院文献情报中心,三个法人分馆分别为兰州文献情报中心、成都文献情报中心、武汉文献情报中心,并依托若干研究所(校)建立特色分馆。"

前些年,我来过此馆。当时是来找罗琳先生,但具体是什么事情却回忆不起来了。那次来时,我搭乘朋友的车一同直接进入了地下停车场,走的时候,又直接驶离了,所以这个图书馆的外观我没能看见。此次再来,我认真看了看大厦的外观,实在像个政府办事机构。中国科学院图书馆馆前的广场面积很大,我站在广场的边上,远远望着矗立在广场中心的巍峨大厦,怎么看都不像个图书馆,有些类似欧洲一些国家的议会大厦。我站在下面向上望,却看不到图书馆的名称,罗琳兄指着台阶下面侧墙上的一块碑刻,我顺着他的手指方向望过去,原来名称竟是在台阶旁,上面刻着"中国科学院文献情报中心"。

我第一次见到图书馆叫这样的名称,罗兄向我解释说,以前叫中科院图书馆,后来领导与时俱进,把名称改为了今天这个模样。罗兄说改名之后也带来了些许意想不到的小麻烦,比如出国办签证时,总会因为这个名称受到更多的盘问,因为"情报中心"这几个字会让对方误以为这里的人都是谍报人员。

其实从现实情况来说,情报中心是一个公开的机构,许多国家都有,后来我在黄儒虎、史秀英、赵全仁主编的《技术监督情报词典》中看到介绍中国科学院文献情报中心时称:"目前与 60 多个国家的 1500 多个情报机构建立了书刊交换关系。1981 年被国际图书联合会吸收为会员,与美国研究图书馆情报网络(RLIN)和法国能源物理、数学专业情报中心(FIZKA)开展图书管理自动化和国际情报联机检索的合作。"可见不少的国家都有这样的机构。

对于这座新馆的建筑特色，后来我读到该中心戴利华所撰《现代图书馆建筑的人性化取向——兼述中国科学院图书馆建筑的人性化特色》一文，该文系统论述了图书馆建筑的历史，他首先谈到"书本位的图书馆建筑"，此节谈到了北京的皇史宬、宁波的天一阁以及四库七阁等："这些藏书楼建筑，尽管在当时的建筑文化、建筑风格、建造技艺，特别是在对藏书的防火、防蛀、防潮等保护方面有独到的成就，被称为是我国建筑史上的佳作，但它们仍然只是以书为本的图书馆建筑的典范。"

如何处理书籍典藏、读者阅览和业务管理这三大空间的布局关系，戴利华讲到了1854年由建筑师亨利·拉布鲁斯特设计改建的法国国家图书馆，称这是第一座真正实行闭架式管理的图书馆建筑。此种建筑方式是把阅览大厅和书库截然分开，自此之后的一百多年，各地图书馆建筑大多沿袭这种设计方式，此种方式是以满足图书馆的管理为目的，戴利华将其称之为"以馆为本"的图书馆建筑。

接着戴利华又讲到了"以人为本"的图书馆建筑，乃是以1933年建成的美国巴尔的摩图书馆为先河，该设计首次突破了房间的固定分割，采用大柱网、大空间的藏阅合一、开架借阅的空间布局，使得传统封装式的藏、阅、借三大空间解体。

戴利华认为图书馆的建筑要注重所处地域的自然环境和人文环境："努力追求平和、宁静、淡泊、雅致、含蓄的环境美学气质，崇尚自然而不造作、奇异而不张狂的自然的环境美学观。"为此，戴利华谈到其馆时给出了这样的评语："中科院图书馆以开阔的共享门厅、宽敞的阅览空间、开架的文献资料、通畅的网络设施、开明的管理方式，展现敞开大门欢迎各界各类读者的开放气氛。"

这个馆里的工作人员，我仅认识罗琳兄一位。这么多年来，圈里的朋友对他的评价可以总结为两点：一是编目水平真高，二是喝酒酒量真大。可能正是因为他在中国科学院的图书馆里工作，所以，他对电子编程甚是娴熟，几乎每次古籍保护中心举办的版本目录学相关讲座，均会请罗兄讲上一讲。而他讲座的内容，又基本上都是跟古籍书目的电子编程有关。我曾认真地听过一次他的讲座，希望自己多少能补上一些这方面的缺憾。但听完之后，却信心倍受打击：他所涉及的方式太缜密也太复杂了。一个菜鸟的成长，总要一步一步地来，怎么可能一步登天。后来细想，这个级别的培训,本来也不是给我这种电子盲来开办的。

中国科学院文献情报中心的古籍网络数据库就是由罗兄所创建,他曾写过一篇《"中国科学院图书馆古籍目录网络数据库"解读》,文中谈到该数据库始建于2003年初,罗琳调研和考察了一些公共图书馆,在此基础上进行了系统的改进,他认为中科院古籍数据库乃是围绕"以读者为本,以中文古籍为中心,人性化设计理念,规范化著录"四个方面来建设。他强调组合数据查询,比如编目过程中所有录入的字词都是检索的内容,而不是将检索限制于题名、著者、版本等字段,同时他强调所有字段著录的字和词都可以任意匹配,需要做到一次性检索查询完毕。他的做法在一些图书馆得到推广,这给读者查询典籍带来了极大的便利。

但中国科学院文献情报中心的主要服务对象,更多的是科学研究者,故而该馆的图书分类法是针对现代学科,早在1954年,该馆就开始做自己的图书分类法,至1958年11月,由科学出版社出版了第一版《中国科学院图书馆图书分类法》。该书多次再版,这一分类法也成为图书馆界很有名的分类方式。这种分类方式被简称为"科图法",该法是以科学分类为基础,结合文献分类的实际需要,把馆藏分为5大部、25大类,具体则是采用阿拉伯数字编号,号码分为两部分,第一部分采取整数顺序数字,第二部分采用小数层累制。例如:

20	社会科学	(一级类目)
27	经济、经济学	(一级类目)
28	世界各国经济、经济史地	(二级类目)
29	专业经济与部门经济	(二级类目)
29.1	经济计划与管理	(三级类目)
29.11	国民经济管理	(四级类目)
29.111	经济预测	(五级类目)

(转引自俞君立、陈树年主编《文献分类学》)

站在广场上,罗兄让我给那个广场上的红色雕塑拍照。他说,凡来此馆拍照的人,都是站在那个雕塑下面。我看不出那是个什么物体,他告诉我,那是一本书。我对这水泥书不感兴趣,他提醒了我两遍拍摄此物,我也不为所动。他看出了我的固执,没有再坚持,于是带我走进他的办公室。回来翻看照片,那本红色的水泥书还是拍进了照片之中。

中国科学院文献情报中心的外观　　安静的阅览室

罗兄的办公室门口挂着"古籍整理加工室"的牌匾,我问他为什么叫这个名称,他也没跟我解释。我上次来他的办公室时,没有注意到进门之处的右方,还有一个像是饭店传菜的电梯。罗兄说,这是他的发明。因为此馆的线装书库在地下,而他的办公室在地上一层,但善本阅览室却在上面的五层,如果给读者提线装书需要用车运到五楼,这个过程中容易发生意外。于是,他开动脑筋,设计出来了这么个装置,在地下一楼和五楼分别设这个窗口,书从地库提上来,完全不跟外人接触,如此说来,这真是一种既巧妙又安全的设计。我觉得罗兄应当是在某个饭店进餐时受到的启发,因为我在一些几层楼高的饭店中,多次看到这种传菜方式,一是为了便捷,二是为了防备饭菜从大堂穿越不卫生或变凉的情况。

公共图书馆的资料卡片橱一般都会是长长的一排,罗兄办公室的这两个却很迷你,大小仅像个茶几。他说这也是几十年前的产物,并让我观察柜子上的温度计和湿度计。我看不出有什么特别之处,他让我注意上面的小字,原来上面写着"毛发湿度计"。他说这种湿度计已经有很多年不再使用了,因为它的原理很古老:它是用毛发做成,这种毛发会受湿度变化的影响,伸长或缩短,这就是这个湿度表的工作原理。罗兄认为越古老的东西,准确率越高。他说这个湿度计要比电子的湿度计准确率高许多。我笑称,你不应当有这种偏爱,因为你在中国科学院的图书馆工作。

从罗兄的办公室出来之后,我们来到地下书库。书库的面积很大,全部是金属的集成书架,一排排地并到一起,拍下来完全没有画面感。书库内有两位罗兄带的研究生,他让这两位女学生把书架摇开,让我拍照,我看她们吃力的样子,怜香惜玉起来,在她们只摇开了两排后就制止了,说这样拍照就可以了。中科院的线装书全部装入了蓝色的插套之内,这是为了便于像洋装书那样竖起来排放,但拍这样的书,却体现不出书册的沧桑感。罗兄说,这没办法,我总不能把插套全部拆了让你拍照吧。我知道他是口冷内热型的,说话间,他进了一个办公室,我觉得他是要找一件东西让我欣赏,以满足我的好奇心。

果真,他从一间小屋内拎出一块铜版,那块铜版皱皱巴巴,看不出有什么特别之处,罗兄说,这可能是国内留存最大的一块古代的铜版。他把正面展示给我看,原来是清代的战图。战图印刷品我见过多卷,但原图版的确是第一次见。细细地摩挲这块铜版,感觉制造得并不精细,罗兄对我的这个质疑很不满意，于是又回小屋之内拿出了一页印好的战图，两者相较，果真一模一样。但再看印刷之品，感觉倒比那个铜版要精美许多，这真是外行看热闹，内行看门道。在这块铜版面前，我也就是看热闹的等级。罗兄说，这块铜版参加过几次大型展览，相关研究学者都对它很是重视。

看完书库之后，罗兄带我到五楼去看古籍阅览室，古籍阅览室的外面是大通间的中文阅览区域，这个区域面积很大。然而静悄悄的，没有一位读者。罗兄听到了我的念叨，顿时表现出爱馆心切，跟我解释说，今天因为时间晚了，读者都已经离去了。

古籍阅览室是在这个大阅览室侧旁的一个专用小空间内，这个空间用玻璃隔成了独立的一间房。隔墙的玻璃上用磨砂的方式，刻画着许多古老的文字，从甲骨文到金文，甚至还有满文、蒙文，是一部完整的中国书法史。罗兄称，这是自己的创意。古籍阅览室的门口还列着收费标准，我对这个很感兴趣，看到上面写着："提书费：普通古籍每册收费1元，善本古籍每册2元。底本费：（1）影印古籍不收取底本费。（2）石印、铅印本，每拍4元。（3）清同治、光绪、宣统、民国刻本，每拍6元。（4）清嘉庆、道光、咸丰刻本，每拍8元。（5）清初至乾隆刻本，每拍10元。"

细看这些价格，的确是不贵，罗兄说，这个价格也是他制定的。我说你定的价钱倒是挺照顾读者，他说因为这是十年前所定的价，至今也没有涨过价。

古籍阅览室里的面积有一百平方米，一半的面积摆着几张红木桌椅，另一半陈列的是工具书。我注意到了罗兄所设计的提书窗口，那个窗口正是在阅览区内，我向他献疑说，如果书提上来了，这里没有工作人员，某人临时起意，拿着书跑了怎么办？他没有想到我会提这么愚蠢的问题，竟然愣在那里细想，几秒钟后回过神来说，他出了这个房间也跑不出去，大阅览室的门口还是有报警器的。

对于该馆古籍的来源，除以上引文外，厉莉在《中国科学院图书馆藏近代图书概况》中也有叙述，此文谈到该馆所藏的近代文献主要分三个部分：民国时期中文书刊、满铁资料、近代系统图书。此文提到20世纪50年代建馆初期的几次接受书刊情况："1953年接收华东财委拨赠原国民党资源委员会藏书78000册；1954年接收北京工业学院拨赠前中法大学藏书61000册；1955年接收财政经济出版社拨赠藏书24000册。"

集成书架摇开后的情形　　古籍阅览室

关于满铁资料，厉莉在文中简述说："满铁资料是上世纪初日本在华侵略机构'南满洲铁道株式会社'遗留下的文献资料。我馆收藏的满铁资料是1957年接收存放于铁道部大连铁路分局的满铁调查部资料室的文献。"接着该文提到了当年满铁资料的来由："满铁调查部是满铁下属的情报机构，其工作涉及的领域相当广泛，并在哈尔滨、北京、上海、天津等地设有分支机构。他的许多活动都超出了企业经营的范围。这一机构的重要的工作有：与移民密切相关的满洲农村土地制度调查、俄国'十月革命'后有关西伯利亚的情报收集与资料翻译、朝鲜及东南亚各国政治经济状况的调查、伪满洲国建立初期接受关东军委托就制订满洲国统治政策所进行的领域及其广泛的调查与议案草拟工作、满蒙资源调查、在华北华中地区进行的农村调查与工商业行规调查、支那抗战能力调查、日满支通货膨胀问题研究等。"

对于近代系统图书，厉莉在文中写道："馆藏'近代系统图书'，是指1936年7月成立的'北平近代科学图书馆'（1937年后称'北京近代科学图书馆'）的藏书。该馆是由当时的日本政府出资兴建的。地点在王府井大街九号，借的是当时的东方文化事业总委员会的部分楼屋。"关于该批书归为中科院图书馆的过程，此文称："1945年随着日本的投降，'北平近代科学图书馆'被国民党政府接收。1950年在原'北平近代科学图书馆'的旧址上成立了中国科学院图书馆，'北平近代科学图书馆'的图书资料被中国科学院图书馆接收。"

除古籍外，其实该馆还有一个书籍来源，方蓉华在《建国30年来中国科学院图书馆的国际交换工作》一文中重点谈到了图书交换问题。关于交换的起始时间，此文称："1949年中国科学院成立后，院联络局即开展国际书刊交换工作。1951年院图书馆成立，这项工作即由我馆统一办理。1956年后，我馆将过去为各学会、各研究所办理的书刊交换关系分别转给各单位自行办理，我馆国际交换的重点转为本馆补充馆藏。"对于交换所得，文中写道："三十年来，我馆通过交换共得到书刊近50余万册，占馆藏四百五十万册的十分之一。"

从书目中了解到，该馆所藏典籍有很多孤本，可惜此趟无暇在这里一一翻阅，真希望有时间能够再次来到该馆，细细翻看那些难得一见之本。

常熟市图书馆

由私人藏书大家倡议而建

2016 年 7 月 22 日，蒙常熟市图书馆馆长李烨先生之邀，我前往该馆举办一场讲座。我特意提前到达，以便在那里寻访一些藏书楼旧址，同时也想好好参观一下常熟市图书馆。从外观看，常熟市图书馆的新馆跟苏州市博物馆颇为相像，因为这里同样有大片大片的水面，同样是低矮的两层楼。李烨馆长告诉我，因为虞山属于风景区，所以市里规定不允许在这一带建高楼，馆方经过一番争取，规划局总算同意将新馆建为三层，但其中一层只能是地下。然而，新馆这边有着大片的水面，这应该增加了不小的施工难度。古书素来有"四厄"之说——水、火、兵、虫，排在第一位的就是水，常熟市图书馆能够反其道而行之，足见其设计理念之新以及建造水平之高。

今日带我参观的是该馆专家叶黎侬老师和古籍部主任付凤娟老师，两位老师特别热情，边参观边向我讲解着本馆的历史变迁，他们对史料之熟悉令我佩服，能够感受到，他们均以在此馆工作为傲。

一同参观者还有苏州大学古籍部的朱琴老师，以及苏州图书馆古籍部的沈黎老师。她二人虽然也在不同的图书馆工作，但对参观常熟市图书馆却同样有着初心般的愉悦，能看得出她们跟付凤娟老师是莫逆的闺蜜，看着她们三人嘻嘻哈哈地在一起快乐，感染了我，我也把这烈日骄阳视若无物。

参观完旧馆，从侧方走进了新馆，这里入口的匾额写着"常熟市少年儿童图书馆"。因为赶上暑假，这里有成群的孩子，能有这么多的爱书儿童，真让人觉得欣慰。叶老师也这么认为，他说从近几年的情况看，前来图书馆的人数增加得很快。在网络时代还有这么多人爱书，这不仅仅是图书馆人的欣慰，尤其这些"八九点钟的太阳"，不去玩电子游戏，而来这里翻书，面对此况，我当然也是赞誉连连。

但叶老师告诉我，人多也会有些小麻烦，比如有些人来图书馆只是为了蹭这里的空调，甚至还有的人到馆里来进行祭拜活动。如果仅是到此乘凉，我倒是能理解，但到这里搞祭拜活动，显然有些过分。可如果换一个角度来想，我还是觉得人们能够走入图书馆，不论他做什么事情，至少他们能在这里感受到缕缕的书香，我总觉得经历过书香熏陶的人，应该不会恶到哪里去。这也许仅仅是我的一厢情愿，但即便如此，熙熙攘攘的人群涌入图书馆，总是让人感受到天下太平。

= 图书馆的三侧都是水面　= 建筑风格有一点儿像苏州博物馆

该馆的古籍部和保护中心都处在二楼，我跟随着几位老师来到了这里。首先参观了古籍阅览室，因为里面有读者在，我们说话的音量本能地降了下来。能够看出，无论是付凤娟，还是沈黎与朱琴，这三位闺蜜不但对古籍有着专业素养，同时对藏书还有着情感上的爱，遇到这样的图书管理者，让我觉得非常幸运，这使得我们彼此之间的话题成倍增加，共同聊着书界的往事以及藏家的八卦。

付凤娟拿出了一册线装本的《江苏省常熟县图书馆善本书目》，此目乃是 20 世纪 80 年代的誊印本。这个目录我也有一册，当年是哪位朋友所赠，已然回忆不起，但目录中著录的好书却让我印象深刻，于是我点出了一些欲看之本，付凤娟马上请管库的老师将一些书取了出来。

我对江南藏书，尤其是苏州、常熟一带的清代藏书家特别好奇。从地理概念来说，在范围不大的一个区域内，产生了多位在全国都极具影响力的大藏书家，总是一件特别的事。更为重要的是，这些藏书家之间相互交流，而后形成了一个共识，他们共同的藏书特点是对稿抄校本特别看重。这正如李向东、曹培根在专著《常熟图书馆史》中的所言："常熟藏书源远流长，代有藏书，历代藏书家、藏书楼数量多，藏书质量高。特别是明末以后，出现了以钱谦益为代表的具有辐射和影响力的虞山藏书流派，常熟成为中国的私家藏书中心地。"

从大环境上说，清代朴学对典籍的校勘当然会影响这些藏书家的价值取向，但是乾嘉学派的观念本是全国性的学术主流，应该不单纯影响了江南。既然如此，那为什么仅在这个小范围之内把稿抄校本提到了很高的地位呢？这件事我至今还未探究出一个确切的答案。

一种风气的形成，必然有开风气之先的带头人。叶德辉在《常熟顾氏小石山房佚存书目·序》中说："常熟为江南名县，其士大夫喜藏书，自为一方风气。以余所知，前明有杨五川七桧山房、赵清常脉望仙馆，储藏之富，远有师承。其后继之者，为毛子晋汲古阁、钱牧翁绛云楼。绛云火后，余书归族子曾述古堂。甲宋乙元，转相传授。乾嘉之际，有张月霄爱日精庐、陈子准稽瑞楼，近今犹有瞿子雍铁琴铜剑楼。盛矣哉！以一邑之收藏，为中原之甲秀。"

常熟在明代时就有多位在全国范围内有影响力的藏书家，叶德辉举出了七桧山房和脉望馆，又提到明末清初的汲古阁和绛云楼。后者失火书籍大多被毁，钱谦益藏书劫余部分归了钱曾述古堂。到乾嘉之际，此地又出现了多家极具名气的藏书楼，在小小一地，出了这么多享誉全国的藏书家，让人感到不可思议。

关于绛云楼藏书之富，曹溶在《绛云楼书目题词》中说其藏量“所积充牣，几埒内府”，这是在夸赞绛云楼的藏书数量可与宫廷藏书相提并论。对于它在私家藏书史上的地位，《牧斋遗事》中说：“大江以南，藏书之富无过于钱。”可见钱谦益的藏书在那时已是江南第一，而钱谦益本人也是这样自诩，他在《宋本汉书跋》中说：“甲申之乱，古今书史图籍一大劫也。吾家庚寅之火，江左书史图籍一小劫也。今吴中一二藏书家，零星捃摭，不足当吾家一毛片羽。”

虞山派藏书的另一个特点是重视宋元版，叶德辉在《书林清话》中说：“国朝藏书尚宋元板之风，始于虞山钱谦益绛云楼、毛晋汲古阁。”《书林清话》卷十的“藏书偏好宋元刻之癖”条下说：“自钱牧斋、毛子晋先后提倡宋元旧刻，季沧苇、钱述古、徐传是继之，流于乾嘉，古刻愈稀，嗜书者众，零篇断叶，宝若球琳，盖已成为一种汉石柴窑，虽残碑破器，有不惜重赀以购者矣。”

注重宋元版的藏书观更为天下人所接受，以至于宋元刻本后来大多归了各大公共图书馆，故到如今常熟市图书馆所藏宋元本较少。我今日在此观书，把重点放在了稿抄校本上，而恰恰常熟市图书馆也以收藏这类书为特色。虽然说该馆所藏的珍善稿抄校本在此之前的几十年，大多被调往了其他的大馆，但这里仍然还是有许多好书在，比如我看到的这部《石林居士建康集》，此书乃是著名藏书家叶树廉旧藏。大藏书家所抄之书，翻卷即让人眼亮，而常熟市图书馆为了更好地保护这些珍本，特意为这些书制作了樟木夹板。

《蒙史》，这也是一部旧抄本，书中钤盖着铁琴铜剑楼的藏章，该楼乃是晚清四大藏书楼之一，此楼的珍本大多在20世纪50年代初期捐给了当今的国家图书馆，但常熟市图书馆中也藏有不少铁琴铜剑楼的旧藏之本。

关于常熟市图书馆何以有不少铁琴铜剑楼旧藏之本，李向东、曹培根所著的《常熟图书馆史》一书中有详细的论述。不仅如此，铁琴铜剑楼的后人瞿启甲也曾是常熟市图书馆的创办人及首任馆长，这件事则要从当年的政策谈起。

1909 年，清廷颁布了《京师及各省图书馆通行章程》，该章程中称：
"图书馆之设，所以保存国粹，造就通才，以备硕学专家研究学艺、学生士子
检阅考证之用，以广征博采，供人浏览为宗旨。"关于此事的来由，则跟当
年筹办京师图书馆有一定的关系。到了 1915 年，北洋政府要求各地建设
公共图书馆。到了 1916 年，全国共建起图书馆 260 所，而常熟图书馆为其
中的一座。

常熟图书馆的筹建始于民国三年（1914），当年的筹建人有不少是常
熟著名的藏书家，比如铁琴铜剑楼的后人瞿启甲、湘素楼主人丁祖荫、虹隐
楼主人徐兆玮等等，他们每个人的藏书成就都不低，但他们却主动提出要
在当地建一所公共图书馆，而这一提议早在民国元年（1912）就已被提
起，丁祖荫在《常熟图书馆藏书目录》序言中说："民国初元，予与虹友建
图书馆之议，众论未决，不即行。自款产经理处成立，识者多韪是议，遂于
乙卯九月行开馆式。"

根据丁祖荫的这段记载，商议建造常熟图书馆是民国元年（1912）
的事情，而最初的提议者是丁祖荫跟徐兆玮，但因故，这件事情没有办成。
到了民国四年（1915），经过他们的努力，该馆终于组建了筹办处，李向东、
曹培根两位先生在《常熟图书馆史》中写道：

> 民国四年二月初一（1915 年 3 月 16 日），徐兆玮、张鸿、瞿启甲、丁
> 祖荫等在于公祠开会，讨论确定筹办县立图书馆的具体事宜，议决以县
> 教育款产经理处名义向常熟县公署递送筹办县立图书馆的呈文，详述
> 建办原因、经费来源、人事安排建议等。其中开办经费，要求先行拨款
> 银一千元，以作购书等项经费，另拨三千元为修葺临时馆舍经费，拟租
> 赁石梅钱氏祠堂房屋为筹办处。

筹办处建立起来了，地点正是我寻访当日去参观游文书院时路过的钱氏祠
堂。经常熟县知事赵龢鸿批准，瞿启甲被任命为筹办图书馆主任。瞿启甲
本身就是铁琴铜剑楼的第四代楼主，从藏书的整体质量来说，铁琴铜剑楼
可以称得上是常熟一地晚清民国时期最大的藏书之家，而瞿启甲却能抽出
时间来组建公共图书馆，可见其是何等的热心公益。

图书馆是筹办起来了，但里面却没有什么书，于是瞿启甲就请徐兆玮

写了篇《图书馆征书启》,该文的下半段为：“吾邑以绌于财力,去岁始议创设,经营数阅月,略备图笈数千册而已,固知不足餍学子之心目也。大雅宏达之彦,有愿出其家藏秘书珍籍公之于世者,当题名于壁,以志勿谖,或寄存善本,以供阅者之寻绎者,亦当什袭宝藏,以尽职守。他日聚书既多,能收昌明国学,启发新知之效,功施一州一邑,而其泽广被天下,则诸君子之所以嘉惠多士者良非鲜也。”

由此可知,当年的筹办处经营了几个月,仅有几千册藏书,为了能够让馆内的藏本丰富起来,他们共同发出了这个倡议,而瞿启甲以身作则,带头给该馆捐出了不少的书,《常熟图书馆史》中录有瞿启甲此次捐书的名单,我节选其中一小段如下：“《千金翼方》30 卷唐孙思邈仿元刻本 8 册,《筹济编》32 卷首 1 卷杨景仁诒砚斋光绪刊本 10 册,《备急千金要方》30 卷、《考异》1 卷唐孙思邈影北宋本 12 册,《新刻史记评林》130 卷明凌稚隆明刻本 20 册,《翰苑新书正续》112 卷宋镜水亭主人铁琴铜剑楼抄本 24 册,《欧阳文忠公集》153 卷、《附录》5 卷宋欧阳修孝思堂本 24 册,《竹柏山房十五种家刻》190 卷《附刻四种》清林春溥等嘉庆咸丰间刊本 40 册,《五百家播芳大全文粹》150 卷宋魏齐贤铁琴铜剑楼抄本 80 册,《十三经注疏》333 卷魏王弼汲古阁本 100 册,《十七史》1860 卷汲古阁本 280 册。”

由这个目录可以看出,瞿启甲捐献了不少铁琴铜剑楼的抄本,还有一些刻本中的大部头书。此外还有一些书因为铁琴铜剑楼没有复本,于是瞿启甲就组织人抄录其家所藏的有价值之书,比如《瞿氏家乘》《常熟儒学志》等等,同时他还派人到苏州、杭州等地去购买图书。到了 1915 年10 月 17 日重阳节的这一天,常熟县图书馆正式成立了,当天瞿启甲就任该馆的首任馆长。

由此可知,常熟市图书馆在建馆之初就有铁琴铜剑楼的旧藏之物。然而这部《蒙史》上还钤盖有上海图书馆的收藏章和退还章。付凤娟告诉我,有些书是上海图书馆退还后,书主又捐给了本馆。本书的难得之处,则是卷末有乾隆时期著名藏书家鱼元傅的跋语。鱼的跋语在市面上特别稀见,二十余年来我在拍场上仅见过一部鱼元傅所跋之书,可惜当时这部书跟其他一批典籍一起被某家公共图书馆买断了,这使得我至今未藏有鱼元傅的跋本。

付凤娟闻此大为高兴,她说馆藏中带有鱼元傅跋语者还有多部。闻听此言，我有些兴奋，毕竟鱼元傅的跋本太难见到了，说话间，她拿出了一大册《常熟图书馆古籍登记册》让我翻阅，而后告诉我哪些书后有鱼元傅的跋。由这一点也可看出，该馆在稿抄校本方面确实藏品丰厚。

我看到的另一部铁琴铜剑楼旧藏乃是《承清馆印谱》，这部印谱虽然在市面上偶有出现，但常熟市图书馆的这一部却是开化纸本，这正是该谱的难得之处。

我们又聊到了常熟翁家的旧藏，当年翁万戈带到美国的那批翁同龢旧藏之书，待其回流之时，人们方知这批书的质量是如此之高，最终那批珍宝归了上海图书馆。付凤娟说常熟市图书馆也藏有一些翁家的旧藏，她首先给我看的是翁斌孙的《戊申日记》《春闱小记》和《笏斋所藏物》。

笏斋旧藏我倒是有几件，但是该馆所藏的这些典籍，还是让我眼前一亮，尤其是那本日记，里面一定聊到了不少藏书的史实。翁氏旧藏进入常熟市图书馆，这和中华人民共和国成立之初的政策有一定的关系。《常熟图书馆史》一书中载有 1950 年 5 月 24 日中央人民政府政务院发布的《古迹、珍贵文物、图书及稀有生物保护办法》，此办法要求各地在反恶霸斗争和土地改革期间，应没收的地主恶霸所有的上述文化遗产应妥善保存。当年的 9 月 18 日，时任文化部文物局局长的郑振铎在《一年来"文物工作"纲要》中称："大量的文物、图书陆续的经过收购或人民们的自动捐赠，集中到博物院和图书馆里来。"

根据这些要求，常熟当地很多人将自己的藏书捐给了图书馆。按照《常熟图书馆史》中的统计，当时该馆接受的捐赠共有图书 47958 册、杂志 16257 册等等，这些藏书中当然有翁家的旧藏："其中，'翁同龢家'图书 1712 册、400 余种，其中有《贞观政要》《才调集》《羽庭集》《皇极经世》《今水注》等 20 种明刻本、清初刻本、抄本和稿本，以及翁同龢手校汲古阁刻本《后汉书》残本、翁斌孙抄校本《东华录》及翁曾源、曾荣、之润、之廉等翁氏家族成员的藏书。"而我看到的《贤良进卷》虽然是铁琴铜剑楼的旧藏，卷末却有嘉庆年间翁心存的跋语。

翻看了一些珍本后，付凤娟带我等参观了书库，书库内书橱和书架分别排列，外面的大间乃是民国旧平装，这些书排列得十分整齐。能看得出，这里的工作人员将馆藏之书整理得井井有条，而我感兴趣者是这里专门制作了一种拓片收纳夹。这些拓片未曾装裱，而是放入了一种特制的纸匣之内,这倒不失为一种保护原状的方式。

书库呈 L 形,里侧的部分为线装书,从书的侧签上看,该馆的藏书经过了几次的整理和编目,虽然盛放它们的是一种铁皮柜,但该馆将柜子的衬板换成了一种很厚的樟木板,这也是一种很好的防虫措施。沿墙的一面,则放着两架子旧书版,付凤娟介绍说这些书版基本已经残缺,但大多是来自四部书。沈黎和朱琴则称,她们任职的图书馆当年也藏有数量很大的书版,尤其是苏州图书馆,因为该馆接收了江苏官书局的那一大批旧版。而沈黎无不遗憾地说,这些书版后来都划拨给了扬州的广陵,而今都放入了扬州雕版博物馆,再不可能索要回来了。

书版架的侧旁有两扇较为隐蔽的门,这两扇门看似简陋且不起眼,然推门入内,里面却是常熟市图书馆的善本书库。付凤娟介绍说,本馆列入珍贵古籍名录的书籍都藏在这里,另外还有一些未曾整理的善本。站在这里浏览一番,看到了不少难得之本,尤其让我意外者,是在这里看到了一摞雍正铜活字本的《古今图书集成》。虽然此书的零本并不稀见,然而难得的是这一部依然保持着原装的毛订形式,该书的毛边本我还是第一次得见,这也算是本程看书的收获之一。

常熟市图书馆建馆之初藏书量不大,后来迅速增加,为此,他们在1916 年开建新馆。转年新馆建成,总面积超过了一千平方米。之后该馆馆长几经替换,1933 年时由钱希晋任馆长。在钱希晋的任上,该馆藏书不但没有增加,反而减少了一万多册。当地风传是钱希晋把书私自出售所致,1935 年 4 月 4 日的《申报》上刊载了《古书遗失彻查》一文:"(常熟三日电)此间图书馆私人捐藏古书颇多,尤以铁琴铜剑楼者更为珍贵。最近发觉遗失古书多至五百余部。中央电县严究。现查前任馆长钱希晋大有关系,已由教局将钱于二日扣留看管,请示办理。据悉钱曾将五部赠苏某公,可负责收回。"

两个月后,《申报》又刊发了《图书馆遗失古书案前任馆长判处徒刑》:"本县图书馆遗失古本书籍一案,经公民陈芙生等呈县告发前任馆长钱希晋侵占,经司法二度传审,认钱希晋确有侵占嫌疑。盖钱在任内,曾将大批书籍送往常熟饭店(供)北籍旅客拣选,并雇有书匠作价,经该旅馆招待员到庭作证,确系事实。此项书籍大多珍贵抄本,价值至巨。社会人士因是极为注意。故县司法方面审理极为迅速。兹于六月一日宣判,钱希

■ 线装书柜　■ 善本特藏室

晋侵占公务上持有物,处有期徒刑一年。蔡契怀帮助侵占公务上之持有物,处有期徒刑六个月。但钱、蔡均声明上诉,现在交保中。"这种监守自盗的行为最令人痛恨,馆长竟然就是主谋,更令人为之叹息。

1937 年 11 月,日军占领常熟,图书馆馆长陈旭轮将馆藏之书装成 120 箱寄存到民间,使得该馆善本得以完好保存。在常熟沦陷的八年间,图书馆馆长换了五人,但他们大多能恪尽职守,一方面应付敌伪的审查,一方面努力保护馆藏善本。当不得已时,他们会两害相权取其轻。诸公巽在《抗日时期的常熟图书馆》一文中讲到了当年的一个具体事件,文中提到当时的日寇十分注意文化机关的抗日文件及记载,当他们检查图书馆所藏之书时,发现了抗日语句,于是打了钱南铁馆长一个耳光,并将钱南铁解职。继任者是陈敬如,陈在继任之初招诸公巽到馆协助工作,某天,日本宪兵队来了几人又要搞搜查,诸公巽写道:

> 我们处在日寇铁蹄下,逼于淫威,不得不勉强从命。他们走后,我们就商量怎样来应付眉急,大家认为要想保存甲库内线装古籍,免遭波及和不受损失,只有釜底抽薪,多牺牲些乙库的普通书籍。同时限期短促,如要逐页详细检查,非短期内所能办到。于是决定开展突击工作,只在每部书的目录上寻找,凡有显著的倭寇字样的书籍,不管内容如何,检出三千余册及报纸三束,捆送宪兵队部了事,所藏珍贵的线装古籍得以保存无恙。日寇对此也很满意,以为这许多图书,能在二三天内详细检出完成任务,足见办事能干。自此以后,未再来馆威吓。但是经过这次风波,馆长、馆员均怯于淫威,不愿再干,不到三月就相继去职。

皮之不存毛将焉附,领土被占,保护典籍是何等之不易,但常熟的这些有识之士仍然努力地把损失降到最低。他们的所为令人感佩。

1949 年 5 月 1 日,常熟宣告解放,常熟县人民政府派文教科长牟达等到常熟图书馆接收。之后一段时间,该馆接收了大量的捐献之书,根据《常熟图书馆史》中的统计,当时翁同龢家捐书 1712 册,400 余种,其中有明版书 20 种,稿抄校本多种。顾松元捐书 7168 册,这批书主要是顾氏小石山房的旧藏。另外一些公家单位也有拨交和赠书,比如县财粮科转移图书馆 7800 册,省博物馆赠书 3532 册等。

1950 年 9 月,常熟图书馆划归常熟市文化馆,两年之后,图书馆又从文化馆分离出来,改名为常熟市人民图书馆。1954 年,图书馆撤销,其职能工作由市文化馆接收。1955 年 2 月,恢复常熟市图书馆。1958 年 4 月,常熟市并入常熟县,常熟市图书馆改名为常熟县图书馆。1969 年 11 月,县图书馆并入常熟县革命文化馆。1974 年 1 月,常熟县革命文化馆撤销,常熟县图书馆得以恢复。1983 年 3 月,常熟撤县建市,常熟县图书馆改名为常熟市图书馆,这个名称沿用至今。

我来过常熟多次,二十余年来在那里寻访到几十座藏书楼旧址,遗憾的是绛云楼被烧,汲古阁没了踪影。这两座藏书楼对此后三百多年的藏书史有着重大的影响,真希望它们能够恢复。我忍不住向李烨馆长讲出了自己的心愿,李烨馆长说这也是他们的心愿,而后带着我前去探看了在虞山对面的绛云楼旧址,而今这里已经变成了一个现代化的小区,我想,把这里腾退恢复绛云楼,应该是一个颇为艰巨的工程。常熟现代藏书家曹大铁先生有一方藏书章,章文是"绛云旧梦",这显然是追溯到了钱谦益那里,真希望这个梦能够实现,当我再一次来常熟时,能够得见恢复的绛云楼和汲古阁。

绍兴图书馆

存古开新，绍续古越

绍兴图书馆于 2002 年举办了百年馆庆,该馆将创始源头追溯到了古越藏书楼,而该楼的创始时间正是 1902 年,可见绍兴图书馆跟古越藏书楼有着直接关系。

古越藏书楼在创办后的近十年里处于正常发展状态,辛亥革命时,该馆第一次暂停对外开放,1916 年,古越藏书楼创办人徐树兰之子徐尔谷给教育部呈文,要求续办藏书楼,其要求得到了教育部的批准:"该员故父徐树兰,在绍兴城内独力捐设古越藏书楼一所,以家藏书籍七万余卷悉数捐入,以供众览,并每年认筹常年经费。在前清时,迭经奏咨有案。该员兄弟仍继承先志,勉力经营,恢崇典籍,嘉惠乡邦。前因辛亥事变,致暂时停办。现该员复拟踵武前规,继续开办,以符原案而彰先德,雅志高谊,洵堪嘉许。至所请立案一节,查图书馆规程,业于民国四年十月二十三日呈准通行,并刊登四年十月二十六日公报在案。应即查照该规程第四条所规定,径向地方长官核明立案,再行咨报本部查核可也。"

此后又因各种原因,古越藏书楼几次停办续办,徐家后人决定将该楼献给政府,《从古越藏书楼到绍兴图书馆》一书中简述说:"1932 年,已闭馆两年的古越藏书楼,奉民国政府教育部之命,重新整理藏书。尔后,绍兴县政府采纳了县教育局的建议,'经部、厅核定',决定将古越藏书楼改组为'绍兴县立图书馆',并照'厅令',将当时的'流通书库'也纳入图书馆管理。"

绍兴县立图书馆从 1933 年 1 月 24 日开始筹备,经过近半年时间的努力,于 6 月 1 日对外开放。该馆初期藏书主要是由古越藏书楼直接继承而来,数量为 23450 册。

关于古越藏书楼的几次停办情况,剑夫在《徐仲凡与古越藏书楼》一文中简述说:"楼既成,而仲凡先生以擘画经营,心力交瘁,遽而言归道山。子显明先生继承乃父之遗命,仍照常开放,任人阅览。嘉惠士林,扶翼教育,仲凡先生父子之力为多焉。绍兴社会教育史上,应占其一页矣!已而显民先生游宦离乡,古越藏书楼于焉停顿。民国十五年,仲凡先生之文孙世南先生,重整图书,修订章程,又行开放,以应社会人士知识之需求。至十九年,而世南先生有皖南之游,古越藏书楼乃宣告二次之停顿。"

此文也提到了古越藏书楼收归公有之事:"二十二年春,委教育局第三课课长孙增祺筹备,同年六月一日,正式开放,即以孙氏为馆长。于是古越藏书楼改为县立图书馆矣。"文章同时谈到书楼转为公有时的存书情况："古越藏书楼所藏之图书,虽达七万余千卷,顾以时停时开,乏人管理,以致图书年有散佚,迨县立图书馆接收,检点图书,仅存二万三千四百五十册,其中且有丛书残缺而不完者,本地方志如山阴县志、会稽县志,亦复在散佚之列矣。"

此后绍兴县立图书馆藏本得到一定的增加,到 1934 年时,该馆所藏新旧图书已超过五万册。1941 年 4 月 17 日,绍兴被日寇占领,在日伪统治时期,该馆藏书遭到较大损失,抗战胜利后,绍兴县参议会所发通报指出："查县立图书馆自经战乱,损失惨重,所藏图书多遭敌伪摧毁,即移藏在山乡的书籍亦均荡然无存,现有流通者仅及战前十分之三。"

1945 年抗战胜利后,绍兴县立图书馆宣布复馆,该馆的藏书得以恢复,《从古越藏书楼到绍兴图书馆》一书中简述说："抗战胜利后,濒临关闭的绍兴县立图书馆为充实馆藏资料,有过一次大的募捐活动。先是赴上海向旅沪同乡募得国币 200 万元,又在当地向社会各界募得 50 万元,用这笔款子从上海、杭州等地购得图书约 700 余种,日报、期刊 50 余种,使图书馆得以继续开放。"

1949 年 5 月 7 日,绍兴解放,6 月 11 日,绍兴市军事管制委员会接管绍兴县立图书馆,同时对该馆的资产情况做了清点,制成《绍兴县立图书馆概况表》。当时,该馆有阅览室三间、儿童阅览室三间、藏书楼三间,另外还有会客室、厨房等十一间房屋,而藏书量为 29440 册。

此后绍兴专署成立了鲁迅文化馆,后改名为浙江省立鲁迅文化馆,同时绍兴市和绍兴县也各自成立了人民文化馆,各文化馆都设有图书室。之后绍兴县立图书馆移交给浙江省立鲁迅文化馆,该馆在 1952 年并入绍兴市文化馆。

1956 年 6 月 18 日,成立了绍兴县图书馆,该馆由浙江图书馆馆长张宗祥题写馆名,此馆当时的馆舍面积为 150 平方米,设有借书室一间、阅览室一间、办公室一间、管理人员四名。当时的县图书馆由县文化馆监管,不是独立的建制单位,成立之时有藏书 33445 册。

1958 年 2 月,绍兴县、绍兴市合并,同年 6 月,绍兴县委决定将绍兴市文化馆图书室与绍兴县图书馆合并,准备成立绍兴县鲁迅图书馆。转年 7 月 1 日,绍兴县鲁迅图书馆正式对外开放,两馆合并后有图书 55901 册。

对于该馆此后图书数量的增加,《从古越藏书楼到绍兴图书馆》一书中简述说:"据 1965 年统计,馆藏总数为 12 万册,其中古籍 87600 余册。1970年,大批'文化大革命'查抄书抄送图书馆,馆藏总数增至 23 万册。后绍兴市政府对存馆'文化大革命'查抄书落实政策,还出部分。1985 年统计,馆藏总数 35 万册。1992 年,进行藏书清点,馆藏总数 339995 册,其中现代中文图书 149049 册,古籍 166281 册,报纸合订本 11442 册,期刊合订本 13223 册,此外藏有碑帖 4500 余幅,缩微资料 11 种 75 卷。1996 年底,馆藏总数 365377 册。2001 年底,馆藏总数 439834 册。"

1983 年 7 月 27 日,绍兴地区撤销,设立绍兴市,实行市管县机制,同年 12 月 28 日,绍兴县鲁迅图书馆升为绍兴市鲁迅图书馆,隶属于绍兴市文化局,从此绍兴市鲁迅图书馆成为地市级公共图书馆。

1997 年,该馆成立绍兴图书馆新馆筹备小组,同年 9 月 1 日绍兴市计委批复同意设立绍兴图书馆,该馆于 2000 年 1 月正式对外开放,从此对外称绍兴图书馆,但鲁迅图书馆的名称一直保留。

2017 年 10 月底的几天,我到诸暨市参加读书年会活动,于此会上结识了绍兴图书馆馆长王以俭先生。王以俭馆长盛情邀请我到其馆去参观,于是会议结束后,我乘书友方俞明先生之车,跟随王以俭馆长来到绍兴。我于绍兴进行了几日的历史遗迹寻访,其中在 31 日这天的下午,前去参观了绍兴图书馆。

我们先跟随王以俭馆长前去探看古越藏书楼,一同前往者有绍兴图书馆古籍部的唐微老师,参观完毕后,一同回到绍兴图书馆老馆,因为古籍书库设在这里,到达时已近傍晚。图书馆广场的花坛中央有一尊手执书卷的清人石像,唐微老师介绍说,这就是古越藏书楼的创始人徐树兰先生。如果从源头论起,徐树兰所创建的古越藏书楼应该算是绍兴图书馆的前身。因此,可以说徐树兰是绍兴图书馆的创始人。

跟随唐老师走进馆内,她向我介绍说,该馆已经在他处建立了规模更大的新馆,而旧馆作为历史文献馆分馆保留了下来,馆藏古籍都在此处。走进楼内,首先看到的是"绍兴市古籍保护中心"的铭牌。在国家古籍保护中心的号召下,几乎各地市都建起了保护中心,国家层面对于古籍的重视可谓空前,这一点无论从哪个角度而言都是好事情。而我在楼道里看到了"古籍修复室"的铭牌,我对这个部门一直有着强烈的好奇心,特别

喜欢欣赏修复师们化腐朽为神奇的妙手，本想入内满足自己的眼欲，但此刻已经到了下班时间，只好跟唐老师前往古籍查阅室。

一进门竟然碰到了甘肃省张掖市图书馆馆长黄岳年先生。寻访几天前，我们一起在诸暨参加读书年会活动，在那里我与黄馆长相谈甚欢，当我跟随王馆长前往绍兴时，还特意向黄馆长郑重道别，他邀请我明年有空时前往张掖一游，本以为这是一年后的约期，未成想三天后就有了第二次会面。黄馆长说他来绍兴图书馆是跟王馆长商讨工作，闻听我过来，特地赶来相见。

在古籍查阅室，还见到了《绍兴日报》记者王敏霞女士，王以俭馆长介绍说，王女士是该报资深记者，长期报道文化类新闻，她听闻韦力要来寻访藏书楼，希望能够一同前往。能够与这样认真的记者共同探讨感兴趣的话题，我当然大为欢迎。

我来绍兴图书馆看书，大约有两个目的，首先是该馆所藏的善本。近些年我参与了国家古籍保护中心组织的《国家珍贵古籍名录》评选审定工作，在这个过程中，看到过一些绍兴图书馆上报的善本书影，显然书影得来终觉浅，绝知此事要目验。通过书影鉴定版本，总归感觉隔了一层，远不如翻阅原书印象深刻。当然我也知道，每一次的珍贵古籍申报，都有上万卷的数量，这些书分散在全国不同的图书馆，一一前往目验难以做到。因为书影拍得不清晰、版本特征漏拍等原因，每次的审核都有一些拿不准的古籍，故每次国家古籍保护中心都会派出专家，分组到不同的图书馆查看有疑问之本，然而我几次出行均未来到绍兴图书馆。绍兴一地曾经诞生过那么多厉害的大藏书家，这个地方于我而言，无论如何也要多来几次。

这些年来，我每到一地，只要有机缘，就会前往当地图书馆看一些善本，陆陆续续看到过不少难得之本。尽管我知道，公共图书馆所藏善本不可能进入流通市场，即使看到也不可能得到，但这不妨碍我对美的欣赏。更何况，古人原本就说过"曾经我眼即我有"，我把这句话理解为求之不得后的无奈，但也不可否认，此话所包含的达观。且不在此探讨人生吧，总之，但凡看到稀见之本，总能让自己欢欣不已。

我来绍兴图书馆看书的另一个目的，则是希望看到一些古越藏书楼的旧藏。如前所言，徐树兰开创的古越藏书楼是绍兴图书馆的直接源头。

看到书楼的旧藏,也就等于了解了一脉相承的起源。听唐老师介绍,绍兴图书馆现有古籍藏量十五万册,其中古越藏书楼的旧藏数量不少,完好保留下来的有近万册。而我从绍兴图书馆出版的《绍兴图书馆藏珍贵古籍图录》中也看到古越藏书楼旧藏被单独列出一个板块,以示尊重。从这点而言,该馆有着饮水思源的好品质。

因为到达的时间晚,如果请唐老师一一调出欲看之本有些耽误时间,故而王馆长说不如直接入库看书。在古籍库的门口我看到了"恂如存古阁"字样的招牌,由介绍可知,绍兴乡贤车越乔在香港经商颇为成功,然车先生不忘乡梓,愿意捐款给图书事业,同时提出以其父车恂如的名义建造存古阁。车越乔的所为,已经超越了"富而好礼"的古训,他将个人的孝道与支持家乡文化建设相结合,这种做法令人感佩。

进入古籍库,唐老师告诉我最前边的区域是该馆的特藏区,古越藏书楼的旧藏和箱子都在这边,左手边存放的是书,右手边是书箱。说罢,她引我到旧书箱前细看。我果真从上面看到镌刻的字迹。书箱分立柜和顶箱二种,均为对开门闷橱,有拉手而无锁具。看上去几十个书箱尺寸大小一致,唐老师却解释说中间有五种不同形制,每个书箱的正门上,都刷印上了"鲁迅图书馆财产"的字样,以此讲述着历史的流转。在此之前,在二十多年的时段内,我总计到过古越藏书楼三回,每一回都没能登楼,毋论目睹当年的书籍和书箱了,今日总算完结了一个小小心愿。

绍兴图书馆的古籍库房内颇为整洁,可谓一尘不染,它的排列方式与各大图书馆相类似:一排排的书橱分列左右两侧,全部使用实木制作,书橱的正前方有玻璃门,便于书的查找,同时也可以防尘防潮。隔着玻璃望过去,每摞书中间都有十厘米以上的间隔,以此来保证空气的流通。线装书藏于南方,最大的问题就是潮气侵入,故防潮乃是南方图书馆首要解决的问题。将每一摞书留出一定的空间,这当然是最简便的方法,但这种做法会增加储存面积,故有些馆不愿如此为之。绍兴馆能够做到这一点,恰恰说明了领导对古籍保护的重视。

南北方在古籍的装帧方面也有着差异,北方喜欢用函套,南方喜欢用木夹板,这仍然是出于防潮角度的考量。相比较而言,函套对书的保护程度要优于木夹板,弊端则是通风程度不好。传统函套的制作过程中会使用大量糨糊,在潮湿温暖的环境下,蠹鱼的虫卵容易孵化,函套上的糨糊自

古籍库房书橱的玻璃门　　以樟木夹板护书

然就成了蠹鱼的营养美餐,这也是南方很少使用函套的原因。浏览绍兴图书馆古籍库的藏书,基本上不用函套,用到的木夹板也不多,主要做法乃是将一摞一摞的书叠放在一起,而后用侧签予以分割。这些侧签上首列书号,次标名称,再标明册数,而后以简要字句点明版本。这种四宫格的方式,对于藏书而言,清晰明了,确实是一种不错的标注方式。

唐老师告诉我,古籍库分为两个部分,外面的大间是普通古籍库房,里面的一间则为善本书库。而后她打开善本书库之门,带我入内参观。

善本书库呈窄长方形,约有二百余平方米的面积,里面的书橱如同古越藏书楼,是一种木门闷橱。橱分上下两截,每截中间有隔板,打开书橱,所见其书的摆放方式与外面的普通古籍库相同,只是每一部多了樟木夹板护持,看来善本的待遇果真与普通古籍有区别。

唐老师知道我对古越藏书楼旧藏感兴趣,特意调出一些该楼的藏本,同时递给我一部《古越藏书楼书目》稿本。王以俭馆长在一旁介绍说,这是今年绍兴图书馆在西泠印社春季拍卖会上拍得的一部稿本,此目是与古越藏书楼相关的一个誊清稿本,从日本回归,疑由徐树兰先生本人及其族人所编订,编订时间较通行本早。王馆长特别补充说,这也是绍兴图书馆通过市场操作参与古籍拍卖的第一次。

《古越藏书楼书目》在业界大有名气,该楼编印过两次书目,最早出的是刻本,随后出的是石印本,刻本系徐树兰生前手编。唐老师介绍说,刻本虽然只有薄薄数页,因为是试印阶段,所以存世印本极少,整个浙江省只有三家有藏。而绍兴图书馆藏本的封面上,钤有"楼在绍兴城内鲤鱼桥古贡院"朱戳,点出了书楼位置所在,更为难得。相关研究者所见,多是书目的通行本,即清光绪三十年(1904)崇实书局石印的本子。如今在这里看到与之相关的稿本,对于了解古越藏书楼的早期藏书状况意义很大,这确实令我大为兴奋。翻看着该书目,我不禁想象着当年的编目者是如何在图书分类上动足脑筋。

关于古越藏书楼所藏之书,其主体乃是书楼创办人徐树兰所捐,而后汇入了大量新购书籍,因为这个缘故,古越藏书楼最初的目录也是沿用最为通行的四部分类法,然而这样的编目方式无法将新学书籍包含在内,故而编目者在四部分类之后又加入了"时务"部,等于是五部分类方式。

然而在实际的使用过程中,书楼的管理者发现,五部分类法也有诸多

≡ 这几方印表明了古越藏书楼的递传　≡ 《古越藏书楼章程》

不便之处。于是他们又重新编目,将五部分类改为两部分类,即将所有图书分为"政部"和"学部"。这种分类方式,可谓前无古人。而在部之下,又分为四十八个小类。其分法具体如下:

> 学部二十四类:易学,书学,诗学,礼学,春秋,四书学,孝经,尔雅,群经总义,性理学,生理学,物理学,天文算学,黄老哲学,释迦哲学,墨翟哲学,中外各派哲学,名学,法学,纵横学,考证学,小学,文学(上下);
>
> 政部二十四类:正史兼补表补志考证,编年史,纪事本末,古史,别史,杂史,载记,传记,诏令奏议,谱录,金石,掌故,典礼,乐律,舆地,外史,外交,教育,写政,法律,农业,工业,美术,稗史。

这种分法十分之奇特。该目是延请慈溪孝廉、绍兴府学堂教习冯一梅编纂而成,与旧目相比,确是一个很大的改革和创新。对于这种创见,后世研究者有褒有贬,比如吴晞在其所著《从藏书楼到图书馆》一书中对这种新的分类方式夸赞有加:"这种新的分类体系将中西书籍融为一体,是我国学术史、思想史和图书分类史上的一个突破。我们今天不必拘泥于这个分类体系是否科学,类目是否得当,而是要看到它基本反映了近代的科学体系和当时人们对近代科学文化的认识水平,开拓了分类法的新途径,在揭示最新内容文献的方法上做出了划时代的贡献。"

为什么会出现这样的分目变化呢? 姚名达所著《目录学》的第六章题目是"西学输入与中西合流",此章的第一节内容是:"清代自鸦片战争后,西洋学术逐渐的输入中国,中国学术界即因此而起了变动:哲学,群学,物理学等等新名词,在中国学术界上开始有了地盘,过去的旧分类法,已不能包含这批新来的学术,于是,因时势的要求,新的分类法,即因此而发生了。"

可见,社会局势的变化,使得旧有的分类方式无法涵盖新学内容,所以势必要在分类上进行改革,其举出的例子就是《古越藏书楼书目》。姚名达也注意到了该书目由五部改为两部的变化,他认为这种变化非常自然:"古越藏书楼本来是分为经史子集及'时务'五部,编为三十八卷,后来改为政部学部二部,编为二十卷,这变化是值得注意的事实。在西学当初入中国的时候,藏书家因为没有地方可以将他并入,于是列时务一部以容纳，这是非常自然的举动。后来因为发现不便，于是改弦易辙，中国的分类法即因此而起了一种大改革。"

由此可见，姚名达充分肯定了该书目乃是目录学史上的一种大改革："此目能打破已成为金科玉律之四部，而创为二部，将新学之书，与一向奴视一切之经并列，其创造性为何如！而其将各种学术任意列入各类，其武断性又何如！"但这样的改革是否也有其不完善之处呢？姚名达在该书中举出了两点，其第一点为："将中国固有之各门均加以'学'字，如群经总义学等等，在当时实足引人惊异。即今人观之，恐亦将骇异也。"

姚名达认为该目将中国固有的门类之后都加个"学"字，显然没有必要，第二点不妥之处则是："至其在分类法上不妥的地方，如将美术、稗史入政部；《四书》另立一部而名谓'四书学'，天主教、耶稣教附入墨翟哲学等等，其谬误是非常显明的。"

有着同样观念者还有李日刚，其在编著的《中国目录学》中也专门讲到了《古越藏书楼书目》在编目上的变化，其首先认为："自鸦片战争后，海禁大开，洋学逐渐输入，哲群心物，声光化电，科目繁多，固非四部所能范围，即偏究往代簿录，亦无有可施其部类，其时为目录者，莫获凭藉，或强纳于四部之内、或别裁于四部之外。"李日刚在文中也详列出了该书目在"学部"和"政部"向下所分出的子目，同时列出了《古越藏书楼章程》中对于这种分法所做出的释义："明道之书，经为之首，凡伦理、政治、教育诸说悉该焉。包涵甚广，故不得已而括之曰学类。诸子六经之支流，文章则所以载道，而骈文词曲，亦关文明，觇世运，故亦不得蔑弃。至实业各书，中国此类著作甚少，附入政类中。"

对于编目者的解释，李日刚表示了部分的不认同："盖自学理及实用二义分部，而中外学术，概归乎平等，实较前人或强入四部，或新旧分目为进步。且每类下再细分子目，亦较四库为详密。然其部类之名义，仍不甚清晰。如学、政二部之名，究何所区别？学则犹可，然其字义之范围甚广，盖知识固无不可名之为学也。政则意义晦而不明，分类杂而不精。内包史地，犹旧日之遗说。若书画小说，亦列之政部，诚不知其意义之所在。且如三教总论附入释家哲学，耶稣教及五洲诸教皆入墨翟哲学，犹之旧唐志以释典并入道家，同一谬误，而贻识者'类别不当'之讥。"

其实就学问而言，大多是前疏后密，不应当苛求首创者所做出的创举不够严密,能有这样的开创之举,这部《古越藏书楼书目》就足以傲视。而后世又有这么多的探讨,无论褒与贬,都可说明该书目是中国目录学史上绕不过去的重要话题。仅凭这一点,亦足以说明斯楼不朽。如今我在这里又看到了与该书目相关的稿本,喜悦程度可想而知。

因为时间紧迫,我无法在书库里从容地欣赏这里的善本,只好请唐老师取几部出来与众人共赏。首先从库房取来的二部都是词集,一部是群玉书堂本《绝妙好词》,一部是明抄本《百家词》。就传统藏书观而言,经史子集是等而下之的排列顺序,集部最卑,而词又被视为小道,被视为诗之余,故称为“诗余”。然而到晚清时期,有些藏书家开始以词集为专题,词中别集渐受欢迎。徐乃昌、秦更年、施蛰存、黄裳等先生都曾将词集列为专藏,而在当代经过杨成凯、范景中两位先生的大力提倡,词集的收藏更为深入人心。

《绝妙好词》群玉书堂本并不多见,而明代蓝格抄本的《百家词》也属难得之本,唐老师告诉我,五六年前,杨成凯先生特意来该馆就是为了看这部《百家词》。我听到杨先生的名字,顿时心下黯然,我虽然与杨先生交往多年,他的词集我却未曾看到过全貌。2015 年杨先生遽归道山,他的珍藏之物不知情况如何。而我又想起十几年前,文化遗产书店开业时,自己曾想方设法帮其拿下该店所有词集时的情形。那些词集中仅有一部被他人夺去,为此杨先生颇不乐意。由此可见,他对词集偏爱之深。如今,目睹他曾经翻阅之书,其当年之音容又立即浮现在眼前。

我还看到一部旧抄本《自怡堂外集》,此书的作者落款处仅写“山阴祁”,空两个字后又写着“著”字。至少在爱书人这里,每当山阴与祁字连在一起,都会本能地想到澹生堂。果然唐老师说,她是在做古籍普查时,在未编残册中发现这部书的,第一直觉也是澹生堂后人所著,但又不敢确定,想请方俞明先生和我一起把把关。从纸张墨色来看,此为清中期以后所写,究竟作者是谁,只能请方兄和唐老师研究后告知我答案了。

之后我又看到了该馆所藏的几部元刻本和明嘉靖本,颇为难得的是,其中还有一部清道光泥活字本《南疆绎史勘本》,卷端钤盖着古越藏书楼的印记。唐老师说,这是唯一一部入选《国家珍贵古籍名录》的古越藏书楼旧藏。泥活字本价格近二十年来高涨不下,只是不知道当年徐家买进此书时的情形如何。想来,那个时期人们并不关注书籍在印刷方式上的特别之处。然而转念思之，徐树兰的思维方式恐怕不能以常理来推论，否则的话，他何以创建这样一座公共藏书楼呢？

开封市图书馆

北宋遗韵，汴梁书香

如果皇家藏书之所也算公共图书馆的话，那么开封一地的图书馆史可以追溯到北宋。《玉海》卷一六〇"太宗清心殿"条云："太宗于禁中建清心殿藏图籍，以资游览。视朝之暇，日读《太平御览》三卷。有苍鹤飞止殿之鸱尾，逮掩卷而去。翌日，语侍臣，宰相宋琪曰：'好学所感也。'"

当地的皇宫内建有六个专门的藏书之所，最早的一个当属龙图阁。《续资治通鉴长编》卷二〇《太平兴国四年八月纪事》中称："（龙图阁）贮四库书，楼下设六阁，经、史、子、集、天文、图画。"对于龙图阁的藏书规模，该书又称："龙图阁在会庆殿之西偏，北连禁中，阁上藏太宗御书五千一百十五卷、轴，下设六阁：经典阁三千七百六十二卷，史传阁八百二十一卷，子书阁一万三百六十二卷，文集阁八千三十一卷，天文阁二千五百六十四卷，图画阁一千四百二十一轴、卷、册。上曰：'朕退朝之暇，无所用心，聚此图书以自娱耳。'"1985 年第 2 期的《河南图书馆学刊》上，刊登有薛志斌所撰《北宋第一座皇帝图书馆——龙图阁》，题目就代表了观点。

龙图阁建于宋真宗大中祥符初年，此阁分上下两层，楼上藏宋太宗的御书、文集、世谱等，楼下藏御用图书及各种宝物。阁内设四位勾当官负责管理，勾当官由内侍充任。除此之外，这里还有写书匠、装裁匠等，因此可以视之为标准的皇家档案图书馆。

除龙图阁外，太清楼等地也有藏书，傅荣贤所著的《中国古代图书馆学思想史》中称："宋代中央官方藏书从基本规制上看，最大的特点是形成了以太清楼等为主的皇室藏书、以三馆一阁为主的中央政府藏书，以及以国子监等为代表的中央其他机关藏书，这无疑是对'秘书中外三阁'制度的延续，但同时也形成了独特的时代特点。"

开封一地的第二个重要藏书时期，则是明代。明代的周藩设在开封，从周藩的第一代藩王一直到明代末期，这些藩王中有多位著名的藏书家，正是他们把开封一地的藏书史延续了下来。

开封的第三次藏书高潮则是民国期间。民国期间对当地藏书史贡献最大的人物就是冯玉祥，他虽是位武人，然其在开封任职期间却建造了多个图书馆，他在这方面做出的贡献，后世多有记载，我所看到的资料，以崔红莲、张嘉路两位老师所撰的《冯玉祥督豫期间的开封图书馆事业》一文叙述的最为简明扼要。

以时间来论,冯玉祥在开封建造的第一个图书馆名为"平民图书馆"。对于该馆的情况,崔红莲、张嘉路两位老师在其文中写道:"1927年10月,根据冯玉祥提出的'建设新河南'之方针,废相国寺并亲题为中山市场。12月,冯玉祥下令就中山市场西厢房改建为平民图书馆。1928年1月竣工,2月1日正式开放。该馆直接由教育厅社会推广部管理,经费按月由财政厅拨发二十元。"

原来这平民图书馆就开在大相国寺内,我在开封期间,张家路老师带领我前往此寺去寻找过藏书遗迹,顺便在此说明一下:我是在1997年9月的《河南图书馆学刊》上看到的崔红莲、张嘉路两位老师所撰文章,但是张嘉路的那个"嘉"字却与张家路老师的尊名,音同而字不同,我特意向张老师确认是否与张嘉路为同一人,张老师说确实为同一人,只是他后来改了名。

开封的大相国寺早在北宋时期就是全国最著名的图书交易市场,这个书市断断续续一直开办到了民国时期,冯玉祥在大相国寺内开办平民图书馆,不知是否有意接续这个流传千年的传统。但从崔红莲、张嘉路两位老师所撰之文看,平民图书馆的规模较小:"平民图书馆的设施有馆内放置书柜十余个、阅报桌二张、报架四个、办公桌二张、阅书桌椅数十套,有书籍数百种、报纸数份,关于公民应看的书籍及设施无不齐备。"

平民图书馆虽然规模不大,但也是五脏俱全,只是不知当时那些来此读书之人,会不会也顺道在旧书摊上买几本书看看。从历史延续来说,这个平民图书馆虽然存在时间不长,但是大相国寺一地却继续递延着公共图书馆史。《开封图书馆志》一书中写道:"1957年6月,省图书馆迁往郑州以后,图书馆先后将设在相国寺藏经楼和南关工人区的阅览室、书库迁至省图书馆原址(即二曾祠旧址,东邻许公祠),图书馆馆舍较为分散的情况得到了彻底改善。"

看来,河南省图书馆搬迁到了郑州之后,开封市图书馆就将大相国寺里面的分馆搬迁到了省馆的旧馆舍里面。这样推论起来,大相国寺的藏经楼也是开封市图书馆的前身之一。我觉得这段历史很重要,其重要性有如奥运会火炬的传递,虽然这种传递仅具有象征意义,但它却表明了历史的悠久与这场活动的正统性。

开封市图书馆曾有一部分开办在了大相国寺内,仅凭此点就可以将该馆的历史追溯到北宋时期，而不能从 1956 年 8 月 1 日算起。但是开封市图书馆的介绍材料中都说 1956 年 8 月 1 日是该馆的成立日，不知我的这种追溯方式会不会受到开封市图书馆各位领导的首肯。且不管他们怎么想吧，至少我觉得这样的追溯能够让开封市图书馆变得更加源远流长，像一曲穿越古今、荡气回肠的长歌。

除了建在大相国寺的平民图书馆之外，冯玉祥在开封还建造过一所"金声图书馆"，然此馆的开设地点颇为奇特，崔红莲、张嘉路二位老师在文中说："开封南门之城楼上（今大南门处，城楼已无存）原有一座古典建筑，共两层，面阔三间，进深三间，四面出厦，歇山式屋顶，原为城防所用，已经破旧。当时冯玉祥莅汴，以该楼废弃可惜，乃令改修为图书馆。1928 年 5 月冯玉祥委托省民政厅任右武同志及公安局孙佩璋共同筹建，7 月竣工。为了纪念冯玉祥的挚友郑金声，故命名为金声图书馆。"

这所图书馆开在了城门楼上，若以那个时期来论，此馆很可能创造了一个中国之最——"中国最高的图书馆"。城门楼上的这座建筑有二层高，虽然有些破败，但冯玉祥派人做了必要的整修，仅两个月的时间就完工了。从规模看，金声图书馆似乎比平民图书馆要大："金声图书馆的设施共有房屋六间，分上下两层。楼上备有书橱、书架，摆放书籍、图表等供借阅。楼下周围备有书架、报纸架，中间放置阅报长桌，两旁放置连椅，读者可以在此阅读书报。墙上悬挂有各种标语及图表，中间悬挂郑金声同志遗像。室外是走廊，有连椅供休息，屋周围砌有各种菱形花坛，内植花木，环境幽雅。"但可惜的是："1931 年刘峙主豫，为拓宽大南门，将城楼拆除，金声图书馆被撤销。"

除此之外，冯玉祥还建造过一所"中山图书馆"，这所图书馆处在开封的鼓楼之内："开封鼓楼建于明代洪武十二年（公元 1379 年），几经重修后形成当时鼓楼的规模。1928 年冯玉祥将第一层楼改为'中山图书馆'（刘镇华书匾额）。后来被炮火所焚，现为鼓楼广场，是开封夜市中心。1928 年 2 月中山图书馆奉令改修，5 月竣工，由省政府训令教育厅接收该馆，常年经费由河南省教育款产管理处按月拨发，并购买一切书籍，6 月 14 日正式对外开放。"

我此次在开封时，看到了新建起的鼓楼，这座鼓楼虽然外形有些比例失调，但体量却不小，不知当年的鼓楼是什么模样，而今的这一座可能是为了减少对交通的影响,所以在鼓楼的下方开了一个很大的门洞,故而这座鼓楼看上去更像城门楼。如果当年冯玉祥建造的中山图书馆在鼓楼上,那么这座图书馆也同样是"高高在上",可惜这座中山图书馆在1936年10月被裁撤了,里面的书及用具归了河南省图书馆。

冯玉祥所建图书馆名气最大者,即为以上三座。除此之外,他在开封其他区内还建了一些平民图书馆,这样的图书馆仅在东区就设了五座,南区设了三座。这位冯将军对开封的图书馆建设,确实做出了很大的贡献。

河南省图书馆筹建于光绪三十四年(1908)七月,到宣统二年(1910)八月就正式开馆了,馆址就设在开封城北许公祠。原本开封乃是河南省省会,后来省会迁往郑州,河南省图书馆也随之迁往郑州,而原省馆在开封的馆舍就成了开封市图书馆的所在地。

其实,开封市图书馆在省馆迁走之前就已成立,其成立的基础是由开封市文化馆图书股转化而来。对于该馆初创时的情形,《开封市图书馆简介》一文中称:

> 开封市图书馆创建于1956年8月1日,馆址设在刷绒街二曾祠旁的许公祠旧址内(今市图书馆阅览大楼东侧)。1957年6月,河南省图书馆迁郑后,该馆二曾祠馆址全部移交开封市图书馆使用。当时全馆总面积为3510平方米,工作人员8名,年购书经费3580元,藏书58644册。建馆之初,馆藏图书资料以原开封市文化馆图书股的图书和省图书馆拨给的通俗读物为基础,古籍线装书一本未存。后来,省馆迁郑时,将馆藏的部分古籍图书送给本馆,填补了在古籍图书收藏方面的空白。

看来,该馆成立之初也算得上的是一穷二白。虽然开封市文化馆图书股和河南省图书馆也拨给了市图书馆一些图书,但拨付的图书均为通俗读物,古籍线装书一本都没有,只是到后来河南省图书馆给了一部分线装书,这才使得开封市图书馆在这方面的收藏有了一点基础。

2016年,我在中国古籍保护网的"资讯"上看到,开封市图书馆已经成为"全国古籍重点保护单位",这么大的变化让我产生了很大的好奇心。一般而言,国内的公共图书馆若想在古籍收藏方面有所成就,必然有一定的历史渊源，因为这些古籍大馆所藏之书，大多是继承以往的收藏，而开封馆的情况则较为特殊，因为河南省图书馆已经把开封当地的善本基本都带到了郑州，而开封市图书馆在古籍收藏方面又近似于白手起家，能有这样的成就确实值得骄傲，这让我有了前往此馆一看的冲动，于是联系国家图书馆的王红蕾老师，在她的介绍下，我与开封市图书馆馆长马慧萍女士取得了联系。

2017 年 2 月 12 日，我乘高铁从北京前往开封，当天见到了马馆长。在出发前，我先在电话中向马馆长报告了我的欲访之点，其中之一是河南官书局，马馆长告诉我，此官书局旧址正在拆迁之中，若我要拍照就尽快来。闻其所言，我第二天就来到了开封。在到达开封的转天，我在张家路老师的带领之下，来到了开封市图书馆的门前。

开封市图书馆处在市中心的风景绝佳之处，与开封龙亭公园仅一路之隔。龙亭公园原本是北宋皇宫所在地，到了明代，这里又是周藩王府所在地，而这两地都有着著名的藏书，该馆建在龙亭公园旁，我觉得这很具象征意义。我的这种联想让马馆长为之一笑，她说这个说法今后倒是可以写入馆史。

从外观看，开封市图书馆并不高大，属于中西合璧式的仿古建筑，这跟北京的很多部委机关办公楼颇为相像。今日天气不错，阳光照在馆舍的屋顶之上，屋顶上的绿瓦折射出的光斑像鱼鳞般地分散开来，这使我相机上的遮光罩都难以避开。虽然如此，我还是清楚地看到图书馆的匾额出自几十年前的大书法家——楚图南先生之手。我无缘结识楚先生，但我却与他的公子楚庄先生在一起开过几次会，可惜那时不好意思向他索要楚图南的书法作品，而今再也没有这个机会了。

随马馆长来到了图书馆的门前，我在入口处看到了"全国古籍重点保护单位"的铭牌已经悬挂在那里，这对于图书馆行业来说，当然算是个重要的标志，因为一所图书馆必须具有一定数量和一定质量的古籍，才能得到这个称号，当然，相应的保护措施也是评选的硬指标。马馆长为此也颇为自豪，她说回头带我去看他们的馆藏古籍。

进入该馆的大厅，首先看到了闹元宵的大横幅。我来开封的这天是农历正月十六，看来昨天这里刚刚热闹了一番，还有猜灯谜的游戏。某年在北京的一次朋友聚会，也赶上了元宵节，那家饭店在包房内悬挂了许多

开封市图书馆外观

纸条,任由吃客们来猜谜,每猜出一个就会对餐费有所减免。我原本对此并不在行,然在众人的起哄之下,只好一个一个地努力猜下去。

可能是该饭店所制灯谜太过简单,以至于我连猜了十几个都全部猜中,搞得饭店经理进来连连道歉,说这桌饭免费赠送了。可惜我的这个小能耐没能在开封市图书馆得以施展,因为这个活动已经结束了。但转念一想也是好事,万一这里的灯谜难度挺高,我一个都猜不出来,岂不丢人现眼!

当然,我心中的这些小算盘马馆长不会知道,她依然认真地向我讲解着这里的功能。一楼刚刚举办完的开封文献展最让我感兴趣,可惜这个展览我也没赶上,错过了一次学习的机会。虽然如此,大厅一侧的阅报栏还是引起了我的好奇心。三十多年前,这种阅报栏在各地的街头经常见到,很多人早早地站在报栏之前,看着一张张的免费报纸,我想那时的心理主要是为了省钱,但时至今日,这样的阅报栏已然成为稀见风景,很多图书馆内的阅报栏已经改为了电子屏,而开封馆却能以原貌保留,可见用心。

更为难得的是,这里的报栏并非只是摆设,因为真的有几个人正站在那里细细地观览。马馆长说他们这里也有电子屏,而后指给我看,果真那里有着这种设备,然而设备前却没有读者。马馆长说,读纸本的报纸是很多中老年人固有的习惯,电子屏摆在这里,他们也不愿意使用,宁可站在阅报栏前细细地看纸本,并且一站就是很长时间。

我虽然不会站着看报纸,但是阅读纸本报纸却是固有的习惯,闻听马馆长刚才的那番解释,让我也突然意识到,其实自己也步入了中老年人的行列,只是心里不愿承认罢了。但即便如此,我也应该有着王勃的豪气——"老当益壮,宁移白首之心;穷且益坚,不坠青云之志",然而我又觉得此刻把这几句口号说出来,类似"下定决心,不怕牺牲",于是就将这内心独白憋了回去。

我在开封市图书馆首先参观了一楼两侧的阅览室,这里的陈列方式有如现在的书店,全部是开架,读者可以穿行在这些书架之间自由地挑选。为了尽可能地利用馆舍面积,该馆将一楼一分为二地隔了两层。马馆长解释说,他们曾多次向有关部门提出申请,今年终于批了下来,所以该馆将会有新的馆舍,到那时,读者的阅览空间就会大很多。看来,事在人为,只要多努力,总会有好的结果。

■ 阅览室中还是有年轻人

图书馆的二楼乃是阅览大厅，这里的读者之多，令我大感欣慰。看来，喜欢读书的人并未因各种红尘诱惑而放弃读书。这里的安静环境让我等说话的音量也迅速地降了下来。民国年间曾有一句被广泛流传的话，大意是偌大个中国，放不下一张平静的书桌，显然今天已经是太平盛世，而在开封市图书馆内，有着百张以上的平静书桌，无论坐在桌旁的人是看报纸还是书本，他们都沉浸在另一个富足的精神世界里。

开封市图书馆有专门的图书与报纸典藏库，他们将这些期刊报纸一一装订成册并整齐地码放在那里，能够看出工作人员对于本职工作之热爱，但毕竟这类的现代出版物有着纸张发黄发脆的弊端，如何来解决这个弊端已然是世界性难题。马馆长也很关心这类问题，她问我有什么妙招儿，我说其实国外早已经有了成熟的脱酸技术，只是因为成本高昂，才使得该技术所绽放出的阳光难以照耀到这里的期刊报纸上。

一般而言，所有的科技发明刚出现时都会成本高昂，但随着逐渐普及，其价格也随之降低，可惜现代出版物的脱酸技术虽然早已成熟，但毕竟这项技术不是广大人民群众所急需者，故而这项发明只对图书馆或者私人藏书家有一定的用处。既然这种技术只为"一小撮人"来服务，成本当然降不下来，普及与专业之间的矛盾，不是平凡如我辈者可以解决的，期待着智者能够发明出更便宜的脱酸技术吧。

但是，周王府湖面的阳光还是折射到了图书馆内，因为该馆的三楼没有隔成两层，所以这一层远比一楼开阔许多。隔窗向外望去，周王府遗址尽收眼底，眼前景色虽然没有范仲淹在《岳阳楼记》中所说的"沙鸥翔集，锦鳞游泳"，但也足可以称为"上下天光，一碧万顷"。

面对这样的美景，想到开封市图书馆很快就要搬至他处，这多少让人感到有些遗憾，然马馆长告诉我说，这个旧馆他们也会保留下来，准备建成古籍馆。此刻我多嘴多舌的毛病又犯了，我跟她说，北宋文化对中国的影响至深，开封虽然也在打北宋牌，但从我的所见所闻感觉本地在这方面做得并不充分，而图书馆既然是为社会服务，不如就把这里建成一座"北宋文献专馆"，一者该馆就处在北宋皇宫遗址旁边，二者这一带要打造成巨大的旅游区，该馆恰好可以融入其中，成为北宋文化的最重要组成部分，这就如卞之琳的那首极具名气的《断章》——"你站在桥上看风景，看风景的人在楼上看你。明月装饰了你的窗子，你装饰了别人的梦"。

面对旖旎的风光,我压在心底的酸腐之气忍不住地往外冒。为了掩饰自己的不能与时俱进,我又赶紧跟马馆长说:"还是去参观古籍库。"古籍库处在图书馆后院内。在这个院落内,我首先参观了基础书库,这里盛放的版本均为该馆的典藏之书,而与基础书库相对的二层小楼就是古籍库,该库处在这座小楼的一层。

走进书库,刚一开门就闻到了里面浓烈的香樟味道,这种味道虽然是各地图书馆古籍库的主旋律,但开封馆的味道似乎更浓。马馆长解释说,这是因为该库的书箱全部都是由樟木制作而成,而其他有的馆只是用樟木作内衬板。就防虫效果而言,当然是全樟木制作的书箱更有效果。以前樟木是一种便宜木料,而今因为大量使用,这种木料也比以往涨价许多,开封馆的书箱能够全部用樟木来制作,足见其在古籍保护方面不惜工本。

从外观看,这些樟木箱有着不同的色泽,古籍保护中心副主任葛智星先生介绍说:这些木箱是陆续制作出来的,前后总计制作了四批,虽然色泽略有差异,但每个书箱的正面都刻有"汴图珍藏"字样。开封在古代称为东京汴梁,而今开封市图书馆简称"汴图",也算是对当地藏书历史源远流长的一种致敬。

书库的二楼即为古籍特藏阅览室,文献部的主任阚梦亚以及崔红莲老师给我准备出了多部善本。我到开封之前就已经拜读过崔红莲、张嘉路两位老师合写的那篇文章,在此特意向他们表示了感谢。马馆长介绍说,阚梦亚是本馆特意引进的专业人才,目的就是为了提高本馆古籍的保护与研究力量。

在这里首先看到的是明隆庆年间钤印本《集古印谱》,该印谱十分稀见,市面所见者基本是木刻版红印本,而其原钤本,我仅记得藏谱大家张鲁庵有一部,而今收藏印谱最多之人乃是香港的林章松先生,不知林先生是否也藏有该谱。

看到的第二部书乃是宋刻元明递修的《北齐书》,这部递修本虽然不是十分稀见,但开封市图书馆所藏的这一部却较为完整,我随手翻看了其中的避讳字,推断其刷印时间在清中期以前。除此之外,在这里我又看了十余部书,每部书都有其特殊的说法。该馆虽然在古籍方面没有历史递传,但他们却能在短短的几十年内收到这么多的好书,仅凭这一点就可见

▇ 书架整齐排列　　▇ 从书箱的色泽就可看出制作的批次

这里的馆员对本馆有着何等的热爱。

开封市图书馆藏有 9 种宝卷,近些年来,学界对宝卷的研究渐热,市场上稍微稀见的宝卷价格也越来越贵,藏家在意的是宝卷的珍罕与否,学者关心的则是宝卷的地域性。韩洪波在《古汴遗珍——开封图书馆藏宝卷版本述略》一文中谈到宝卷的性质时称:"宝卷既是民间宗教用来宣扬教义的经卷,又是俗文学文献及中国非物质文化遗产的重要组成部分,浙江、江苏、河北、山西等地农村至今仍有宣卷活动。"

就目前的研究成果而言,南方以吴方言宝卷为主,北方以河西地区宝卷为主。这两个地区的宝卷整理和研究均取得了一定的成果,然中原地区的宝卷整理起步较晚。车锡伦编著的《中国宝卷总目》仅著录了郑州大学图书馆的所藏,未曾提及他馆的情况。韩洪波到开封市图书馆经过查阅,选择该馆所藏的八种刻本和一种石印本予以著录,发现该馆所藏宝卷颇具特色。比如《皇极金丹九莲归真宝卷》全卷二十四品,讲述古佛(老母)命弥陀下界度化九十二亿不想皈家认祖的仙佛菩萨,使其免遭末劫之苦。《中国宝卷总目》著录该宝卷有 11 种版本,最早者为明嘉靖二年(1523)重刊本。韩洪波经过查证,发现开封市图书馆所藏与《民间宝卷》第三册收录的明刊影印本在内容上相同,但是开封本无插图,卷首题名也不同,尤其难得者是该宝卷附录捐资刊刻名单,共列出 305 人,刊刻了 25 页之多。如此做法颇为稀见,由此也说明了开封馆所藏宝卷的特色。

我这次来到开封馆看书还有一个想法,那就是希望能够看到民国年间所刻的《三怡堂丛书》的书版,因为这套书版当初是由河南官书局所刻,而对于该书局的历史,相关专家各有各的说法,如果能够看到这些书版,倒可以印证一下:这些书版全部是新刻,还是由旧版递修新印而成。然而葛智星却十分遗憾地跟我说,这些书版原本确实藏在本馆,但前些年已经运到了郑州的河南省图书馆,省图对这些书版也很重视,专门拿出了四百平方米的展厅把它们陈列了出来。

如此大的展厅面积有些出乎我的意料,看来当年拉走的书版恐怕不止这一部丛书,因为葛主任说当时运走书版时总计拉了四卡车。既然如此,我在这里是不可能看到这些书版了,馆际之间的关系以及书版的属性,我当然弄不明白,但我还是觉得这部书版刊刻于开封,如果将其陈列在开封市图书馆的专室之内,倒也是一种很好的展示与宣传。

海宁市图书馆

创始光绪，设计超前

2017 年 5 月，我跟着沈兰副馆长来到了浙江省海宁市图书馆。从街景看，这一带属于海宁市的新区，十几年前我曾到海宁来寻访藏书楼，那时仅有旧城区，因此今天看见的这一带颇为陌生。到达停车场时，我看到了一幢白色的硕大建筑，外观有点儿像大型飞机的维修车间，沈兰说这就是海宁市图书馆。把图书馆建造成这个模样，倒的确有后现代的超前味道，尤其入口处的小门与这个硕大的建筑完全不成比例。在这里我见到了海宁市图书馆馆长王丽霞女史，王馆长热情地把我等一行带入馆内。

走进这巨大的"车间"，瞬间让我有了别有洞天之感，里面的装修风格可谓中西合璧，但我觉得西式味道更浓。王馆长快人快语，说话简明扼要，只用几个词就能准确地表达出她想要讲述的中心思想。我向她讨教：体量如此巨大的图书馆为什么会建那么小的入口？她笑着对我说：你是走后门进来的。她的这句双关语引起了众人的笑声。而后她带着我等穿过大堂，走到了这个高大建筑的另一面。到此时我方看清楚，原来图书馆的正门在另一侧。

从正门的外立面来看，海宁市图书馆似乎跟国家图书馆的新馆有些类似，只是国家图书馆的外观棱角圆润，不像海宁市图书馆见棱见角，没有一处呈圆弧状。以行政级别来说，海宁市属于县级市，而一家县级市的图书馆能够有着几万平方米的体量，并且建造手法如此现代，这是我未曾看到过的。我对当地领导如此尊重文化，顿生敬意。

王馆长向我介绍了该馆的建造过程，由此得知，成就一件事确实都不容易，但能有这样的壮丽成果，王馆长颇引以为傲，她还告诉我：正门前水池里的睡莲，都是她从旧馆院内移植过来的，以此来展示旧馆与新馆之间的必然联系。带我来此馆者还有浙江图书馆善本部主任童圣江先生以及何勤先生，同时还有为国家图书馆制作影像的宗晓菊女史，他们也同样赞叹该馆之美丽。

从该馆的大堂来看，设计师特别偏好新材料，尤其对透明感很强的玻璃最感兴趣，因为馆内的饰物有许多都是玻璃制品，而我印象最深者则是大堂正前方的那堵影壁墙。此墙的主图是用玻璃雕刻的古代建筑图案，我本能地觉得这幅图案应该是古代的藏书楼，王馆长的回答证实了我的猜测，她说原建筑中没有这堵墙，这使得前门和后门之间太过通敞，尤其起风时，这里的穿堂风使得门都关不上，于是就设计出了这样一堵墙，为了能够追溯本馆的历史,墙上的这组图案乃是本馆成立之初的第一个馆舍。

在我离开此馆之时,王馆长送给了我一本《海宁图书馆志》,由此书我得知,该馆创建于清光绪三十年(1904)。历史如此悠久的县级公共图书馆,国内确实没有几家,这也正是该馆值得骄傲之处。而光绪三十年(1904)五月该馆成立之时,最初的馆舍乃是海宁县盐官镇海神庙内的水仙阁,《海宁图书馆志》中写道:

> 1904年(清光绪三十年),本邑士绅祝鼎、周承德等八人联名呈请,以盐官海神庙西偏屋水仙阁为馆址,拨安澜书院旧藏经史及时务各书为基本书籍,建立公共图书馆。旧历四月,州图书馆奉准成立,经费中部分由米捐庙疏提成拨充,部分由私人捐助。发起人各将家藏新旧版本书籍或捐入或寄存以充实馆藏。

关于该馆在中国图书馆史上的地位,南开大学徐建华认为此馆是我国最早的市县级公共图书馆。徐先生在海宁市图书馆百年庆典的讲话中说:"虽说嘉郡图书馆也是一九零四年成立,但仍不能与海宁州图书馆相比,因为嘉郡图书馆是邑人自发建立,具有完全的民间色彩,而海宁州图书馆是经有关方面批准后成立的,两者不可相提并论。海宁图书馆创办至今,已达百年,在中国近现代图书馆事业史上,自有其不可替代的地位。"

图书馆的创建人之一是周承德,他16岁时考中秀才,后来赴日本留学,周承德先在成城学堂预习日文,学监为犬养毅,此人晚年曾任日本首相。此后周承德入日本早稻田大学进修博物科,1900年因父病故返回家乡,后来受聘于杭州求是书院。有的文献上说他是西泠印社创始人之一,曾有一度还担任过社长。

求是书院后改制为浙江高等学堂,之后又改为优级师范学校,由经亨颐任校长,当时在此校任职的还有李叔同。此后优级师范学校又改为浙江省立第一师范学校,不久经亨颐因力图革新校政而被免职,此校名师相率离去,鲁迅去了北京,陈望道、夏丏尊去了上海,李叔同在虎跑寺出家。周承德故交零落,后辞职返家,在家中鬻书为生。据说康有为看到他的书法后,誉之为"浙省第一",这样一位谈笑有鸿儒之人,能够为家乡创建图书馆,也是情理之中的事。

海宁市图书馆外观

该馆的另一位创建人朱宗莱也有类似经历，李玉安、陈传艺所编的《中国藏书家辞典》中说："1904年，与祝学豫等人组建'海宁州教育会'，旨在兴倡地方教育事业。又在居其昌等人赞助下，创办了海宁州图书馆，藏书来源于他的私藏和安澜书院旧藏，又购置多种书籍，供人观览借用。不久复往日本早稻田大学研习文科，并在此加入了孙中山领导的同盟会。回国后，兼任海宁州图书馆馆长。"

对于朱宗莱创建图书馆之功，海宁图书馆编的《海宁图书馆百年纪念》中称"海宁图书馆之创建，其功甚伟"，并且该书在"捐赠者生平简介"中列出的第一人就是朱宗莱，该馆创建之初，朱宗莱拿出了家中藏书充实馆藏。

继朱宗莱之后任馆长者是朱宇苍，对于他所做出的贡献，朱子南在《朱宇苍情系海宁图书馆》一文中写道："回想先父在海宁图书馆馆长任内，除继承前任馆长朱宗莱先生所开创的工作外，组织人员整理了馆内全部藏书，于一九二三年刊印了馆藏书目，并附图书馆章程、碑目。据统计，此时馆内藏书已达一万零三百四十八册。之后，又陆续购进多种图书，所附设的通俗图书馆，也购进了大量新出版的进步的社会、政治、文艺等类书籍，以及各种期刊、日报。对所刊印或手抄的各种县志和各镇志书，经几年的努力，已完全收藏。这对保存家乡的有所记载的历史，使不致湮没，是作出了极大贡献的。"

海宁市图书馆创建之初名为海宁州图书馆，开创者当时编有章程，其第一条为："本馆设于海宁州城内，购置各种有用书籍纵人观览借阅，名曰海宁州图书馆。"

此条章程可以证明海宁州图书馆虽然是私人捐建而成，却对公共开放，其在名称上不但较早使用了图书馆一词，而在性质上也属于公共馆。

颇为难得的是，该馆在藏书分类上没有按照传统的四部分类法，而是将馆藏分为九科："一、法学科，二、文学科，三、兵学科，四、理学科，五、医学科，六、农学科，七、工学科，八、商学科，九、杂著科。"

这种分类方式已具现代意识，想来有可能是周承德和朱宗莱从日本学来的，因为"图书馆"一词也是日语叫法。

这份章程在人员称呼上也有独创性，比如把捐书之人称为本馆的"赞成员"，把最初的创办人称为"发起员"，把掌管图书馆具体业务的人称为

"干事员"。对于此三员的权利与义务，章程中也有规定，比如赞成员有权核查图书馆的收支，发起员的任务则更多："（甲）有改良章程之权；（乙）有稽查书籍及收支之权；（丙）有劝捐筹款之责任；（丁）有筹补亏缺之款项之责任；（戊）有扩充本馆应办事宜之责任。"

对于该图书馆资金的来源，章程中写明公款是随时筹拨，对于捐款分为了三种，一为特别捐，二为常年捐，三为图书捐。可见他们在设置上考虑得很细。

虽然是对外开放的图书馆，但在看书条件上也有所限制，章程规定，欲看书之人要先办阅览券，凭券阅书："凡阅书人至馆阅书，须将所持证券交主藏验明并指明何书，由主藏从书室取交，在阅书室阅看，阅毕仍交检点取藏。"

在借书规则上，该馆也考虑得很细："凡借书人至馆借书除须持有借书证券外，并须暂纳信据银如其所借书之原价交主藏收藏，然后由主藏验明给借。至还书时主藏详细检点，查无损坏涂抹等情即将信据银如数交还，否则扣赔。"

阅书券只能看书，如果借书的话就需要交押金，还书之时若有损坏，就会扣款。借书数量也很有限："凡借书本城每次不得过二本，五日内缴还；外镇不得过三本，七日内缴还，以便周转。如本城逾期十日，外镇逾期半月不缴者，即将信据银扣抵另购。办事人员不得徇情通融。"

古书通常是一书多本，而借书每次仅能借两本，即使是外地人也仅能借三本，如果逾期不还就会扣款，这对大多数人来说并不方便，因为要看完一部大书可能要往返多次。同时章程上也说该馆比较缺乏大部头之书，但他们会提供变通的方式："本馆现在经费未充，巍篇巨简一时或难购备，拟由干事员向各藏书家借庋以便阅者。唯此项书籍概不借出。"

如果有读者提出要阅览大部头之书，图书馆会想办法找藏书家暂借，但借得之书只能在图书馆内翻阅，不可借回家去看。这些都说明了建馆初期藏书量较少。

1915 年，海宁州图书馆改名为海宁县公立图书馆。1918 年，馆内增设通俗图书馆，转年，朱宇苍任图书馆馆长时，馆藏得到了较大的增加，《海宁图书馆百年纪念》一书中谈到馆史沿革时说："图书馆购进《清经解》等大型典籍及乡先贤著作若干，出资请邑人管元耀手抄《海昌胜览》《宁志备考》《海昌外志》《海昌分区都庄册》《浙江江海塘工程全图》和《宁志余闻》等地方文献,又请朱子勤手拓全县碑碣石刻、列入馆内附设的金石保存处的《金石拓本目录》。"

1930年,海宁县成立民众教育馆,将县公立图书馆的藏书全部并入该馆中,在该馆内设立图书部。1931年11月,省教育厅复令图书馆单独设置,县立民众教育馆图书部改名为海宁县县立图书馆。

该馆的藏书在抗战前夕已达两万册以上,其中还有不少的善本。民国二十五年(1936),浙江省举办文献展览会,该馆提供几十种与海宁有关的稿抄校本,顾志兴所著《浙江藏书史》中列出近百种之多,前半段为:"清海宁邹存淦《修川小志》传抄本,清海宁管庭芬《濒阴志略》抄稿本,清海宁释达受《白马神庙小志》抄稿本,清海宁蒋学勤《辛庐语录》手稿本,清海宁曹步垣《书仓编》抄稿本,清海宁查慎行、查嗣瑮《二查尺牍》抄稿本,清海宁张均《守素斋诗钞》传抄本,清海宁陆械《蜜香楼集》精抄稿本,清海宁倪祖喜《居易斋初步草》抄本,清海宁朱至《庚庚石室近稿》抄稿本,清海宁张骏《琴畅轩百花诗》抄稿本,清海宁曹宗载《南湖避暑录》抄本,清海宁孙清《鞿线集》抄稿本,清海宁蒋学勤《曳尾涂中》手稿本。"

仅这些就说明当时的海宁县县立图书馆所藏古籍虽然数量不多,但很重视乡贤文献。到了抗战时期,该馆的藏书遭到了损失。《海宁图书馆百年纪念》中写道:"日兵侵占海宁,县立图书馆藏书流散于陈氏啸园。有散置于地者,也有落入池中者。居世昌之子居益魁募钱置买木箱,将书收贮其中。未几,汉奸庞徵(景祁)将书运往硖石通俗教育馆装点伪方门面,初置于吴家廊下,后又搬至建设桥西。"

此后当地的有识之士为该馆捐书,比如1957年,浙江图书馆馆长张宗祥将家藏古籍三千余册捐赠给海宁县图书馆,他还把家中之房借给海宁县图书馆做馆舍。1958年11月,海宁、海盐两县合并,海盐县图书馆的藏书也并入了海宁县图书馆。1987年,海宁撤县设市,海宁县图书馆更名为海宁市图书馆,该名沿用至今。

这么多的有识之士努力建造家乡图书馆,使得该馆的馆藏有质有量,直到今天,仍然是业界有名的公共图书馆。我很想到海神庙去看一看最初的馆舍,然而王馆长遗憾地告诉我:盐官海神庙今天仍在,但里面的水仙阁却被拆掉了。这个结果让我不禁扼腕长叹，但我还是决定次日到原址一看。

继续跟着王馆长参观新馆，我们站在大堂内先欣赏那块带图案的玻璃幕墙，她向我们介绍说，为了制作这块巨大的玻璃幕，他们费了很大的气力，仅图案就改了多稿，但好在此图上画出了水仙阁。从图案上可以看到，水仙阁乃是一个独立的小院落，从图案的绘制比例上看，水仙阁比海神庙的主殿还高大许多，今日此阁已不存在，我不清楚这是实际比例还是意念上的拔高。

跟着王馆长参观了馆内的一些主要区域，首先看到的是文献借阅中心，里面高大敞阔的环境显得书架颇为矮小。王馆长说，低矮的书架是为了方便读者取放。书籍除菌设备乃是图书馆的标配，看来人们更加讲求清洁卫生，这让我想到了古书：为什么古籍善本从没用这种设备来做一番彻底的消毒呢？几百年上千年的古籍，不知经过了多少人的触摸，那不比新书脏得多吗？我问古籍文献部的朱鸿主任：他们的古书是否也会用这种设备消毒？他很干脆地告诉我："绝对不会。"看来，人们对干净的概念在不同的事物上有着不同的标准，心理上的洁净应该是第一需求。

从文献区转到典藏区，这里的情形与刚才所见有着明显不同，因为这一带的书架均比刚才所见高大许多。王馆长解释说，虽然本馆面积很大，但是书籍存藏数量的增长速度更快，为了能让读者充分地利用各种资源，所以他们尽量把馆藏量展示出来，所以就用这种高大的书架来摆列。虽然上方取放不易，但毕竟有梯子在，想要取阅也不是太困难。

在一楼的阅览空间内还有几个特殊单元，比如有间房屋的标牌上写着"视障文献借阅区"，其实里面摆放的是一些盲人读物，这样的特殊读本我虽然见到过一些，但还是充满着好奇感。王馆长解释说，这类出版物的数量较少，所以他们会向其他馆借来一些在此轮换陈列，以便让盲人能够读到更多的品种。

一楼区域内还设有专门的"少儿文献借阅区"，此区域的面积较大，在装修风格上也有着儿童色彩，我觉得这里应该是邮轮式亲子主题，而其中一面墙上悬挂着孩子们的杰作，这些杰作引起了宗晓菊的兴趣，因为每一幅作品都是用不同颜色的扣子粘贴而成，这倒真是一种创意。

就历史的厚重感而言，一楼的布局中以"海宁查氏展览"最令人瞩目。

= 海宁市图书馆起源图   = 文献借阅中心   = 书架整齐排列

这个展览的历史追溯到了明代，当然，其中我最熟悉的是清初诗人查慎行。以社会影响力而言，海宁查氏以金庸的名气最大，他的本名叫查良镛，他把武侠小说写到了出神入化的程度，尤其电视连续剧《射雕英雄传》让金庸这个名字家喻户晓，然少有人知道他是大诗人之后。

王馆长介绍说，海宁查氏的后人到了近现代有不少从事实业，其中查济民先生对家乡的贡献很大，所以他们特意在此设计了这个常年专题展。以前我对查济民并不了解，看完这个展览之后，才知道他做过那么多公益之事。人的一生究竟怎样活才有价值？在吃饱饭之后，真应当细想想这个问题。

善本特藏部当然是我的最爱，在这里，此部的名称是"古籍地方文献中心"，标牌上显示这个中心分为了三个专题区：产业文化、名人文化、文化遗产，这样的分法在他馆也未曾见到过。走进此中心，眼前的风格与一楼有着较大的变化：虽然从棚顶及玻璃幕的风格看，这里与整体楼宇保持着协调与统一，但为了突出中国风，这现代化的吊顶之上，悬挂着上百盏中式的宫灯，另外在玻璃幕的一侧还摆放着一些博古架，架上陈列着一些新印线装书，这些装饰物使得这个大厅显现出颇为流行的混搭风。

进馆入口处的玻璃柜里陈列着一些线装书，浏览过去，顿时让我对这些书有了兴趣，因为这些书都是跟当地藏书家有关的文献。摆在最前面的两本乃是海宁大藏书家吴骞的文集，其中关于吴骞"行述"的那一册，我此前未曾见过，此书印制精良，初刻初印，应当是家刻赠人之物。

看完几本少见的文献，接下来我前去参观古籍库。该馆的古籍库设计得颇为隐蔽，因为它在一排书架之中，其中某一个书架门乃是装饰，将此打开，后面是厚重的防盗门，朱鸿主任跟另一位工作人员共同打开了此门。走入室内，里面是一个封闭的空间，四围没有窗户，只有一排排的木制书柜，这些书柜内摆放着一摞摞的线装书，每个柜门上都用传统的仿古锁具保护了起来。这样的锁看上去古味十足，然而我却知道开锁颇为费事，我不好意思给朱鸿主任添太多麻烦，于是跟他说：我在此只拍一些场景，而一些善本书影请他提供给我。他说，当然没问题。

在这些书柜中，我还看到了一些老的书箱，其中最具观瞻性的当然还是百衲本《二十四史》。虽然说，在藏书之家这样的书箱并不稀见，然而木制书箱最易破损，完好留存至今者并不多见，而在此库房内我看到了三套

这样的书箱，其中的一组旧书箱材质颇佳，看上去感觉像是楠木。

对于该馆古籍书的来源，《海宁图书馆志》中"沿革"一节有如下描述："1915 年（民国四年），以原州图书馆为基础，将旧学宫（即孔庙和儒学署）及安澜书院藏书移入，建立海宁县公立图书馆，年拨公款 200 元为经费。"而对于早期所藏古籍的数量，《海宁图书馆志》的"典藏"一节则称："1923 年（民国十二年），县公立图书馆藏书 2000 余种 10000 余册。分保存与观览两大类。海内秘籍孤本及旧刊精抄为保存类，计 650 种 4479 册；其余为观览类，计 1500 余种 5869 册。乡先贤所刊善本丛书如吴氏《拜经楼丛书》、蒋氏《别下斋丛书》及钱氏《清风室刻本》均藏有原刻。《清经解》《九通》及《二十四史》木刻本齐备。金石拓片有 252 种 726 张。"可惜的是，这些藏书在抗战期间大都损失了，而后该馆几经转折，又增加了大量的藏书，我的所见基本上都是抗战之后重新搜集而来。

从古籍书库走出来，又参观了该馆的另外几个区域，由这些细节让我感受到了该馆领导做事之认真，真希望中国各地能多一些这样的图书馆，因为这里不仅是藏书与读书，更多的是可以让人们去与书籍亲近，日积月累，潜移默化，就会让社会上多一些爱书之人。

转天一早，我们跟随朱鸿主任的车来到了盐官镇。盐官最有名的景点就是钱塘大潮，在观潮入口处，大批的游客排队涌动如潮，朱主任问我等是否愿意进去看海潮，我很煞风景地说了句："天下的水都一样，还是赶去拍海神庙吧。"

而今盐官镇的这个区域扩建成了巨大的游览区，建起的一排排仿古建筑还未真正投入使用，除了在观潮区域有着大批的游客外，盐官镇其他地方的游客很少，尤其走到海神庙门口时，我在这里仅遇到了一对老夫妇，那位先生想进海神庙一看，老伴却坚决不干，说他已经看过两回了，所以她坚决拉着丈夫离开。在他们的僵持过程中，我恰好走到了其身边，于是我打趣地跟这位男士说："真不容易。"

但没想到，我的这句话却无意间伤到了他的自尊心，他说自己买得起这个门票。这样的不解风情，让我为之一叹。而朱主任已经跟售票处打好了招呼，我转身跟这位男士说，请他们一并进来参观，他更加愤怒地跟我说，他坚决不进。看来，行好心也需要技巧。

在海神庙的入口处，我看到了全国级的文保牌，其地位之高让我未曾想到。海神庙内的主阁之高大,也同样超乎了我的想象。从庙内的介绍牌得知,此庙的来由是清雍正二年(1724)海潮冲垮了堤坝,而后皇帝拨给此处十万两白银,于雍正八年(1730)建起了这座海神庙。原来这里还是皇家建筑,难怪成了国家级的文保单位。

海神庙后面的御花园里有着御碑亭,御碑上讲解着该庙的来由,我在海宁市图书馆的玻璃幕上得知,水仙阁的原位置就在御碑亭的左侧,而今那里已经是海神庙之外的区域了,只能隔着院墙望一望,也算是我对水仙阁的凭吊。

深圳图书馆

果亲王点定善本藏身于此

关于深圳一地的藏书史，张岩主编的《深圳图书馆志（1986—2016）》中在"溯源"一节首先讲到深圳的前身宝安县，该县从东晋咸和六年（331）开始设县，明正德初年，宝安地区开始设"学署"，学署内存储有经籍及诸子百家著作，但是学署所藏仅供书院教谕生员阅览，不对民众开放，带开放性质的书馆乃是民国二十四年（1935）宝安县设立的民众教育馆，该馆设图书阅览室。

抗战时期，民众教育馆关闭，抗战胜利后，图书室又恢复正常："1949年10月，宝安县人民政府接管民众教育馆。民众教育馆后改为县人民文化馆，设有图书借阅室一个。1957年，该室藏有图书7600多册。1962年至1966年，宝安县文化馆加挂'宝安县图书馆'牌。当时图书馆无独立馆舍，馆址设在深圳镇解放路151号（今永新街47号），场所是50年代初清拆破庙后建成的一座二层楼房。楼上是文化馆办公室，楼下作图书馆用房，总面积约300平方米。"

宝安县图书馆当时有一个书库和一个阅览室，1965年前仅有工作人员两名，此后又增加一名。"文革"开始后，图书馆被迫关闭，藏书全部封存。1972年10月，被封存的图书重新整理上架，1973年1月，图书馆从文化馆分出，独立建置。

1979年1月，宝安县改为深圳市，两个月后成立了市文化局，原宝安县文化局直属单位转为市文化局直属单位，图书馆为其一，此后开始建设图书馆。《深圳图书馆志（1986—2016）》中简述道："和平路口馆舍的建设历经两年多时间，于1979年10月竣工，原计划于次年元旦开馆。是年12月，市政府决定将该馆舍转让给中国新时代公司，图书馆择址另建。自此之后至1984年年底，深圳图书馆在解放路永新街市文化局大楼（后为该局直属的文化企业机构博雅画廊）三楼，借用面积约300平方米，设临时办公室及阅览室，开放部分书刊借阅。从成立开始，行文和单位公章均采用'广东省深圳市图书馆'名号，1984年5月1日，改用'深圳图书馆'，并沿用至今。"

但是该馆的新馆建设一波三折，从1979年至1986年间，深圳图书馆三次筹建馆舍，前两次筹建均因种种原因未能成功。1982年初，选址申请获市规划局批准，定在红荔路荔枝公园西北角。1982年底，深圳市政府对全市文化设施的建设进行认真核定，抓重点实行分批完成，首先确定图书馆、博物馆、电视台等八大文化设施为建设重点。

经过七年的筹备与建设,该馆红荔路馆舍于1986年底建成,是首个投入使用的八大文化设施。当时的开馆典礼十分隆重,请来了很多领导和名人。按照《深圳图书馆志(1986—2016)》中给出的数据,开放后的头两个月,来馆读者平均每天四千余人,最多的一天超过了七千人。新馆原设计容量是每天接待两千人次,实际情况远超负荷,由此说明了深圳人对知识的渴求。《深圳图书馆志(1986—2016)》中转载了1993年7月12日《深圳商报》刊登的《近万人在图书馆门前排队领借书证》的新闻:"昨天,市图书馆门前排起了长队,近万人在这里申办图书馆借书证。有的人夜里一点就来了。深圳人对知识的渴求,令人感动。"同年7月17日的《光明日报》头版刊发了《深圳人笃信知识就是力量》一文:"大概每一位深圳人都还记得去年和前年深圳两次对外公开发售新上市公司股票抽签表时,深圳街头出现的万头攒动、通宵排队抢购抽签表的情景。有趣的是,今年7月11日,在深圳图书馆门前,人们再次看到了那种通宵排队的情景。不同的是,这次熬夜通宵排队的人不是为了买股票,而仅仅是为了领到一张小小的借书证。"

当时的深圳图书馆创造了两个全国之最,一是率先实行了"分级藏书、分科开架、分室阅览"的新模式,二是全面实现了图书流通业务计算机管理。原馆长沈迪飞称:"当时国内图书馆都是以藏为主,外面是阅览室,里面是书库。深圳图书馆要全开架,要用计算机,这在当时国内图书馆可是石破天惊的事。"

2006年,深圳图书馆新馆落成,文化部副部长周和平、广东省副省长雷于蓝、国家图书馆馆长詹福瑞等领导和各界代表参加了开馆典礼。詹馆长在接受采访时说:"对一切人都开放,一切文献都开放;所有走进中心图书馆的人,无论地位、职业,都将得到一视同仁的服务;全部免费提供服务。在国内,能完全做到这一点的图书馆少之又少,而深圳图书馆做到了。"

对于新馆的创新性,李梅军编著的《图书馆印记》中有一篇《中国"率先免费进馆"、"率先全开架服务"、"率先采用无线射频技术"、"率先设置视障人阅览室"的图书馆——深圳图书馆》,由此文可见该馆创造了好几个第一。李梅军在文中又给出了如下数据:"深圳图书馆新馆占地

■ 深圳图书馆入口处

29612平方米,建筑面积49589平方米,投资近8亿元,其建筑成为深圳市'图书馆城'的标志性建筑。新馆设计藏书容量400万册,读者座位2000个,网络节点3000个,日均可接待读者8000人次。"

深圳图书馆处于深圳市新区的中心位置,四围大厦林立,图书馆的外立面极具现代化意味。2015年12月2日,我第三次来到深圳图书馆,本次前来经文白兄和胡洪侠先生的安排,才得以一窥该馆之堂奥。在此之前,沈津先生告诉我,他前往此馆看书,看到这里也有一批古籍,中国市级以上的图书馆藏有古籍本不是什么新鲜事,唯独深圳有古籍令我觉得新鲜。深圳这座城市应该说是中国著名大城市里最年轻的一个,从经济地位而言,它跟京、沪、广并列为四,其经济活力和创新能力堪称全国之首。然也正因为这是一座全新的城市,在古籍收藏方面没有悠久的历史沿革可以追溯,所以这里能够藏有古籍,令我很是好奇。

其实说深圳完全没有古籍也不客观。二十多年以前,深圳办起了国内最大的书城,当年这是很轰动的一件事,因为那时人们普遍认为深圳是文化沙漠,而书城之火让国内的各界人士大跌眼镜。这件事对我极有吸引力,这个吸引力的来由是深圳书城里面居然还有古籍书店。深圳古籍书店当然与他地不同,其他地方的古籍书店所售之书,尤其是古书部分,基本来自多年积累下的库存,而深圳则不同,它也应当是中国古籍书店系统中成立最晚的一家,它没有经历过公私合营,也没有经历过抄家物资的发放,所以它不可能有任何的古籍库存。但深圳人之所以能够把一个小渔村建设成为中国一流的大都市,除了领导的关怀、政策的倾斜之外,还有一个内在的原因,那就是这里的人敢想敢干。于是深圳古籍书店动用各种手段,从全国各地的古籍书店调拨线装书、碑帖、古字画等等各类优良库存汇为一体,开启了深圳售卖古籍的新时代。

这个信息当然被包括我在内的众多书友获知,那个时候,买古书还不是一件容易的事,因为旧书店里的善本仍然按照传统思维:最好的部分提供给公共图书馆,其次由重要的专家学者来挑选,挑剩下的部分才会轮到我辈所谓的藏书爱好者。而当时大家还听说,深圳书城中开起的古籍书店为了引起轰动效应,不仅会拿出大量的好书来应市,而且价格低廉,这种传言对爱书人而言,极具诱惑力。但那时内地人去深圳需要办边防证,而办边防证则需要正规的单位出具介绍信,然后到公安局去办手续,手续之严不亚于当时的出国护照,但越是如此,那个地方越有吸引力。总之,几经周折,我终于来到了深圳书城。

我赶到时,距书城内的古籍书店正式开业还有一天,但我却在那里眼睁睁地看着一位熟人拿着所谓的公家介绍信,把架子上的善本几乎一扫而空。他的这个做法气得我七窍生烟:跑了这么远,费了这么多周折,就是想买几部好书,竟然被他人当面横刀夺爱,这是何等的蔑视公平。当然了,我的这个恨并不是为了伸张正义,如果我有这个机会,肯定也会欣欣然地蔑视一把。不管怎么说吧,那趟深圳之行感觉很不好,自此我对这个地方,尤其是对这里的古书,没有了一丝的好感。虽然此后的多年又来过许多趟深圳,但再也没有迈入那个书城一步。再后来,深圳开起了尚书吧,我在这里见到了几位爱书人,这几位朋友都对古书感兴趣,并且我去了其中邹毅先生家,在其府上看到了不少的线装书,这让我对深圳的印象有所修正。

初次来尚书吧,我就注意到此吧跟新建的深圳书城是同一座楼,真可谓冤家路窄,而深圳书城的旁边就是深圳图书馆。这次再到深圳,首先是去了当地有名的爱书人胡洪侠先生的办公室。午餐之后,胡洪侠先生问我下午的安排,我说,文白兄想带我去深圳图书馆看古书。胡洪侠先生说,他跟我一样,在这个图书馆门前经过了无数回,也未曾走进古籍特藏部去看看书,既然我有看书的想法,那他也一并前往观赏一番。于是我们一起来到了这座国内最新的市级图书馆。

从外立面看,这座图书馆的设计极具现代化,而我更喜欢它的侧后墙。这堵墙涂装成了铁黑色,笔直的外立面上只有一些小的悬窗。我来到此墙的下面,顿时想到了孔门的万仞宫墙。我对这堵墙的解读是:将一本一本书叠放起来,它们形成的强大阵势足以压倒天下的一切。只是不知道设计师是否认为这是我的歪曲。

走进图书馆的大堂,其一楼设计极其敞亮,里面是开架阅读,一排排的书桌旁坐着不少的读者,偌大的大堂极其安静,我等说话的回音让自己都觉得不好意思。乘梯来到五楼,看见一面墙上的不规则钢架结构,有着后现代的设计意味,在此处见到了该馆的书记兼馆长张岩博士。张馆长待人热情而不失领导风范,其将我等带进了善本特藏库。

从面积看,这间库房比一般的市级馆都要小,然在设备上也同样是电动密集书架加传统的木书柜。将木橱打开，有着很浓的樟木味，一眼望去，整个柜体全部都是用樟木所制，这种做法于今而言略显奢侈。随着樟木原料的紧缺，现在公共图书馆所做木橱都是部分使用樟木，比如隔板、衬板等等，完全用樟木制作者而今已经很少，但也由此可见，该馆对于这些古籍的重视。张馆长说，他们为了能够更好地保护这些典籍，所以特意定制了这些樟木书架。

与樟木书架相对者，是地面装有导轨的集成金属书架。打开一排排书架，看到里面的线装书摆放得十分规整，可见此处的工作人员对待古书的态度极其尊重和认真。因为地处南方，这里的线装书基本上未用函套，有一部分用的是红木夹板，但从书脊望过去，依然有些虫蛀。由于地理气候的原因，南方湿度较大，这种湿度对于女性的皮肤当然是好事，但也很容易使书籍产生蠹虫，这使得南方的藏书家用了很大的精力来跟这种小生灵斗智斗勇。而今看到此况，张馆长也问到她最关心的如何解决古籍出现虫蛀的这个问题，我向她讲解了自己的处理方式，但是橘到淮北则为枳，我说的办法也不一定适用于本地。

浏览完毕后，张馆长请工作人员拿出一些善本让我欣赏。所见第一部就是该馆曝光率最高，也是最为看重的一部书——果亲王抄本《唐宋元文约选》，难得的是这部书仍然保持着原装。开卷视之，所用纸张为上品的开化纸，抄写字迹极其工整，总计 24 册，每册卷首均有钤印，在右下方则钤有"果亲王点定"，另有无框草书印"张太无"，此外还钤有"张太无教授夫人钟金重捐赠"章。此书一眼望去颇有熟识之感，工作人员告诉我，该书是一部孤本。然在我的印象中，写本虽然没见过，但该书还有其他版本，这里的工作人员很礼貌，没有反驳我的说法。

眼前所见的这部抄本，行格是 9 行 19 字，白口单鱼尾，四周双边文武栏，行间无界线，这跟我以前所见的刻本完全一样，只是所见刻本之前还有果亲王的序言，因此我判断深圳图书馆所藏的这部抄本极有可能是该书刊刻前的底本。而本书内的句读为墨色，且极其工整，显然不是果亲王亲笔所点者，然该书内却钤有"果亲王点定"之印，由此可知，果亲王所点另有其书，而后要将此书进行刊刻，故将果亲王所做句读也一并刊出。然该书在刊刻之时，另外还有果亲王句读的唐代之前的历史名篇，因此本部书的全称当是《古文约选》。

接下来又在这里看到了多部古籍,其中有汲古阁所刻《史记集解》,此书仍然保留着钱谦益的序言。由于众所周知的清代文字狱,该书的序言大多被撕掉,而这部书能够将其保留下来,十分难得。

还看到一部乾隆殿版《御选唐宋文醇》,此书为四色套印本。工作人员说,他们数出了第五色。余外所看的几部,也均钤有张太无的藏书印。张馆长介绍说,深圳图书馆所藏的古籍,基本上是来自张太无的整批捐赠,总计超过了万册之多。张馆长还答应给我找一份关于张太无的资料供我参考。我在这里还看到了一些裱本的字画,张馆长说这些字画也是张太无家一并捐献而来,这批书捐献于1985年,当时市政府给了张家20万元奖金。如果以20万元计,这些书真是太便宜了。但胡洪侠说,在30年前,20万元也是一个极大的数字。

参观完古籍,又去参观了新书馆。这里有台湾影印的文渊阁《四库全书》,望上去整整一大排很有气势,另外还有《中华再造善本》专柜。站在这里向下望,正是图书馆的后花园,其环境之优美远超其他的一些市、县馆。

从图书馆出来后,我跟着文白兄前往尚书吧聊天,而后张馆长让工作人员给我送来了一些该馆的资料,其中一份是打印件,详细介绍了张太无家捐书的本末,此文的题目为《散尽黄金为收书——四川著名中医兼收藏家张太无先生一家的收书、捐书义举》。因为当时较为匆忙,未详细读此文,回来后细看,感觉有些细节颇为不解。从这件事本身,该文给我提供了一些资料,比如谈到这批书的来由,文中有这样一个段落:"30年前,原成都国医学院已故教授、著名中医兼收藏家张太无先生夫人钟金重,向全国有关部门发信,意欲将其家藏珍贵古籍及书刊字画捐赠给国家。信发出不久,来函覆电如雪片飞来,上门求书者络绎不绝。有的愿意出十多万元人民币要其中几部明朝的刻本,有的要高价购买几幅清朝的书画。然而,钟金重都没有答应,因为她牢记着张太无先生临终时'家可破,人可分,书不可离'的嘱托。把这批来之不易的11000余册的书刊字画,一本不留,一幅不存,全部捐献给深圳图书馆。"

这段话写得很明确,说明了深圳图书馆何以得到了张太无的这批旧藏。那么张太无的藏书来源是怎样的呢?文章中引用了张太无的次子张仲德的话,我将张仲德的所言同样引用如下:"我清楚地记得我父亲说,书

＝ 善本特藏專室　＝ 影印本文淵閣《四庫全書》的排架方式

的卖主是个八旗子孙,出价很高,我父亲当时是用 12 麻袋银元及金条,装了一船,父亲把装满银元及金条的麻袋放在船上。船是那种旧式的蜀中内河客船,大概长 12 公尺左右,银元用 5 个装米的 200 公斤装的大麻袋兜着,整整 12 麻袋,整齐地摞于船内。有了这批书,家中的藏书量一下子增至 38000 多册,时为父亲收藏最盛期。”

张仲德的这段话极具传奇色彩,用了一船的银元,再加金条,买来了一批线装书,然而却未见这批书的目录。花这么大的价钱买了一批书,却未提到其中有宋元版,而文章中点出的花这么大价钱买得的书有:“这批书包括明万历年间凌濛初朱墨套印版《苏长公表启》、清抄本《唐宋元文约选》、清康熙扬州诗局刻本《全唐诗》等一批珍贵善本古籍。”在民国时代,哪怕书籍最贵时,文章中点到的这些书也未曾达到那样的一个价钱。但该文中说,1957 年张太无被打为右派,入狱 10 年,“十年浩劫期间,张太无先生更是成为重点批斗对象,所收藏的书籍一部分被烧毁,一部分被抄走。看到自己视若生命的书籍被付之一炬,张太无先生感到无比痛心”!

从这段话可知,张太无的旧藏在“文革”中已经被烧毁了一批,那他所藏中的极珍罕之本是否已经变为灰烬呢?这个就无法推论了。但就我在深圳图书馆所见的这些古籍来看,似乎较为难得者,就是这部果亲王抄本了。对于这一点,张仲德也是这么认为。回来后,我在网上搜到了这样一篇文章《收藏大家张太无收藏史:曾用一船银元换一部书》,这个题目起得足够吸引人眼球,其将 38000 多册书凝练为一部。此文注明来自《深圳商报》,转载日期为 2012 年 8 月 27 日。文中引用了张仲德的回忆原话,称此书得于 1940 年秋:“果亲王允礼曾经奉命在四川工作过,现在成都还有王府的旧地名。就像《昭明文选》一样,清朝皇帝希望给皇室贵族子弟,编选一本唐宋元时代最好的文章,果亲王奉命点定了这部《唐宋元文约选》。一般来说,点定之后再呈报皇帝御览,由皇帝批准后,再刻印。可能由于当时的种种原因,这部书点定以后,没有刻印。或者说果亲王还没来得及呈报皇帝。就这样,它成了一个珍贵的抄本。见过它的人也很少很少,但是知道的人不少。这部书应该说凝聚了当时的文化精英的心血,所以果亲王对它十分珍爱。这部书就是这样到的四川,后来从王府流向民间。”

在这里,张仲德称果亲王是奉了皇帝之命来选编这部书,这部书具体是怎样选出来的呢?张先生有这样一段论述:“清人治学非常严谨,爱书、

■ 读者们可以在自然光下阅读　　■ 深圳图书馆的另一侧

敬书、畏书。《唐宋元文约选》作为清宫内府读物,内容选自唐、宋、元三朝最好的文章,并编选成册,每篇不超过 500 字,其中包括王安石、韩愈等名家作品。此书共 24 册,全部由当时最好的读书人摘抄而成。而这 50 名德才兼备的才子是从 500 名进士中遴选而出,每日沐浴焚香,清衣素裹,跪于内府(乾隆年称武英殿)抄写而成。一日抄书不能超过若干字,如此反复,历经康熙、雍正二朝,于乾隆年间才完成。字迹精美,整齐如一,令人叹为观止。这是一种对文化的敬畏,更是对人类历史的解读。清朝它是关外龙兴,它急切地要化夷为夏,就是要急切地用中华文化化自己,所以他们做事更加虔诚细致。"

我很好奇张先生是怎么知道宫内是如何抄书的,他还有一段关于桃花宣纸的论述,也很是奇特,有机会我也想读一读他所见到的史料。但无论如何,还是要感谢张氏父子的无私捐献,有这样一批古籍存在,让深圳图书馆也有了可供市民研究的文献,可谓善莫大焉。更何况深圳图书馆的最大特色在于创新而非守成,该馆创造了那么多的全国第一,正说明了该馆对图书馆建设有着超前观念,而我来到这个朝气蓬勃的城市,在这里看到了这些古籍,同样也有着一番欣喜。

张元济图书馆

本自涉园，商务文库

2016 年 1 月 20 日，蒙浙江图书馆善本部主任童圣江老师美意，他安排特藏部的汪帆老师带领我前往海盐寻访。汪老师是古籍修复专家，我们一路上聊着相关话题，她聊到一些修复的细节，是我以往未曾留意的，而在修复用纸方面，我们很有共同语言。浙江图书馆不愧为大馆，在这方面的系统安排，让我大开眼界，更重要的是让我感受到了什么叫团队的力量。

汪帆女史特别谦虚，她不愿让我叫她汪老师，但是直呼其名，又总被我叫成了"翁帆"。她对我的口误只是淡淡一笑，似乎不以为意。我更感兴趣者是她竟然对收藏各类杂件有着独特的心得，其涉猎之广、了解之深，都让我略感吃惊，尤其她那种达观的收藏态度让我敬佩。

海盐寻访的第一站是张元济图书馆，此馆本身就是海盐县图书馆。用前贤的名字给县馆命名，这种做法在国内公共图书馆中较为少见，而这也正是让我好奇的地方。在图书馆门前我见到了张元济图书馆特藏部主任王美萍女史，王主任为人热情，她先带我去见了副馆长詹志浩先生。詹馆长很干练，他言语不多，寒暄几句后，直接带我先去参观新馆。

走进大堂，在楼梯的侧面看到了以竹简形式列着张元济的长篇文章，其落款正是"涉园主人张元济"。大堂的正中位置正在办书法展，一楼的后侧就是新书库，新书固然好，但我更感兴趣的当然是古籍。于是穿过图书馆大楼的右侧，进入了一个园林式的独立区域，此处的门楣上写着"涉园"二字。图书馆建在涉园旁，这给了我意外的惊喜：我十分崇拜张元济，早就从他的文章中得知在百年以前涉园已经破败，没想到而今又修复了起来。这让我大感兴奋。

张元济主持商务印书馆之后，依然怀念着涉园曾经的辉煌。他出生在广州，童年时回到了家乡海盐，那时他看到的涉园已经破烂不堪，这让他特别伤感。后来他在上海主持商务印书馆时，在族人手中看到了当年所绘的《涉园图》，这张图让他大感兴奋，他想将此买下，但对方不肯出让，尔后几经周折，他终于将此图买到手。

《涉园图》的后面有许多名人题跋，张元济得到此图之后，又请不少名人作了跋语，而后他将这些跋语汇为一书，题为《涉园题咏续编》，于1928 年在商务印书馆排印出版。

张元济在《涉园题咏续编·序》中首先讲述了涉园的由来以及后来的惨况："余家涉园，为大白公读书之处；创于明万历之季，逮螺浮公始观

■ 张元济图书馆正门　■ 张元济的长文顶天立地

厥成；林泉台榭，为一邑之胜。历康、雍、乾、嘉四朝，修葺不废。四方名士至余邑者必往游，游则必有题咏。嘉庆丙寅，鸥舫公集而刊之。又数十年而洪、杨难作，园始毁。然至今，出南郭访其遗址，崇冈崖巍，危石欲堕，登揽潮之峰，犹可以远望大海也；问濠濮之馆，龚合肥书额虽不得见，而老屋数楹犹峙立于希白池畔，而池亦未尽淤也。若榆、若桐、若松、若桂、若杉、若梅虽不尽存，而丛篁古木，周遭掩映，树之大可数围者，依然参天而拔地也。徒以工巨力薄，未能兴复。"

张元济在序言中所称"大白公"，指是的海盐张元济的十世祖张奇龄。张奇龄曾任杭州虎林书院主讲，时称"大白先生"。张奇龄在给后世立下的家训中有这样的字句："吾宗张氏，世业耕读。愿我子孙，善守勿替。匪学何立，匪书何习。继之以勤，圣贤可及。"

张元济在上海居住时，曾把这个家训刻在了客厅的门上。张元济说他家在海盐所建的涉园，原本就是张奇龄的读书处，创建于万历末年，进入清代后，从康熙到嘉庆，张家一直对涉园进行扩建，渐渐成为当地的游览名胜，然而到了太平天国期间，涉园被毁，直到民国年间仍然是一片废地。

序言中提到的"螺浮公"，乃是张元济的九世祖张惟赤。张惟赤于清初曾在京做官十余年，在朝中敢于直言。清朝建立后，给满人安排了很多特权，比如满洲贵族可以跑马圈占汉人的土地，审问犯人时所做的笔录也要以满人所记为凭。为此，张惟赤上书皇帝要求更改。

后来张惟赤回到了海盐，将父亲张奇龄的读书处建成了涉园。但涉园有藏书，是从张元济的六世祖张宗松开始的，而他的几个兄弟都对藏书有爱好，张荣华在《张元济评传》一书中录有张森玉对张元济说的一段话："吾涉园藏书极富，积百数十年未稍散失。嘉、道之际，江浙名流如兔床、鲍渌饮、陈简庄、黄荛圃辈，犹尝至吾家，借书校雠。青在公（张宗松之字）博通群籍，性耽吟咏，尤善刻书，群季俊秀，咸有著述，剞劂流布，为世引重。"

由此可知，涉园到了张宗松时代，已经以藏书名于世，那时的著名藏书家吴骞、鲍廷博、陈鳣、黄丕烈等，都到涉园看书和借书，并且张宗松还刻过不少书。这么重要的一个藏书之处，到咸丰十一年（1861）太平军攻打海盐时，却被一把火烧光了。真可谓楚人一炬，可怜焦土，尔后这里就成了残垣断壁。

张冬心在《略谈张氏涉园》一文中描绘了他所看到的惨景："……余童年好奇，偕同学往访其废址。至则蔓草丛生，林木早毁，存山石一立，高可三丈许，上有古树一株，盘根错节竦立于顶颠（巅），丘旁尚有残余石栈可寻，拾级攀援而登，倾危可虞。下有小池没蒿莱间，湮塞而涸竭久矣。大块山石及残砖碎瓦，棋布于远近废墟间，凌乱尤可数。园径没不可识，尚有丈许颓垣一处残存。西北隅欹峙破屋三椽，为贫农所居，芦席当窗，竹扉半掩，环顾园基，约当十亩有奇。故家乔木，为余所目击者，仅此而已！"

张元济在上海主持商务印书馆时，可以算是事业有成，然而从经济角度而言，他依然没有能力恢复涉园，其中虽然有这样那样的原因，但想来总是让人觉得感慨。而今海盐县图书馆又将其恢复了起来，这怎能不让我兴奋。

恢复起的涉园面积不大，正中央有一个两亩大小的水塘，水塘的正中建有一座小亭，小亭后面就是三层楼的馆舍，入口处挂着的匾额是"商务印书馆版本图书馆"。詹馆长向我讲解了此馆的来由，他说，为了不忘张元济这位前贤，所以该馆专门收集商务印书馆所出版的各种书籍。走入现代化的版本图书馆，里面所藏之书基本都是近百年来商务印书馆所印，可惜没有看到线装书。詹馆长说，本馆当年也藏有一些线装善本，后来都划拨到其他馆去了，故本馆的特色就是收藏商务印书馆的各种出版物。

能看得出，王美萍主任是位爱书之人，她把自己的办公桌就设在了版本图书馆的书库内，让我好奇的是，旁边的窗台上以及书架的空当，都有一些彩绘的鹅卵石。我对这些石头很好奇，因为我从不知道张元济还有收藏此类物品的爱好。王主任闻我所言，只是一笑，跟我讲：回头再说。

在该馆内，我还看到了一些香港商务印书馆以及私人的捐书，图书馆都会把它们单列一排，写明捐赠者。这些所捐之书也全是商务印书馆所印。民国的上海商务印书馆在中国印刷史上有着极其重要的地位，将此馆所印之书作为一个专题来收藏，这倒是一种独具特色的专藏，至少我来到这里才知道，这个馆当年印过这么多的出版物。

张元济很看重祖上的涉园，尔后他努力搜集涉园旧藏，比如他在1917年买到了清康熙吴氏鉴古堂刊本《宋诗钞初集》，他在跋语中写道："此为吾六世叔祖吟庐公收藏之本，卷端重编目录，为叶井叔所更定，而卷中评语，则许蒿庐先生依陆氏本迻录者也。首册有'鸥舫珍藏'印一方，鸥舫公

= 整洁的书库 = 长长的一排书柜

为公之长子,工诗文,能世其家学。此书不知何时散出。"

对于这部书得来的缘由,张元济在跋语中写道:"光绪之季,余为商务印书馆设图书馆,建楼庋书,题曰涵芬。购会稽徐氏书五十余橱以实之,而此书适在其中。余见而慕之,然以其为公有之物,不敢遽请为私有也。前月偶至博古斋,见有同样之书,即依吾家藏本过录者,且有海宁管芷湘先生评点手迹,因以银饼四十枚购得之。商诸主者,用以易归。"

光绪末年,张元济为商务印书馆创建了涵芬楼,他为该馆买到了一批徐氏旧藏,这批书中恰有其祖上所藏的《宋诗钞初集》。偶然得见祖上之物,他很想得之,但这批书已经收归涵芬楼,他不好张口将其买下。后来他偶然到博古斋旧书店看到同样一部书,于是将该书买下,以此书换出涵芬楼藏本。得到此书后,张元济感慨说:"吾家旧物,先人手泽,经百数十年,流传于外,而复能为其子孙所有,岂非冥冥中有呵护之灵耶!书面有'天字第一五九八号'数字,即涵芬楼编目之号也。丁巳四月既望记。元济。"

涉园旧藏之书,并且书中有祖先的批校,流传百年为张氏子孙所得,张元济觉得这是冥冥中有神灵庇护。因为此书曾经归入涵芬楼,而涵芬楼藏书皆有编号,因此该书上也有编号,张元济担心后世会有人误认为这是他从涵芬楼拿出来的书,所以特意写此跋,讲明此书得来的经过,足见其为人之谨慎。

除了用换书方式得到家族旧藏外,张元济还会委托朋友代购,他在明隆庆五年(1571)叶恭焕手抄本《负暄野录》的跋中写道:"是书为傅沅叔同年在京师为余购得,计出银币十四圆,可谓贵矣。今距钞录时已三百四十七年,即由吾家散出,亦百有余年。今仍得归故主,宁非至幸!余近来立愿收涉园旧藏书籍,由沅叔作合者几及十种。故人厚意,至可感也。丁巳除夕,涉园后裔张元济识。"

张元济的朋友大多知道他在努力回收涉园旧藏,北京藏书家傅增湘偶然看到这部书后,帮张元济买下,虽然书价不便宜,但他还是很欢喜,认为能得此书实乃幸运。张元济同时提到他发愿要把散失在市面上的涉园旧藏一一收回,仅通过傅增湘就收到了近十种,这让他十分感激朋友的尽心。

朋友们在帮张元济找书时,如何能断定某书是否为涉园旧藏呢?这就要通过书中的藏印判断,张元济在宋刊本《纂图互注荀子》的跋语中写道：“是书为余六世叔祖芷斋公所藏，有公名号及'涉园''遂初堂'印。”对于是如何得到这部书的，此跋中称：“辛亥国变，革命军入江宁，丰润张氏之书，闻太半为于右任所掠。于今岁寓京师，复以售人。傅沅叔同年得元本《困学纪闻》，绝精美，有于氏印记，此亦有右任之印二，度必为幼樵前辈旧藏矣。沅叔先为余购得残宋本《庄子》一部，与此相同，亦为余家旧物，尚在途中。涉园遗籍来归者，岁必数种，多沅叔为之介，可感也！丙寅仲冬月杪，张元济。”

张元济说辛亥革命时，革命军进入南京，张佩纶所藏之书一大半被于右任夺去了。1927年时，于右任住在北京，他又将这批书卖了出来，傅增湘从这批书中得到了一部精美的元刻本《困学纪闻》，因为上面有于右任的藏印，同时有着张佩纶的藏印，而这部《纂图互注荀子》一书上也有于右任和张佩纶的藏印。

有藏印之书当然好断定，但也有一些书上并无涉园藏印，该书是否为张元济家族递藏，只有他自己能够明白。比如他在清雍正松柏堂刊本《读杜随笔》的跋中写道：“余七世本生祖妣陈太淑人，为宋斋先生之女。先生由海宁迁居海盐，其宅址所谓松柏堂者，为先大夫所得，即今之虎尾浜新居。是书《弁言》，有'御赐松柏堂'木印，是必刻于海盐宅中。卷末有先生后裔两跋，语重心长，惟恐陨坠。今竟散出，归于余处。冥冥中若有呵护之者。故家乔木，遗泽犹存。余得此书，既仰外家世德之长，尤深凿楹而藏之愿已！癸亥仲冬月廿五日，张元济谨识。”

张元济说他的七世本生祖母是陈太夫人，陈太夫人是宋斋先生之女，当年宋斋先生从海宁迁居到海盐时买下松柏堂旧址。此书前有“御赐松柏堂”木印，张元济判断这是刻于海盐家中，能够偶然得到这部书，他十分感慨地写下了此跋。

余外，张元济还有多篇跋语写到购得涉园旧藏后的兴奋，可见他对涉园故物是何等之看重。中国传统文人一向注重祖上旧藏之物，张元济的行为完美地诠释了这种优良传统。

参观完版本图书馆，詹馆长带着我等去参观重新建起的涉园。园林的面积跟原有的规模相比，当然小了许多。在清初，张惟赤建好涉园后，请当时的名士叶燮写了篇《涉园记》，此记有几千字之多，全文除了第一段，剩余的部分全是详细地描绘涉园内的各处景物，我节选其中一段如下：

出邑南郭门,由石堤南行三里许,至"涉园"门,门东向,颜曰"涉园"。入门西北行,石径阔三尺,两旁皆高垕,缘垕箐筱密布,高六、七、八尺不等。丛筱中高梧老梅,夹路倚垕,如垣如屏,垕外缭以石墙。行二十五步许,得门,门隙墙中,广四尺,名"栖贤",拟庐山谷名义,游庐山者,自"栖贤"为入山第一步也。进"栖贤门",有两路,大路自门往西,折北,又折西折北,三共得三十六七步,至"来青门"。"栖贤"至此,两垕益隘,伏怪石箐间,高低百数,不可状。路逐坂上下,坂下澄潭涟溁,杜芷霾靡,高木荫不见天,名"桐阴蒿径"。"来青门"作圆照,进照三、四步,又一门,门题青莲句:"月下飞金镜,云生结海楼"。复西南行三折,又折西,径如"来青",坂益高,树丛益密益幽,步五十余始出谷,临"希白池""颓云岩"石壁下。

《涉园记》中如以上的详细描写,还有十倍之多,由此可知,当年涉园的面积是何等之大,园林是何等之美。虽然有着这番感慨,但凡事还要往好处想,因为毕竟还有这一处新修起来的涉园,供我这等好古之人前来凭吊。

张元济的伟大之处并不单纯是对家族之书的爱护,同时表现在他对传统文献的保护和复制上。比如当年皕宋楼旧藏准备卖出时,他想尽办法想让商务印书馆将其买下,可惜事情没有办成。

当时商务印书馆股东夏瑞芳得到了皕宋楼售书目录,他拿给张元济看,说打算将这批书买下来,张元济也有此意,但那时商务印书馆处于初创时期,自有资金仅几十万,夏瑞芳答应拿出八万元来收购这批书,这给张元济以很大的鼓舞。

其实张元济在此前和此后的一段时间里都没有看到过皕宋楼的旧藏,1928 年他东渡日本访书时,专程前往静嘉堂观看这批书,同时跟静嘉堂管理者商议要拍一些书影作为商务印书馆影印底本。他在那里拍得了宋刻本《册府元龟》《陈书》《新唐书》《武经七书》等,以及元刻本《金华黄先生文集》、明活字本《太平御览》、影抄本《群经音辨》等,他将这些书作为《四部丛刊》的底本,使得流失海外的善本以这种方式得以回归,这是张元济为传统文献所做出的贡献之一。

另外张元济还在日本看到了甲午战争期间李鸿章所写的电报底稿,以及袁世凯称帝时所写的亲笔手谕。可见除书籍外,张元济对其他文献也很留意,而最被后世乐道者,是他从梵蒂冈抄录回了《永历太妃肃罗马教皇笺》等天主教文献。

宣统二年(1910)三月十七日,张元济从上海出发进行一场环球旅行,他先到槟榔屿会见了康有为,此后进入红海,最终到达伦敦,而后游历欧洲五个多月,又前往美国,最后从日本返回,此程耗时超过十个月。张元济在访问纽约中国留学生会馆时发表了演说,他在演说时提到了此事:"鄙人此次游历欧洲,道经罗马,在教皇宫中见有明代皇太后致教皇国书一通。上书'大明宁圣慈肃皇太后烈纳',末书'永历四年十月十一日',盖有'宁圣慈肃皇太后宝玺'。文书中大旨谓己受圣洗,并皇太后玛利亚、皇后亚纳、皇太子当定均已入教,求圣父在天主前代求赦罪,并保佑国家中兴太平。又请多派教士到华传教等语。此外尚有司礼监太监庞亚基楼上教皇书一通,亦同时寄罗马者,自称入教已二十余年,词意亦与宁圣慈肃皇太后书相同。是可知耶教流传在明时极为兴盛矣。"

对于这一发现的价值及相关背景,邹振环在《张元济与汉文西学文献的收集与整理》一文予以了详细梳理。明崇祯十七年(1644),李自成的军队打入北京,崇祯帝自缢于煤山,福王称帝于南京。弘光朝覆灭后,唐王称帝于福建,年号隆武,隆武帝被执,丁魁楚、瞿式耜奉桂王称帝于肇庆,改元永历。永历帝乃万历之孙,永历朝中有几位著名的天主教徒,其中有王皇太后和马皇太后、永历帝皇后王氏、皇子慈煊。宫中领洗之人有五十多位,另外,宫中的司礼太监庞天寿是最早入教的太监之一,后来他威逼永历帝禅位于张献忠部将孙可望,为传统文人所不耻,然而他在永历朝与天主教的关系上发挥过重要作用。

当年王皇太后打算派遣使者到罗马去谒教皇,庞天寿自愿前往,太后以其年高,改派来自波兰的耶稣会士卜弥格神甫,他于永历四年(1650)从澳门出发,用了近三年时间到达罗马,带去了王皇太后和庞天寿给教皇所写之信。卜弥格到达时,恰逢教皇因诺增(英诺森)十世去世,新教皇为亚历山大七世,教皇反复确认了卜弥格的身份,才写了回信。五年后卜弥格回到中国时,王皇太后已经去世。

王皇太后和庞天寿当年所写之信虽然得以保留至今,却并没有引起人们的注意,张元济发现此信后,拍得照片,回国后将其发表在《东方杂志》1911年八卷第五号卷首,成为研究这段历史的最重要文献。故冯承钧在

《明末奉使罗马教廷耶稣会士卜弥格传》的序言中重点讲到了南明皇室奉教和卜弥格出使之事："在中国载籍中几无迹可寻，赖张菊生先生在教廷中发现王太后上教皇书，始明其事之非伪。"

其实张元济看重的是史料价值而并非教义，比如光绪二十七年（1901），南洋公学举行特班招生考试，当时张元济任南洋公学代理总理，他参与了特班的招生工作，黄炎培参加了此次考试，后来黄炎培在《八十年来》一书中写道："缴了试卷后口试。口试我的一位，后来知道是张元济。至今还记得他当时问我：你信宗教没有？信哪种宗教？我答：什么宗教都没有信。他说：好！张元济，号菊生，后来我和他在师友之间亲密相处了几十年。"

除了历史文献外，张元济也重视乡邦著作的收集、整理与出版，沈秋燕在《张元济对续辑〈携李文系〉的贡献》一文中有详细论述。张元济是海盐人，他希望海盐文献能够尽量多地收录于此书中，他给海盐图书馆馆长谈文灯的信中写道："海盐一县所列共一百五十余家，弟在县府志内复辑出有著作者约三四百人，皆原书所未收者（现已抄成一册稍缓即寄）。弟亦已搜得文字十余篇，鄙意总尚有可以搜补之处。……吾邑人才以原书观之，较各县为盛。甚望此次勿落后也。"（《张元济全集·书信》）

后来此稿本因故未能出版，1948 年有人携此稿到合众图书馆求售，张元济很想将其买下，然苦无余财，后来海盐商人颜文凯出资买下此稿，捐赠给合众图书馆。

从以上这些可以看到，张元济不仅是一位出版家，同时还是一位文献大家，无论怎样的历史资料，他都会想办法收集到，或将其刊布，以便给天下学人提供更多的研究资料。

这天中午，王主任请我等就餐。为了让我进一步了解其他的寻访情况，王主任请来了海盐县博物馆的沈明生先生。沈先生很健谈，他向我讲解了当地人文遗迹留存情况，其中关于李善兰的遗迹最让我感兴趣，而我对李善兰的了解也让沈先生感到意外，但我还是惦记着版本图书馆里那些彩绘的鹅卵石究竟和张元济有什么关系。王主任闻言，大笑了起来，她说那是自己的杰作，因为她是一位资深的旅游爱好者，这些年来她将所有的长假、短假都用于徒步，而她每到一地都会捡拾有特色的鹅卵石，带回来作为纪念，回来之后，她再将自己的心态画成图案或写成文字。

王主任的这个爱好受到了在座者的一致赞叹，这真是位会生活、有情趣的人。但王主任又不无遗憾地说，有人告诉她鹅卵石有辐射，吓得她这两年不敢再捡拾了。这等有情趣的一个爱好怎么能被一句未曾证实的谣言所扼杀呢？我坚定地告诉她，根本不是这么回事，而后以我有限的知识，向她做了所谓的科学讲解。

话题转到了徒步之后，汪帆老师说自己也有此好，于是她跟王主任交流着旅途中的各种趣闻与心得，二人所用的词汇越来越专业。而我对旅游一直没有太大的热情，我的寻访虽然也被别人看成是旅游，但我知道这其实是一种功利行为，因为这是有目的的寻访，完全无情趣可言。在她二人的热烈语境中，又让我感到了些许的惭愧，我边听边在心下做着功利的打算：能不能将一些藏书家的肖像一一绘在鹅卵石上，这倒可以算是一种新的收藏品种。想到这一层，我忍不住插话说："彩绘鹅卵石真好！"我的这句话没头没脑，让众人愣愣地看着我不知所云。

莞城图书馆

木鱼声里重乡贤

2016年11月5日，我在深圳附近寻访，在陈新建先生的安排下，我与当地藏书家易福平先生一同前往东莞地区，在那里得以结识东莞市政协李炳球主任，在其介绍下，见到了莞城图书馆馆长王柏全先生。王先生的眼神中闪烁着广东人特有的聪敏，对人热情周到，在他的带领下，我们来到了莞城图书馆门前。王馆长介绍说，这座大楼是市民广场北楼，而莞城图书馆位于该楼的三、四两层。

从外观看，这座大楼具有行政与商业双重味道，尤其是他带我们来到的大门前，挂着的匾额写着"东莞银行"，而银行招牌的右侧并未看见图书馆标志。王馆长介绍说，侧旁的门面租给了银行，而图书馆的招牌还没有张挂出来。而后他指着侧旁的一块玻璃板给我看，上面写着一至二层是莞城美术馆，三至四层则为莞城图书馆。

经王馆长介绍，我在门口见到了该馆的副馆长兼研究部主任曾燕芬女史。今日同来的，还有深圳的陈新建和易福平两位先生，陈先生此前来过该馆，那时他是带着沈津先生前来参观的，故而跟曾馆长颇熟，两人热情地打着招呼，而后介绍我上前向曾馆长致意。这一天的寻访则是由沈胜衣先生所安排，因为他到外地开会，故派其同事陈惠芬女史全程张罗。

众人乘电梯来到了三楼，迎面看到了莞城图书馆的招牌，虽然没有落款，但一眼看上去就知道是香港文史大家饶宗颐的笔体，王馆长证实了我的判断。招牌的后方即是开放式的馆舍，迎面布置着一个设计展，展板上写着"靳埭强设计奖——获奖精品展"。王馆长介绍说，靳埭强是广东著名的设计师，所以在此举办这个展览。

我对艺术家一向都佩服，这缘于自己的脑子太过死板，无法天马行空地产生突破条条框框的思维，每当看到别人的设计，总会感叹于对方为什么能有这样的奇思妙想，但在图书馆内举办设计奖，我还是第一次经历。王馆长介绍说，这个图书馆的功能并不只是藏书和阅读，更多的是作为一个窗口，对外弘扬东莞文化。

穿过这些展板，看到了前方开阔的藏书与阅览大厅，这种开放式的设计确实很亲民。临窗的空间摆放着读者看书的桌椅，这里的书架都不高大，可能是为了便于读者的取放。而我首先注意到文史区域内专有一排拍卖图录的展柜，把拍卖图录作为图书放在阅览区内，这也是我第一次看到。

二十余年来，中国的艺术品拍卖越搞越火，拍卖图录的数量也越来越

≡ 莞城图书馆馆名为饶宗颐的手笔　　≡ 图书馆内正在举行设计展

多，因为地址无法保密，使得我每个月都会接到很多箱各公司寄来的各种图录，其实我仅关注古籍专场，偶尔也会看看古代字画的图录，从中找到一些藏书家墨迹，至于其他门类的图录，九成以上与我的关注点无关，所以有些图录连翻都没翻就堆到了门外。王馆长听到了我的这句感叹，马上说可以将这些图录捐赠给他们，可以让更多有兴趣的读者能够看到它们。王馆长时时想着本馆的图书增量，仅凭这一点就令人佩服。

我还是浏览了一下此柜的图录，看到了多家熟悉的拍卖公司名称，遗憾的是竟然没有看到古籍专场图录。以我的私见，看来跟我有同样癖好者不在少数，大家都会把古籍图录留下，而把其他图录捐出或放弃。在我的概念中，古籍拍卖图录也是古籍流通史的一种物证，应该说爱好藏书者大多有这样的概念，所以才使得铺天盖地的艺术品拍卖图录中，以古籍专场图录最受藏书家待见。

莞城图书馆的整体布局呈窄长方形，沿着书架的间隙，我们边浏览边向内走去。在艺术区区域内，我看到了大量的画册，而这类画册因为艺术品拍卖的火热，大受藏家所追捧，尤其是二十年前出版的画册，那时艺术品拍卖还没有热起来，不法商人还没有想到把假画融入真画之中出版图录后再售卖的方式，而无论书画还是古籍，最受买家在意的，则是该拍品是否有过历史著录，并以此来作为流传有序和鉴定真伪的依据，这也就是早期画册受追捧的原因。而莞城图书馆内却有着不少的这类画册，这个结果多少让我有点奇怪。

在上楼时，王柏全馆长介绍说该馆是在 2008 年对外开放的，然而我看到的这些画册，有不少都早于开馆的日期，由于这些年市场上的追捧，其实有些重要的画册并不容易买得。王馆长称，当地的文化部门颇为重视相应的文化建设，故该馆的经费在以前颇为充裕，所以能买到不少有价值的书，只是近两年经济滑坡，才使得购书经费减少了一些。虽然如此，该馆每年依然能有一定量的采购经费，他们用这些有限的钱，努力地补充着馆藏。

王馆长告诉我，莞城图书馆其实仅是一家街道级的单位，因为建馆晚，所以他们在建馆之初就并不想建成一个大而全的图书馆，因为那样的设计方式既不符合该馆的定位，同时也无法与相应的大馆媲美，故该馆的领导班子决定，这个图书馆要走一条特色之路，这个特色就是：坚持收藏本地的乡贤著作，同时关注文史类和艺术门类的图书。一家街道级的图书馆,竟然能办到这等规模,又能办得如此像模像样,这也是我从未见过的奇迹。

在该馆的另一个顶头位置,我还看到了一个专门的集邮文献专区,此处的正墙上挂着一块"尺素斋"的匾额。陈新建先生告诉我,这块匾额正是出自王柏全馆长之手。看来王馆长果真是内秀之人,仅从这三个字就能看出他在书法上的修养。王馆长告诉我,这些集邮文献均为当地一位叫王晓强的先生捐献的。细看展柜内的展品,其中有《集邮杂志》的创刊号。

在这个展区的侧旁,我看到了一个像冰箱的设备,旁边的介绍牌写着"自助图书杀菌机"。王馆长说这个设备在其他的馆也有,而我却未曾留意过,于是对这样的设备如何操作产生了兴趣。工作人员马上拿来了一本书,放在机器内给我做出了演示,倒真可谓设计巧妙,可惜线装书没有这样的设备,否则也不会产生那么多的虫蛀,真盼着相应的专家们能够发明一种既不损伤线装书,还能自动除尘的设备。

古籍阅览室被安排在了一个特殊的区域,以此显现该馆对古籍的重视。在这个区域的入口处,摆放着大部头的容庚和容肇祖的著作全集,王馆长介绍说这两位是他们当地著名的人物。几年前我来东莞时已经找到了容庚的故居,我谈到自己藏有容庚的稿本,对于容肇祖的旧藏,在我的手中有数十部之多,而其中有不少都有容肇祖的亲笔批校。曾燕芬馆长听到后大感兴趣,她希望用我的藏品来比对这两部大书,如果未曾收录,他们希望能够出这两大部全集的补编。

从这两部大书的封面,我看到两书乃属"东莞历代著作丛书",这套丛书的编纂单位正是莞城图书馆,后来我查得曾燕芬撰写过一篇《浅论文化自觉与镇街图书馆的可持续发展——以东莞市莞城图书馆为例》,该文谈论的正是这套丛书的编纂思路。曾馆长由该套丛书讲起,谈到街道图书馆的发展方式及馆藏建设,她在文中先引用了费孝通在 1997 年提到的"文化自觉"观念:"生活在既定文化中的人对其文化有'自知之明',明白它的来历、形成过程、所具有的特色和它发展的趋向。自知之明是为了加强文化转型的自主能力,取得决定适应新环境、新时代文化选择的自主地位。"这正是该馆编纂此套丛书的主导思想。

2011 年 8 月,首批面世的"东莞历代著作丛书"共有三辑,其中就有《容庚学术著作全集》,而后该馆组织了新书发布会和地方文献研讨会,原中山大学副校长张荣芳感慨说："编辑这套书的是莞城图书馆，莞城图书馆是莞城街道办事处下属的一个单位。这种层次的单位，在中国有多少，我没有统计过，用千千万万形容，我想不为过。"

古籍阅览室的旁边有一个专室，名为"自力斋藏书"。曾馆长介绍说，这个专室中的书乃是东莞著名文史学家杨宝霖先生所捐赠，总计有两万五千多种。杨先生的大名我在此前就已听说过，近两年我在写历代词人的寻访之文，相应的参考资料多会用到《词林纪事补正》一书，而该书的编撰者正是杨宝霖先生。曾馆长介绍说，杨先生是莞城图书馆的名誉馆长，今天他正巧未在馆内，否则可以跟他在一起聊聊书。

闻听此言，让我感到这是本次东莞之行的一个遗憾。浏览自力斋专藏，虽然这不是杨先生的全部藏书，却能从中看到他的治学方向，而从他藏书门类的齐全程度，即可得知其眼界是何等的开阔。

盛放古籍的铁皮柜都上着锁，好在均为玻璃门，故而能够看到里面摆放的一函函古籍，这里每一函古籍都悬有本馆的侧签，这种做法跟其他馆有所不同，一般而言，侧签是以部来悬挂，而非按函。其实从实用性而言，还是莞城图书馆的方式较为方便：即使调阅其中的某函，在归回原位时也不至于错放。

我对其中的几函书很有兴趣，于是曾馆长请工作人员打开书柜让我观看。总体感觉，该馆的藏书品相不错，这对于南方图书馆而言，却是不容易做到的。因为南方潮湿，一般的藏书家又不可能做到让书楼恒温恒湿，故南方所藏之书大多有虫蛀，而私人藏书归了图书馆之后，因虫蛀而造成的破损依然存在。曾馆长告诉我，本馆所藏的古籍并不只是得自本地，当他们资金充裕时也会到外地甚至北方的拍卖行去购书，他们甚至还购买了一些雕版。曾馆长指给我看，果真在另几组展柜内看到了一些雕版，甚至还有几盒木活字原物。曾馆长称，购买这些物品是为了让当地读者对传统的印刷方式有一个直观的认识。

在介绍乡邦文献时，曾馆长特意提到了当地有名的先贤著作《东莞诗录》，该书的出版可谓一波三折。《东莞诗录》最早的编纂者是清代东莞茶山人邓淳，此人是嘉庆二年（1797）庠生，曾协助两广总督阮元编纂《广东通志》，当时他把自己编纂的《东莞志草》五十卷提供给了通志局。邓淳还曾与罗嘉蓉共同编辑东莞诗歌总集《宝安诗正》，此书模仿清初朱

彝尊《明诗综》的体例,搜集东莞当地六百余人所作之诗,合编为六十卷,编完后无力刊刻,在贫病交加中辞世。

邓淳去世四十余年后,东莞南城蚝岗人苏泽东到邓氏旧宅,从其侄孙手中借得《宝安诗正》原稿,抄录两份,将其中一份寄给了在山西任职的张其淦。同时苏泽东找到罗嘉蓉,继续搜罗遗漏之诗,共得一百余家,于光绪二十一年（1895）编成《宝安诗正续集》十二卷。后来苏泽东又独立编成了《宝安诗正再续集》。

苏泽东把《宝安诗正》副本寄给张其淦时,张其淦正在任山西黎城县令,后来张其淦耗时二十余年,将《宝安诗正》原集、续集、再续集合在一起,改名为《东莞诗录》。此书乃是东莞一地的诗歌总集,共六十五集,收录宋初到清末的东莞诗家 816 人,诗作 5736 首,整体呈现了八百余年来东莞诗坛总貌,正因如此,该书成为当地乡贤著作中最具名气的一部。

木鱼书乃是莞城图书馆特藏古籍之一,我在该馆看到不少这类书。对于木鱼书的价值,该馆工作人员张笑艳写过一篇《浅谈东莞对木鱼书的滋养与保护》,此文提到 :"木鱼的体裁,源于唐代的变文。变文在宋元之间流入江南,结合江南当地的人和事,运用江南方言,谓之弹词。弹词,在明代中叶流入珠江三角洲。弹词结合岭南故事,插入粤方言,成为木鱼歌。"

对于木鱼歌,屈大均在《广东新语》中说 :"粤俗好歌,凡有吉庆,必唱歌以为欢乐……其歌之长调者,如唐人《连昌宫词》《琵琶行》等,至数百言、千言,以三弦合之,每空中弦以起止,盖太簇调也,名曰摸鱼歌。"

关于东莞与木鱼书的关系,东莞人邓尔雅在《东莞竹枝词》中写道 :"南音体例若弹词,书熟刚同饭熟时。从古稗官能化俗,家家解诵摸鱼儿。"

由此可见木鱼歌在当地流传之广。张笑艳在文中谈到,杨宝霖曾回忆说他儿时木鱼歌还未消失,放学回家路上时常能听到大街小巷在传唱木鱼歌。当地最富盛名的木鱼歌乃是《花笺记》和《二荷花史》,《金叶菊》次之,张笑艳在文中引用东莞谚语云 :"想傻,读《二荷》;想癫,读《花笺》;想哭,读《金叶菊》。"

关于莞城图书馆所藏古籍及木鱼书的数量,张笑艳在文中写道 :"目前,我馆收藏明清古籍 149 种（合 2368 册）,包含明代善本 7 种（合 94 册）、清代善本 10 种（合 140 册）,其中明隆庆六年（1572）谢廷杰刻本的《王文成公全书》为馆藏版本最早的一套善本。此外,馆藏民国时期文献 115

种（合 827 册）。值得一提的是，木鱼书作为莞城图书馆的特色馆藏，馆藏数量达 348 种（合 1332 册），当中年份最早的是清同治四年（1865）五桂堂藏版的《原本金叶菊全集》，存卷 2 至卷 4（缺卷 1）；而现藏莞刻最早的，是清光绪十二年（1886）莞城萃英楼刻本的《琥珀姻缘花姐全本》。此外，也不乏莞城萃英楼藏版的《金刀记》、莞城会源堂藏版的《三合明珠宝剑》等属木鱼书中之珍品的版本。"

浏览完毕后，两位馆长称已经给我准备了一些书可以细看，而后我在专业的阅览桌上逐一翻看这些线装书。所看第一部乃是该馆的线装书藏书目录，这本目录制作得十分气派，开本比一般的八开还要大，这是我所见过开本最大的馆藏目录。

寻访前一天的晚上，陈新建先生给我展示了他所藏的一些稀见馆藏目录，那些目录确实流传很少，其中有一半我未曾寓眼，当时我的这句夸赞让陈兄颇为得意，而今我想借此揶揄他一下："你藏着那么多馆藏目录，有这么大开本的吗？"果真这句话打击了他的气焰，他说自己还真没有，可是一秒钟之后，陈兄的眼睛就亮了起来，他说："我跟两位馆长要一部，不就有了吗？"他的弦外之音让两位馆长笑了起来，曾馆长说这是几年前所出之物，确实馆里已经没有了，但她答应帮陈先生找一册。

中午聊天时，李炳球主任向我讲述了东莞一地的公共藏书简史，他说当地原本有东莞博物图书馆，该馆在创建之时就得到本地一些大藏书家的捐助，其中莫伯骥就捐了不少书。我对莫氏藏书的去向特别留意，这缘于他号称藏书量巨大，原本是说有五十万卷，后来又递增到八十万卷以至于百万卷。

如此巨大的藏书量，已经超过了刘承幹的嘉业堂，我印象中，嘉业堂鼎盛时的藏书量也就是七十万卷，但嘉业堂的藏书规模是何等的宏大，如果莫伯骥的藏量能够超过刘承幹，这不但需要他有巨大的书楼，同时按照一般的规律，今天在市面上也应该能够经常得见莫氏旧藏。

可是这几十年来，我却从未在市面上看到过钤有莫氏藏章的线装书，虽然说莫氏藏书的归宿也有一些记载，但即便如此，也应该有一些书流散出来。李主任则认为有可能是莫氏藏书未曾钤章，流散出来也不能认出。这倒也是一种合理的解释，但这依然不能满足我的好奇心。

可能也正因如此，李主任提前给这两位馆长打了电话，因为他知道我要看莫氏藏书，而东莞建图书馆时，莫伯骥就捐了一批书给该馆，果真我在这里看到了钤有"东莞博物图书馆藏"的大长方印。翻开该书，赫然看到"梅村莫氏友筼家塾藏本"的长条章，这是我第一次看到莫伯骥的旧藏，让我多少有点儿小兴奋。而后我又突然想道：这是莫伯骥家的藏书章，而非捐赠章，如此说来，当年他的旧藏仍然钤盖藏书印，既然如此，那为什么在其他地方看不到呢？原本已经释怀的疑问又重新横亘在心中。

接下来看到的几部书，也同样是钤盖有"东莞博物图书馆藏"印以及莫伯骥藏书印，这些书大多有虫蛀，同时在封面之下还衬着广东特有的万年红纸，这两项加在一起才是岭南藏书的基本面目，其中一部《太平寰宇记》还是不多见的木活字本。在看书的过程中，李主任向我讲解着东莞的藏书历史，他说这个图书馆原本藏书量不小，然而在日本人占领时期，该馆被日本军人征用，这些人把馆里的藏书扔到了大街上，幸亏被一些有识之士看到，才将原有的馆藏保留了下来，而这部分书就成了东莞古籍收藏的基础。

为了让我对莫伯骥有进一步的了解，馆方还给我准备了几件与莫氏有关的文献，其中之一是《莫天一先生七十正寿征诗文书画启》，这真是难得的文献，另一部则是《五十万卷楼群书跋文》，两书均为民国出版物，都是与莫伯骥有着密切关联，而我此前都未见过的，今日在此大饱眼福的同时，还听闻了一些从未曾知晓的轶事。书囊无底，信然。

我在这里还翻阅了一些其他的线装书，而所见的每部书均是跟当地有着密切关联，由此证明了该馆的藏书特色，果然是看重乡贤。

看书之后，众人到接待室休息，在这里王柏全馆长赠送给了我一些该馆所出之书，其中有一本画册乃是《邓尔雅·黄般若文献展》，此书让我颇为喜爱。我对邓尔雅一直较为关注，这缘于他在各方面的成就斐然。近二十几年的拍卖市场中，我时常能够得见他的书法作品，然而他的印谱我却始终未能得到，于是众人的话题转到了邓尔雅身上。

众人均称，邓尔雅对东莞文化的传播起到了很重要的作用，他不仅个人成就高，更重要的是，他把自己的学问分别传给了三位外甥：当年容庚跟他学金石之学，容肇新跟他学治印，容肇祖则跟他学古文。我的这些有限知识受到了王馆长的夸赞，他向我讲述了举办这样一个展览的不容易，他说这个展览得到了黄大德老师的全力支持，而黄大德正是邓尔雅的外

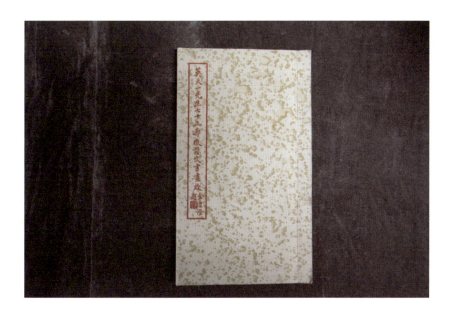

孙及黄般若的小儿子。说话间，他就请出了黄大德老师与我等见面。

黄先生看上去七十多岁，一身的儒雅之气，可惜时间匆忙，仅跟黄先生客套了几句，我等就匆匆赶路返回深圳了，但是莞城图书馆给我们的美好印象，成为我跟陈新建与易福平一路聊天的话题。

此次寻访两年后我再次来到东莞，这次是蒙讲座主持人曾理老师之邀，前去举办一场讲座，于此期间又见到了莞城图书馆的王柏全和曾燕芬两位馆长，他们热情地带我去寻访，同时又再一次参观了莞城图书馆。从这里的招贴了解到，自2010年开始，该馆每年都举办晒书大会，时间定在农历六月初六这一天，想来定为此日的原因，乃是本自明代项惟贞在《燕台笔录》中所言："六月六日，本非令节，但内府皇史，晒曝列圣实录、列圣御制文集诸大函，则每岁故事焉。"

王馆长告诉我，每届晒书大会都有不少藏书家提供展品，很多爱书人都喜欢参加这个活动，为此，他们特意为晒书大会设计了标志，这些年来晒书大会渐渐成了该馆的一场重要活动，王馆长邀请我有机会也来参加这场活动。真希望下次有机会能在六月初六这一天再来此馆，感受一下莞城的晒宝盛况。

图书在版编目（CIP）数据

馆窥 ：我的图书馆之旅. 公共编 / 韦力著.
北京 ： 国家图书馆出版社，2024. 6. -- ISBN 978-7
-5013-8138-8

Ⅰ. G259.25

中国国家版本馆CIP数据核字第2024YB7926号

书　　名	馆窥——我的图书馆之旅（公共编）	
著　　者	韦 力 著	
责任编辑	王燕来　景 晶　闫 悦	
责任校对	宋丹丹　霍 玮	
助理编辑	雷云雯	
封面设计	周 晨	

出版发行 国家图书馆出版社（北京市西城区文津街 7 号　100034）

　　　　　　（原书目文献出版社　北京图书馆出版社）

　　　　　　　010-66114536 63802249 nlcpress@nlc.cn（邮购）

网　　址 http://www.nlcpress.com

印　　装 北京雅图新世纪印刷科技有限公司

版次印次 2024 年 6 月第 1 版　2024 年 6 月第 1 次印刷

开　　本	787 × 1092　1/16	
印　　张	22.5	
字　　数	350 千字	
书　　号	ISBN 978-7-5013-8138-8	
定　　价	100.00 元	

版权所有 侵权必究

本书如有印装质量问题，请与读者服务部（010-66126156）联系调换。